디자인씽킹 X 넛지를 만나다

행동을 변화시키는 문제 해결의 기술

행동경제학 박사
이재민

형설출판사
www.hyungseul.co.kr

프롤로그

왜 쓰레기통 옆에 쓰레기가 더 많을까요?

이 단순한 질문이 이 책의 출발점입니다. 우리는 매일 수많은 선택을 하며 살아갑니다. 건강한 식단을 선택하고, 환경을 생각하며, 더 나은 습관을 만들기로 다짐합니다. 하지만 현실은 어떤가요? 새해 다짐은 1월이 끝나기 전에 사라지고, 텀블러를 가지고 다니겠다는 결심은 일회용 컵 앞에서 무너집니다.

문제는 우리의 의지가 약해서가 아닙니다. 문제는 우리가 살아가는 **'선택의 환경'**이 잘못 설계되어 있기 때문입니다.

20세기 경영학은 우리에게 "문제를 정의하고 해결하라"고 가르쳤습니다. 21세기 행동과학(행동경제학)은 "**사람들은 생각보다 합리적이지 않다**"고 증명했습니다. 그렇다면 이제 우리는 무엇을 해야 할까요?

> *이 책은 두 세계의 만남입니다.*
> *사용자의 진짜 필요를 발견하는 디자인씽킹의 공감력과,*
> *인간의 실제 행동을 이해하는 넛지의 통찰력.*
> *이 둘이 만날 때, 우리는 비로소 '좋은 의도'를 '실제 변화'로 바꿀 수 있습니다.*

이 책은 누구를 위한 것일까요?

당신이 학생이든, 제품 디자이너든, 정책 입안자든, 교육자든, 마케터든, 지역혁신활동가든 혹은 그저 자신이 사는 마을이나 자신의 습관을 바꾸고 싶은 평범한 시민이든 상관 없습니다. 이 책은 **'세상의 선택을 설계하는 모든 사람'**을 위한 것입니다.

Part 1에서는 디자인씽킹의 5단계를 통해 진짜 문제를 발견하는 법을 배웁니다. 공감에서 시작해 프로토타이핑과 테스트까지, 사용자 중심의 창의적 문제 해결 프로세스를 익힙니다.

Part 2에서는 넛지와 행동과학의 세계로 들어갑니다. 우리 뇌의 시스템 1(직관)과 시스템 2(이성), 강력한 넛지 기법들, 그리고 MINDSPACE와 EAST 같은 실전 프레임워크를 만나게 됩니다. 습관 설계와 시스템 설계의 비밀도 밝혀집니다.

Part 3은 통합의 시간입니다. 디자인씽킹과 넛지를 결합한 '넛지 씽킹 캔버스'를 통해, 공감에서 행동 변화까지의 완전한 여정을 경험합니다. 말과 행동의 불일치를 진단하고, 문제를 행동으로 재정의하며, EAST 프레임워크로 아이디어를 구체화합니다. 설득의 메시지를 설계하고, 실험을 통해 검증하며, 행동으로 증명하는 법을 배웁니다.

Part 4는 윤리와 실천의 장입니다. 다크패턴(저속한 상업적 넛지)의 위험을 이해하고, 윤리적 설계의 원칙을 세우며, 일상 속에서 시민 설계자로 살아가는 방법을 탐구합니다.

이 책을 어떻게 활용할까요?

이 책은 단순한 지식서가 아닙니다. 실천 가이드이자 워크북입니다. 각 장마다 실제 사례 연구와 실습 도구들이 담겨 있습니다. 당신의 문제를 가지고 함께 여행하세요. 책을 읽으며 동시에 자신만의 해결책을 설계해보세요.

처음부터 순서대로 읽어도 좋고, 필요한 장을 골라 읽어도 좋습니다. 디자인씽킹이 익숙하다면 Part 2부터 시작하세요. 넛지를 이미 알고 있다면 Part 3의 통합 접근법으로 바로 뛰어드세요. 윤리적 고민이 먼저라면 Part 4부터 읽어도 됩니다.

중요한 건 '아는 것'이 아니라 '하는 것'입니다.

이 책의 진짜 가치는 당신이 마지막 페이지를 덮은 후, 세상을 다르게 보고, 다르게 설계하기 시작할 때 비로소 드러납니다.

암스테르담 스키폴 공항의 소변기에는 작은 파리 그림이 그려져 있습니다. 그 단순한 디자인 하나로 청소 비용이 80% 감소했습니다. 런던의 한 지하철역은 계단에 피아노 건반을 그려 넣었고, 66%의 사람들이 에스컬레이터 대신 계단을 선택했습니다.

세상을 바꾸는 데 거창한 혁명이 필요한 것은 아닙니다. 때로는 작은 파리 한 마리, 계단의 건반 하나면 충분합니다. 중요한 것은 사람들의 진짜 행동을 이해하고, 그들이 자연스럽게 더 나은 선택을 하도록 환경을 설계하는 것입니다.

이제 당신도 선택 설계자가 될 차례입니다. 쓰레기통 옆의 쓰레기를 보며 고개를 갸우뚱하는 대신, "어떻게 하면 사람들이 자연스럽게 쓰레기통 안에 버리게 할 수 있을까?"라고 질문하세요.

당신은 어떤 세상을 설계하시겠습니까?

— 더 나은 선택이 더 쉬운 선택이 되는 세상을 꿈꾸며 —

이 책이 나오기까지

저는 협동조합기본법이 통과된 2012년부터 사회적경제 영역에서 활동해왔습니다. 우연한 기회로 발을 들여놓았지만, 점차 행동경제학자로서의 역할을 깨닫게 되었습니다. 제 관심은 항상 명확했습니다. 연대와 시민경제학의 전통을 바탕으로 공동체 중심의 민주적 협력을 어떻게 이끌어낼 것인가, 그리고 무엇보다 깨어진 공동체를 어떻게 복원할 것인가였습니다.

2019년 말, 영국의 토트네스와 슈마허대학을 방문하면서 결정적인 깨달음을 얻었습니다. **혁신 활동이 없는 사회적경제는 허상이다**라는 사실이었습니다. 그곳에서 얻은 세 가지 통찰은 지금도 제 활동의 나침반이 되고 있습니다:

전환마을 토트네스에서 얻은 세 가지 깨달음

1. **아이디어가 있으면 일단 실행하라.** 수행하면서 개선하면 된다.

2. **작은 일에서 큰 의미를 찾아라.** 일의 크기가 중요한 게 아니다.

3. **성공의 기준을 관계에 두어라.** 결과보다 관계가 공고해졌는지가 더 중요하다.

슈마허대학은 디자인씽킹 기반 리빙랩으로 토트네스를 세계적인 전환마을로 만들었습니다. 저는 그곳에서 학과 운영의 근간이 될 영감을 얻었습니다. 돌아와서는 매년 학생들과 함께 지역문제를 해결하는 리빙랩을 꾸준히 수행해오고 있으며, 주민주도 리빙랩을 확산시키는 활동도 지속하고 있습니다.

그 과정에서 저는 한 가지 확신을 갖게 되었습니다. 우리나라 사회적경제가 진정으로 발전하려면 **'프로젝트 기반 공동체'에서 '공동체 기반 프로젝트'로 관점을 전환**해야 합니다. 그런데 주민들이 진정한 주체가 되려면, 전문가만의 영역이었던 창의적 문제해결능력을 모두가 갖추어야 합니다.

디자인씽킹에 넛지를 결합하면 그것이 가능하다는 것이 제 발견입니다. 인간의 판단에 대한 몇 가지 이해만으로도 **누구나 충분히 창의적**으로 문제를 발견하고 해결할 수 있습니다. **이 책은 바로 그 발견과 확신의 결실입니다.**

이 책은 단순히 이론서가 아닙니다. 현장에서 주민들, 학생들과 함께 부딪히고 실험하며 얻은 생생한 통찰의 기록입니다. 저는 학문적 엄밀함을 유지하면서도 누구나 실제로 활용할 수 있는 **실용적인 가이드**를 만들고자 했습니다. 이 책이 여러분의 현장에서 실제로 쓸모있는 도구가 되길 바랍니다.

이 책은 필자의 구상과 기획이지만 많은 학자들과 현장활동가들의 노력과 성과에 빚졌습니다. 더욱이 'AI 창업지도사회' 회장을 맡고 계신 이한규 교수님께서 이끌어주고 있는 AI 공부 모임이 아니었다면 아직도 세상에 모습을 드러내지 못했을 것입니다. AI라는 훌륭한 비서를 선물해준 분들을 비롯하여 이 모든 분들께 심심한 사의를 표하고 싶습니다.

목차

Part 2. 넛지의 과학적 이해

Part 3. 통합적 접근과 실천

part.1

디자인씽킹의 기초

제1장

쓰레기통 옆에 쓰레기가 더 많은 이유

(진짜 마음 탐색하기)

"왜 우리의 좋은 의도는 항상 실패로 끝날까요?"
문제를 바라보는 새로운 시각이 필요한 시간입니다.

1.1 우리는 문제를 제대로 보고 있을까요?

카페에서 나온 길, 손에 들린 테이크아웃 컵을 버리려고 둘러봅니다. 저기 쓰레기통이 있네요. 그런데 잠깐, 뭔가 이상합니다. 멀쩡한 쓰레기통 바로 옆에 커피 컵들이 수줍게, 때로는 당당하게 쌓여 있습니다. 이 모습을 본 당신은 어떤 생각이 드나요?

"요즘 사람들 정말 시민의식이 부족해." 아마 이런 말이 머릿속에 떠오를 겁니다. 그리고 대부분 여기서 멈춥니다. 문제를 찾았다고 생각하거든요. 하지만 정말 그럴까요? 이것이 문제의 전부일까요?

만약 우리가 이 문제를 '부족한 시민의식'이라고 진단한다면, 해결책도 뻔해집니다. "쓰레기를 쓰레기통에 버립시다!"라는 표지판을 더 크게 만들거나, "무단투기 시 과태료 10만원"이라는 경고문을 붙이는 거죠. 실제로 우리 주변 곳곳에서 이런 '해결책'들을 쉽게 찾을 수 있습니다.

하지만 결과는 어떨까요? 아마 크게 달라지지 않을 겁니다. 왜냐하면 우리는 **문제의 '현상'을 보고 그것이 '본질'이라고 착각하는 실수**를 저지르고 있기 때문입니다.

잠깐, 다른 가능성은 없을까요?

- 쓰레기통 입구가 너무 작아서 큰 컵이 들어가지 않을까요?
- 뚜껑이 있어서 한 손에 짐을 들고는 열기 어려울까요?
- 쓰레기통이 이미 가득 차서 더 넣기 어려운 상황일까요?
- 사람들이 가장 많이 지나다니는 길에서 살짝 비켜나 있을까요?

디자인 씽킹[1]은 바로 이 지점에서 우리에게 근본적인 질문을 던집니다. "혹시 우리가 문제를 잘못 보고 있는 건 아닐까?" '시민의식'이라는 거대하고 추상적인 진단 뒤에는 이처럼 사소하지만 결정적인 '진짜 이유'가 숨어있을 수 있습니다.

문제 해결의 첫걸음은 정답을 찾는 것이 아닙니다. **진짜 문제를 발견하는 것**에서부터 시작됩니다. 그리고 이것이 바로 우리가 일상에서 수없이 접하고 있는 **'넛지'**[2]와 만나는 지점이기도 합니다.

1.2 '공감'이라는 현미경: 사용자의 눈으로 세상 보기

그렇다면 진짜 문제는 어떻게 발견할 수 있을까요? 디자인 씽킹이 제시하는 첫 번째 열쇠는 바로 **공감(Empathy)**[3]입니다.

여기서 말하는 **공감**은 단순히 '저 사람 힘들겠다'라고 안타까워하는 동정심과는 다릅니다. 잠시 그 사람의 신발을 빌려 신고, 그가 걷는 길을 직접 걸어보는 것에 가깝습니다. 즉, **다른 사람의 경험, 감정, 동기를 깊이 있게 이해하려는 적극적인 노력**입니다.

공감은 마치 우리가 세상을 보는 방식에 현미경을 대는 것과 같습니다. 평소에는 보이지 않던 미세한 균열과 복잡한 패턴을 발견하게 해주죠.

예를 들어, 지하철 노선도를 생각해볼까요? 대부분의 사람들은 "복잡하다", "어렵다"라고만 말합니다. 하지만 공감의 눈으로 관찰하면 전혀 다른 문제들이 보입니다. 외국인 관광객은 한글을 읽지 못해 막막해하고, 노년층은 작은 글씨를 보느라 고개를 숙이고, 시각장애인은 촉각 정보가 부족해 길을 찾기 어려워합니다. 같은 '복잡한 노선도'라도 사용자에 따라 전혀 다른 불편함을 겪고 있는 것이죠.

이처럼 공감은 "모든 사람"이라는 추상적인 대상이 아닌, "구체적인 한 사람"의 경험에 집중하게 만듭니다. 그리고 바로 이 구체성에서 진짜 해결책이 나옵니다.

공감의 3단계: OEI 방법론[4]

- **관찰하기(Observe):** 사람들의 행동을 편견 없이 지켜봅니다
- **교감하기(Engage):** 직접 대화하고 소통합니다
- **몰입하기(Immerse):** 그들의 상황에 직접 들어가 경험해봅니다

쓰레기통 문제로 돌아가 볼까요? 공감하기 위해 우리는 직접 그 장소로 갑니다. 그리고 사람들의 행동을 유심히 관찰해봅니다.

관찰 일기 - 오후 2시, 대학교 정문 앞 쓰레기통

- 한 손에는 뜨거운 커피, 다른 손에는 무거운 가방을 든 학생이 쓰레기통 앞에서 멈칫합니다. 뚜껑을 열려면 손이 하나 더 필요하네요. 결국 그는 컵을 쓰레기통 옆에 살짝 놓고 갑니다.
- 유모차를 끌고 온 엄마가 아이의 과자 봉지를 버리려다 머뭇거립니다. 쓰레기통의 날카로운 모서리에 아이가 다칠까 봐 걱정되는 것 같습니다.
- 바람이 세게 부는 날, 한 시민이 가벼운 종이컵을 쓰레기통에 넣으려 하지만 바람에 날아갑니다. 두 번, 세 번 시도하다 포기하고 그냥 바닥에 놓고 가네요.
- 키가 작은 중학생이 쓰레기통 위쪽 입구에 손이 닿지 않아 발끝을 들고 애를 씁니다. 결국 쓰레기통 옆쪽 아래쪽에 쓰레기를 놓고 갑니다.

이런 관찰을 통해 우리는 문제를 '시민의식 부족'에서 '쓰레기통의 불편한 디자인'이나 '특정 상황의 어려움'으로 다시 보게 됩니다. 이것이 바로 **공감의 힘**입니다.

추상적인 분석 대신, **인간에 대한 깊은 이해를 통해 문제의 진짜 맥락을 파악**하는 것. 모든 혁신은 바로 이 지점에서 시작됩니다.

공감이 없었다면 놓쳤을 혁신들

1. 자동문의 발명

1954년, 미국의 한 슈퍼마켓 주인은 손님들이 양손 가득 물건을 들고 문 앞에서 난처해하는 모습을 관찰했습니다.[12] 특히 노약자와 아이를 동반한 부모들의 어려움에 공감한 그는 발을 디디면 자동으로 열리는 문을 개발했죠. 이제는 너무나 당연해 보이는 자동문도 누군가의 불편함에 대한 공감에서 시작되었습니다.

2. 옥소(OXO) 주방용품

샘 파버는 관절염을 앓는 아내가 감자 껍질을 벗기며 고통스러워하는 모습을 보고 충격을 받았습니다.[13] 그는 손잡이가 두껍고 미끄럼 방지 처리된 감자 깎는 칼을 개발했고, 이는 전 세계적인 유니버설 디자인 운동의 시작이 되었습니다. 모든 사람이 편하게 사용할 수 있는 디자인은 한 사람의 어려움에 대한 깊은 공감에서 탄생했습니다.

1.3 사례 연구 1: 기술 너머의 감정에 공감하기

▣ GE의 '모험하는 MRI': 공포를 모험으로 바꾼 디자인

GE헬스케어의 수석 디자이너 더그 디츠(Doug Dietz)는 자신이 개발한 최첨단 MRI 촬영 장비를 보러 병원에 갔습니다.[5] 기술적으로는 완벽한 제품이었죠. 더 정확하고, 더 빠르고, 더 안전한 촬영이 가능한 혁신적인 의료기기였습니다.

그런데 복도에서 충격적인 장면을 목격합니다. 7살 정도 된 어린 여자아이가 MRI실 앞에서 펑펑 울고 있었습니다. "무서워요, 들어가기 싫어요!" 아이의 울음소리가 복도에 울려 퍼졌습니다.

더그는 그 순간 깨달았습니다. 자신이 만든 '완벽한' 기계가 아이에게는 낯설고 폐쇄된 공간에서 들려오는 끔찍한 소음의 공포 그 자체였다는 것을요. 실제로 병원에서는 어린이 환자들을 MRI 촬영하기 위해 **80% 이상에게 진정제를 투여**해야 했습니다.[6]

문제 재정의: '기계의 성능 부족' → '아이들의 공포스러운 경험'

더그는 디자인 씽킹 워크숍에 참여해 아이들의 눈으로 세상을 보는 법을 배웠습니다. 그리고 놀라운 변화를 시작했습니다:

- **우주선 모험:** MRI 기계를 알록달록한 우주선으로 꾸미고, 아이들을 "우주 탐험대원"으로 만들었습니다.
- **해적선 탐험:** 다른 기계는 해적선으로 꾸며 "보물찾기 모험"으로 바꾸었습니다.
- **스토리텔링:** 의료진이 "지금부터 우주선에 탈 거야. 엔진 소리가 좀 클 텐데, 움직이면 우주선이 흔들리니까 가만히 있어야 해!"라고 말해줍니다.
- **시각적 가이드:** 벽과 천장에 별과 행성을 그려 넣어 진짜 우주여행 같은 분위기를 연출했습니다.

결과는 놀라웠습니다:

- 아이들의 불안감이 극적으로 감소
- 진정제가 필요한 경우가 거의 사라짐
- 한 아이는 촬영이 끝난 후 엄마에게 "내일 또 오면 안 돼요?"라고 물어보기까지

- 촬영 재시도율 대폭 감소로 병원 운영 효율성 향상

기술이 아닌 **'감정'에 공감**했을 때, 세상을 바꾸는 혁신이 탄생한 것입니다.

이 사례에서 주목할 점은 더그가 '기술적 문제'를 찾으려 하지 않았다는 것입니다. 대신 실제 사용자인 아이들의 감정과 경험에 깊이 공감했습니다. 그 결과 아무도 생각하지 못했던 해결책을 찾을 수 있었죠.

더 놀라운 것은 이 해결책이 추가 비용이 거의 들지 않았다는 점입니다. 첨단 기술을 더하거나 기계를 새로 만든 것이 아니라, 단지 기존 기계에 페인트와 스티커, 그리고 스토리를 입힌 것뿐이었습니다. 하지만 그 효과는 수백억 원을 들여 개발한 신기술보다 훨씬 컸습니다.

이것이 바로 공감 기반 혁신의 핵심입니다. 문제의 본질을 정확히 파악하면, 해결책은 의외로 단순하고 효과적일 수 있습니다. 반대로 문제를 잘못 파악하면, 아무리 많은 돈과 기술을 투입해도 실패하게 됩니다.

우리 주변의 넛지 발견하기

어린이 병원의 감정 디자인:
- 대기실 의자를 동물 모양으로 만들어 앉기 싫은 공간을 놀이터로 변환
- 주사기 모양 캐릭터를 친근하게 디자인해 공포를 친밀감으로 전환
- 복도 바닥에 발자국 스티커를 붙여 아이들이 자연스럽게 진료실로 향하도록 유도
- 천장에 만화 캐릭터를 그려 누워있는 아이들에게 볼거리 제공

이 모든 것들이 아이들의 불안감을 줄이고 자연스럽게 협조하도록 '넛지'하는 디자인들입니다. 강제나 설득이 아닌, 환경 설계를 통한 부드러운 행동 변화인 것이죠.

1.4 사례 연구 2: 사용자의 말없는 행동 읽기

▣ 잔디밭을 가로지르는 지름길, '욕망의 경로(Desire Path)'

여러분의 대학 캠퍼스나 집 근처 공원을 한 번 자세히 살펴보세요. 아름답게 포장된 보행로가 있는데도 불구하고, 잔디밭을 가로질러 자연스럽게 생긴 오솔길을 발견할 수 있을 겁니다.

건축가와 조경 디자이너들은 이런 길을 **'욕망의 경로(Desire Path)'**[7]라고 부릅니다. 정식 명칭이 있을 만큼 보편적인 현상이라는 뜻이죠.

설계자의 계획 vs 사용자의 욕망

설계자들은 분명 나름의 이유가 있었습니다. '사람들이 이 길로 다닐 것이다'라고 예측하며 아름답고 안전한 길을 만들었죠. 하지만 사용자들은 말없이 그들의 진짜 욕망을 보여줍니다:

- **최단거리:** "가장 빠른 길로 가고 싶어"
- **편의성:** "굳이 돌아갈 필요 있나?"
- **자연스러운 흐름:** "몸이 자연스럽게 향하는 방향"

두 가지 대응 방식:

서투른 설계자의 반응:
- "잔디를 밟지 마시오" 팻말을 세움
- 울타리나 장벽을 설치
- CCTV를 설치하고 단속을 강화
- 벌금을 부과

현명한 설계자의 반응:
- 욕망의 경로를 관찰하고 분석
- 그 길을 따라 새로운 보행로 설계

- 사용자의 자연스러운 흐름을 존중
- 때로는 건물을 다 짓고 1년을 기다린 후 자연스럽게 생긴 길을 포장

실제 사례: 핀란드 헬싱키 대학교

헬싱키 대학교는 새 캠퍼스를 지으면서 독특한 실험을 했습니다.[8] 건물들을 먼저 짓고, 보행로는 포장하지 않은 채로 1년간 기다렸죠. 학생들이 자연스럽게 다니면서 만든 길들이 생긴 후, 그 길을 따라 정식 보행로를 만들었습니다. 결과는 어땠을까요? 학생들의 만족도가 높고, 관리비용도 적게 드는 완벽한 캠퍼스가 탄생했습니다.

이 사례는 **공감이 단지 사람들의 말을 듣는 것만이 아님**을 보여줍니다. 때로는 그들의 말없는 행동 속에 더 깊은 진실이 숨어 있습니다.

우리 주변의 욕망의 경로 찾아보기

- **지하철역:** 사람들이 가장 많이 서 있는 곳은 어디인가요? 그곳이 진짜 편리한 위치입니다.
- **쇼핑몰:** 에스컬레이터 앞에서 사람들이 자연스럽게 서는 위치를 보세요.
- **카페:** 어떤 자리가 가장 먼저 채워지고 마지막에 비워질까요?
- **도서관:** 공식적인 '조용한 구역'과 실제로 조용한 구역이 같을까요?

넛지 관점에서 보기: 욕망의 경로는 사람들이 자연스럽게 따라가는 '기본 선택지(Default)'를 보여줍니다. 현명한 디자이너라면 이 자연스러운 흐름을 거스르지 않고, 오히려 활용해서 더 좋은 선택을 유도할 수 있습니다.

실제로 많은 성공적인 넛지들이 이 욕망의 경로 개념을 활용합니다. 예를 들어, 암스테르담 스키폴 공항의 남자 화장실 소변기에는 작은 파리 그림이 그려져 있습니다.[14] 사람들은 자연스럽게 그 파리를 조준하게 되고, 결과적으로 바닥에 튀는 소변의 양이 80%나 감소했습니다. "깨끗이 사용합시다"라는 표지판보다 훨씬 효과적이었죠.

또 다른 예로, 서울 지하철 2호선 잠실역에서는 사람들이 에스컬레이터에서 오른쪽에 서는 것을 유도하기 위해 왼쪽 손잡이에 "급하신 분은 왼쪽으로"라는 표시 대신, 오른쪽 바닥에 발자국 스티커를 붙였습니다.[15] 사람들은 자연스럽게 발자국을 따라 오른쪽에 서게 되었고, 교통 흐름이 크게 개선되었습니다.

1.5 일상에서 만나는 공감 디자인과 넛지

지금까지 살펴본 사례들을 통해 우리는 중요한 깨달음을 얻을 수 있습니다. **진짜 문제는 표면에 드러나지 않는다**는 것이죠. 그리고 이런 문제들을 발견하고 해결하는 과정에서 자연스럽게 '넛지'가 탄생합니다.

디자인 씽킹과 넛지는 서로 다른 분야에서 출발했지만, 놀랍도록 비슷한 철학을 공유합니다. 둘 다 "사람은 합리적이지 않다"는 전제에서 시작하고, "강제보다 이해"를, "설득보다 설계"를 중요시합니다. 디자인 씽킹이 문제의 본질을 발견하는 방법론이라면, 넛지는 그 문제를 해결하는 구체적인 기법이라고 할 수 있습니다.

이제 우리 일상 곳곳에 숨어있는 공감 디자인과 넛지를 찾아보겠습니다. 한번 알고 나면, 여러분은 세상을 전혀 다른 눈으로 보게 될 것입니다.

우리 일상 속 공감 디자인 & 넛지 찾아보기

1. 대학교 도서관의 좌석 시스템

- **기존 문제:** "학생들이 자리를 맡아놓고 안 와서 다른 학생들이 불편해요"
- **공감적 관찰:** 시험기간에는 심리적 안정감이 필요하고, 갑작스러운 일정 변화도 있음
- **넛지 해결책:** 2시간 후 자동 해제되는 좌석 예약 시스템 (강제가 아닌 자연스러운 기본값)

2. 편의점 계산대의 바구니 위치

- **관찰:** 사람들이 계산 후 바구니를 어디에 두는지 지켜봄
- **넛지:** 가장 자연스러운 위치에 바구니 보관함을 설치
- **결과:** 따로 안내하지 않아도 자연스럽게 정리됨

3. 카페의 일회용컵 사용 줄이기

- **기존 방식:** "환경보호를 위해 개인컵을 사용해주세요" (죄책감 유발)
- **넛지 방식:** 개인컵 할인이 아닌 "일회용컵 추가 요금" (손실 회피 심리 활용)
- **추가 넛지:** 개인컵 보관함을 계산대 바로 옆에 배치 (편의성 증대)

이처럼 공감을 통해 발견한 진짜 문제들은 강제나 처벌이 아닌, **사람들이 자연스럽게 더 나은 선택을 하도록 돕는 해결책**으로 이어집니다. 이것이 바로 넛지의 핵심입니다.

공감 없이 실패한 정책들

사례 1: 플라스틱 빨대 금지
많은 카페에서 플라스틱 빨대를 금지했지만, 장애인들은 종이 빨대로 음료를 마시기 어려워했습니다.[16] 정책 입안자들이 장애인의 관점에서 공감하지 못한 결과였죠. 이후 일부 카페에서는 필요한 사람에게는 플라스틱 빨대를 제공하는 유연한 정책으로 전환했습니다.

사례 2: 키오스크 도입
빠르고 효율적인 주문을 위해 도입된 키오스크가 오히려 노년층을 소외시켰습니다.[17] 기술 중심적 사고에서 벗어나 사용자 중심으로 재설계한 일부 매장에서는 큰 글씨, 음성 안내, 간단한 메뉴 구성 등을 적용해 문제를 해결했습니다.

이러한 실패 사례들은 공감의 중요성을 역설적으로 보여줍니다. 아무리 좋은 의도라도 사용자에 대한 깊은 이해 없이는 오히려 새로운 문제를 만들어낼 수 있습니다.

1.6 공감에서 넛지로: 두 세계의 만남

지금까지 우리는 디자인 씽킹의 첫 단계인 '공감'을 통해 진짜 문제를 발견하는 방법을 배웠습니다. 그렇다면 이렇게 발견한 문제들을 어떻게 해결할 수 있을까요? 여기서 넛지가 등장합니다.

공감을 통해 "왜 사람들이 쓰레기를 쓰레기통 옆에 버리는가?"를 이해했다면, 넛지는 "어떻게 하면 자연스럽게 쓰레기통 안에 버리게 할 수 있을까?"에 대한 답을 제시합니다. 강제도, 설득도 아닌, 선택 환경의 재설계를 통해서 말이죠.

▣ 실전 사례: 코펜하겐의 스마트 쓰레기통

덴마크 코펜하겐 시는 공원 쓰레기통 문제를 해결하기 위해 흥미로운 실험을 했습니다.[18] 공감 단계에서 발견한 핵심 문제는 다음과 같았습니다:

- 쓰레기통이 꽉 차면 사람들이 옆에 버림
- 쓰레기를 버리는 행위 자체가 즐겁지 않음
- 분리수거가 복잡해서 귀찮음

적용된 넛지들:

- **게임화(Gamification):** 쓰레기를 넣으면 재미있는 소리가 나는 '월드 빈(World's Deepest Bin)' 설치. 쓰레기가 10초 동안 떨어지는 소리가 나면서 사람들이 재미로 쓰레기를 찾아 버리게 됨.
- **사회적 증거:** 쓰레기통에 "이 공원에서 오늘 93%의 사람들이 쓰레기를 올바르게 버렸습니다" 실시간 표시. 자신도 다수에 속하고 싶은 심리 활용.
- **시각적 피드백:** 투명한 쓰레기통 사용으로 얼마나 차있는지 한눈에 보이게 함. 거의 차면 자동으로 관리팀에 알림 전송.
- **쉬운 선택:** 입구를 크게 만들고 색상으로 분리수거 종류 구분. 생각할 필요 없이 직관적으로 버릴 수 있게 설계.

결과:

6개월 후 해당 공원의 쓰레기 투기율이 72% 감소했습니다. 특히 놀라운 것은 사람들이 다른 사람이 버린 쓰레기까지 주워서 '재미있는 쓰레기통'에 버리는 모습이 관찰되었다는 점입니다. 불편한 의무가 재미있는 놀이로 변한 것이죠.

이 사례는 공감과 넛지가 어떻게 결합되는지 완벽하게 보여줍니다. 공감을 통해 "왜 사람들이 그렇게 행동하는가"를 이해하고, 넛지를 통해 "어떻게 행동을 자연스럽게 바꿀 수 있는가"를 설계한 것입니다.

중요한 것은, 이 모든 해결책이 사람들을 비난하거나 강제하지 않는다는 점입니다. 오히려 사람들의 자연스러운 심리와 행동 패턴을 이해하고, 그에 맞춰 환경을 설계했습니다. 이것이 바로 21세기형 문제 해결 방식입니다.

1장을 마무리하며

이 장에서 우리는 일상의 사소한 불편함에서 시작해 진짜 문제를 발견하는 법을 배웠습니다. '공감'이라는 렌즈를 통해 세상을 다시 보고, '넛지'라는 도구로 부드럽게 개선해나가는 과정을 살펴봤죠.

중요한 것은 이 모든 과정이 특별한 전문가만의 영역이 아니라는 점입니다. 우리 모두는 일상에서 문제를 발견하고 해결하는 '시민 디자이너'가 될 수 있습니다.

"오늘부터 세상을 조금 다른 눈으로 바라보세요.
여러분도 세상을 바꾸는 문제 발견자가 될 수 있습니다."

■ 핵심 용어

공감(Empathy): 다른 사람의 경험과 감정을 마치 자신의 것처럼 깊이 있게 이해하려는 노력입니다. 관찰(Observe), 교감(Engage), 몰입(Immerse)의 3단계를 통해 이루어집니다.

디자인 씽킹(Design Thinking): 공감을 바탕으로 문제를 재정의하고 창적인 해결책을 찾는 혁신 방법론입니다. 공감(Empathy) → 정의(Define) → 아이디어 도출(Ideate) → 프로토타입(Prototype) → 테스트(Test)의 5단계로 구성됩니다.

넛지(Nudge): 선택의 자유를 보장하면서도 사람들이 더 나은 선택을 하도록 선택 환경을 설계하는 방법입니다. 강제나 금지가 아닌, 부드러운 유도를 통해 행동 변화를 이끌어냅니다.

욕망의 경로(Desire Path): 사용자가 자연스럽게 만들어낸 비공식적인 길이나 사용 패턴을 의미합니다. 설계자의 의도와 실제 사용자의 행동 사이의 차이를 보여주는 중요한 단서입니다.

기본값(Default): 사람들이 특별한 선택을 하지 않을 때 자동으로 적용되는 설정입니다. 넛지에서 가장 강력한 도구 중 하나로, 기본값을 바꾸는 것만으로도 큰 행동 변화를 만들 수 있습니다.

■ 더 깊이 생각해보기

1. 여러분 주변의 '욕망의 경로' 찾아보기

이번 주에 여러분의 일상 동선을 자세히 관찰해보세요. 대학 캠퍼스, 지하철역, 쇼핑몰에서 사람들이 공식적인 길이 아닌 자연스럽게 만든 지름길이나 사용 패턴을 발견할 수 있나요? 그 이유는 무엇일까요?

2. 나만의 공감 실험 해보기

평소 불편하다고 생각했던 일상의 한 장면을 선택해보세요. (예: 도서관 좌석 잡기, 엘리베이터 대기, 카페 주문 등) 그 상황에서 다양한 사용자의 입장에서 관찰해보고, 진짜 문제가 무엇인지 찾아보세요.

3. 실패한 정책이나 서비스 분석해보기

최근에 경험했거나 들었던 '좋은 의도로 시작했지만 실패한' 정책이나 서비스가 있나요? 공감의 부족이 실패의 원인이었는지, 어떤 관점에서 문제를 다시 바라봐야 할지 생각해보세요.

4. 토론 주제

"공감 기반 디자인과 넛지가 때로는 조작적일 수 있다"는 비판에 대해 어떻게 생각하시나요? 사용자를 위한 배려와 의도적인 조작 사이의 경계선은 어디에 있을까요?

[참고문헌]

[1] Brown, T. (2008). Design Thinking. *Harvard Business Review*, 86(6), 84-92. 디자인 씽킹을 전 세계에 알린 필독 논문으로, IDEO의 CEO인 팀 브라운이 디자인 씽킹의 개념과 비즈니스 적용 방법을 체계적으로 설명했습니다.

[2] Thaler, R. H., & Sunstein, C. R. (2008). *Nudge: Improving Decisions About Health, Wealth, and Happiness*. New Haven: Yale University Press. 2017년 노벨 경제학상을 수상한 리처드 탈러 교授의 대표작으로, 넛지 이론의 기본 개념과 다양한 실제 적용 사례를 소개합니다.

[3] Kelley, T., & Kelley, D. (2013). *Creative Confidence: Unleashing the Creative Potential Within Us All*. New York: Crown Business. IDEO 창립자 데이비드 켈리와 톰 켈리 형제가 디자인 씽킹에서 공감의 중요성과 실천 방법을 상세히 다룬 책입니다.

[4] Kumar, V. (2012). *101 Design Methods: A Structured Approach for Driving Innovation in Your Organization*. Hoboken, NJ: John Wiley & Sons. 디자인 씽킹의 관찰(Observe), 교감(Engage), 몰입(Immerse) 방법론을 체계화한 참고서입니다.

[5] Dietz, D. (2012). Transforming Healthcare for Children and Their Families. Talk presented at TEDMED 2012. 더그 디츠가 직접 GE MRI 프로젝트의 전 과정을 설명한 TED 강연입니다.

[6] Martin, D., & Hanington, B. (2012). *Universal Methods of Design: 100 Ways to Research Complex Problems, Develop Innovative Ideas, and Design Effective Solutions.* Beverly, MA: Rockport Publishers. 소아 환자의 MRI 촬영 시 진정제 사용률 데이터와 디자인 개입의 효과를 분석한 연구 사례가 수록되어 있습니다.

[7] Myhill, C. (2004). Commercial Success by Looking for Desire Lines. In *Proceedings of the 5th European Academy of Design Conference.* Barcelona, Spain. 욕망의 경로(Desire Path) 개념의 학술적 정의와 도시 설계에서의 활용 사례를 다룬 논문입니다.

[8] Jacobs, A. B. (1993). *Great Streets.* Cambridge, MA: MIT Press. 헬싱키 대학교를 포함한 여러 대학과 도시에서 사용자 행동 관찰을 통한 보행로 설계 사례를 소개합니다.

[9] 가천대학교 교수학습센터. (2020). 디자인 씽킹의 이해와 적용. *가천 교수학습 이슈리포트.*

[10] Liedtka, J., & Ogilvie, T. (2011). *Designing for Growth: A Design Thinking Tool Kit for Managers.* New York: Columbia Business School Publishing. 기업과 조직에서 디자인 씽킹을 실전에 적용하는 구체적인 도구와 방법론을 제시합니다.

[11] Norman, D. A. (2013). *The Design of Everyday Things: Revised and Expanded Edition.* New York: Basic Books. 일상적인 물건들의 디자인에 숨겨진 인간 중심 설계 원리를 설명한 디자인 분야의 고전입니다.

[12] Horton Automatics. (2015). *The History of Automatic Doors.* Company Archive. 1954년 텍사스의 슈퍼마켓 체인점에서 처음 도입된 자동문의 개발 배경과 역사를 기록한 자료입니다.

[13] Pullin, G. (2009). *Design Meets Disability.* Cambridge, MA: MIT Press. OXO의 샘 파버가 아내의 관절염 경험에서 출발해 유니버설 디자인을 개발한 과정을 상세히 다룬 책입니다.

[14] Thaler, R. H., & Sunstein, C. R. (2008). *Nudge: Improving Decisions About Health, Wealth, and Happiness.* New Haven: Yale University Press. pp. 3-4. 암스테르담 스키폴 공항의 소변기 파리 사례가 넛지의 대표 사례로 소개되어 있습니다.

[15] 서울교통공사. (2019). *2019년 지하철 이용 편의성 개선 사업 보고서.* 서울 지하철 주요 역사에서 시행한 발자국 스티커 등 넛지 기법 적용 사례와 효과를 분석한 보고서입니다.

[16] Disability Rights UK. (2019). *Plastic Straw Ban: Unintended Consequences.* Policy Brief. 플라스틱 빨대 금지 정책이 장애인 커뮤니티에 미친 영향을 분석한 정책 보고서입니다.

[17] 정보통신정책연구원. (2020). *키오스크 사용성 개선을 위한 사용자 경험 연구*. 정책연구보고서. 노년층의 키오스크 사용 어려움과 개선 방안을 다룬 국내 연구 자료입니다.

[18] Volkswagen. (2009). *The Fun Theory Initiative*. Retrieved from http://www.thefuntheory.com 코펜하겐의 월드 딥스트 빈(World's Deepest Bin)을 포함한 재미 이론(Fun Theory) 프로젝트 사례를 소개합니다.

제2장

문제를 '바라보는 틀'을 바꾸는

(프레이밍과 정의의 기술)

"같은 문제, 다른 질문이 만드는 놀라운 차이"
문제를 어떻게 정의하느냐가 해결책의 운명을 결정합니다.

2.1 흩어진 증거들 속에서 패턴을 찾다: 공감에서 통찰로

1장에서 우리는 현미경을 들고 사용자의 세계를 깊이 들여다보았습니다. 카페 앞 쓰레기통 옆에 쌓인 컵들을 보며 진짜 이유를 찾았고, 어린이 병원에서 우는 아이들의 공포를 이해했죠. 그들의 말없는 행동을 관찰하고, 입 밖으로 꺼내지 못한 불편함에 공감했습니다.

이제 우리의 수첩과 화이트보드에는 수많은 관찰 기록과 인터뷰 내용, 사진, 스케치들이 어지럽게 널려 있습니다. 마치 탐정이 살인 사건 현장에서 수집한 수많은 증거물들 같습니다. 지문, 발자국, 흐트러진 가구, 의미를 알 수 없는 쪽지까지.

하지만 이 증거물들은 그 자체로 아무것도 말해주지 않습니다. 흩어진 점들을 연결하여 범인의 윤곽을 그려내고, 그 범행 동기를 추론해야 비로소 사건의 실체에 다가설 수 있습니다. **디자인 씽킹(Design Thinking)**의 두 번째 단계인 **'정의하기(Define)'**[1]는 바로 이 어지러운 증거물 속에서 패턴을 발견하고, 문제의 진짜 '얼굴'을 그려내는 과정입니다.

수많은 정보의 안개를 걷어내고, 우리가 해결해야 할 단 하나의 명확한 문장, 즉 **'문제 정의(Problem Definition)'**를 벼려내는 것이죠. 이 과정은 단순히 정보를 요약하는 것이 아닙니다. 어떤 관점으로 정보를 해석하고 어떤 단어를 선택해 문제를 정의하느냐에 따라, 우리가 앞으로 나아갈 방향이 180도 달라지기 때문입니다.

잘 정의된 문제는 마치 등대와 같습니다. 어둠 속에서 헤매는 배에게 방향을 제시하고, 팀 전체가 같은 목표를 향해 나아가도록 돕습니다. 반대로 잘못 정의된 문제는 팀을 엉뚱한 방향으로 이끌고, 귀중한 시간과 자원을 낭비하게 만듭니다.

잘 정의된 문제의 특징

- **사용자 중심:** "우리 제품이 안 팔려"가 아니라 "고객들이 우리 제품의 가치를 이해하지 못한다"
- **구체적:** "접근성 개선"이 아니라 "휠체어 사용자가 2층 카페에 혼자 올라갈 방법 찾기"
- **행동 가능:** "경제를 활성화하자"가 아니라 "소상공인의 디지털 결제 수용률을 높이자"
- **영감을 주는:** 문제 자체가 해결의 실마리를 품고 있는 형태

예를 들어, 한 도서관이 "이용률이 낮다"는 문제를 안고 있다고 가정해봅시다. 이 문제를 어떻게 정의하느냐에 따라 해결책이 완전히 달라집니다. "어떻게 하면 더 많은 사람들이 도서관을 이용하게 만들까?"라고 정의하면 홍보와 마케팅에 집중하게 됩니다. 하지만 공감 과정을 거쳐 "바쁜 직장인들이 원하는 시간에 책을 빌리고 반납하기 어렵다"고 재정의하면, 24시간 무인 대출/반납 시스템이나 모바일 예약 서비스 같은 혁신적 해결책이 나올 수 있습니다.

2.2 선택을 설계하는 언어, 프레이밍 효과

"어떤 수술의 성공률은 90%입니다." "어떤 수술의 사망률은 10%입니다."

두 문장은 수학적으로 완벽하게 동일한 정보를 전달합니다. 하지만 대부분의 사람들은 전자의 말을 들었을 때 후자보다 훨씬 더 긍정적으로 느끼며 수술을 선택할 가능성이 높습니다. 왜 이런 차이가 발생할까요?

이 현상을 **'프레이밍 효과(Framing Effect)'**[2]라고 부릅니다. 노벨 경제학상 수상자인 심리학자 대니얼 카너먼(Daniel Kahneman)과 그의 오랜 동료 아모스 트버스키(Amos Tversky)는 인간이 언제나 합리적으로 판단하고 결정하는 존재가 아님을 수많은 실험을 통해 증명했습니다.

그들의 핵심 이론인 **'전망 이론(Prospect Theory)'**[3]에 따르면, 사람들은 동일한 상황이라도 그것이 이득으로 제시되는지, 손실로 제시되는지에 따라 전혀 다른 선택을 합니다. 특히 사람들은 이익에서 얻는 기쁨보다 손실에서 느끼는 고통을 심리적으로 약 2.5배 이상 크게 느끼는 **'손실 회피(Loss Aversion)'**[4] 성향을 보입니다.

'10% 사망률'이라는 프레임이 '90% 성공률'보다 훨씬 더 강력하게 다가오는 이유가 바로 여기에 있습니다.

이것이 문제 정의와 무슨 관련이 있을까요? 바로 문제 정의 자체가 가장 강력한 프레이밍 행위이기 때문입니다. 우리가 문제를 정의하기 위해 선택하는 단어, 관점, 비유는 중립적이지 않습니다. 그것은 우리 팀과 이해관계자들이 해결책을 탐색할 놀이터의 경계를 설정하고, 특정 방향으로 생각하도록 유도하는 '선택 설계(Choice Architecture)'의 첫 단계입니다.

일상 속 프레이밍의 힘

- **카페 메뉴:** "일회용컵 사용 시 300원 추가" vs "개인컵 지참 시 300원 할인" - 같은 가격이지만 전자가 훨씬 효과적
- **헬스장 회원권:** "하루 단 1,500원" vs "월 4만 5천원" - 같은 금액이지만 전자가 더 저렴하게 느껴짐
- **건강검진 결과:** "정상 범위에 속합니다" vs "위험 범위는 아닙니다" - 환자의 안심도가 완전히 다름

- **프로젝트 진행률:** "80% 완료" vs "20% 남음" - 팀의 사기와 긴장감이 달라짐

기업과 정부 정책에서도 프레이밍은 중요한 역할을 합니다. 2010년 영국 정부는 세금 체납자들에게 단순히 "세금을 내세요"라고 독촉하는 대신, "당신이 사는 지역 주민 10명 중 9명은 이미 세금을 냈습니다"라는 메시지를 보냈습니다. 문제를 '개인의 의무 위반'에서 '사회적 규범'으로 재프레이밍한 것이죠. 결과는 놀라웠습니다. 납부율이 15% 증가하며 수백억 원의 세수가 확보되었습니다.

또 다른 예로, 네덜란드의 한 병원은 "항생제 사용을 줄입시다"는 캠페인이 효과가 없자 문제를 다시 프레이밍했습니다. "얼마나 많은 환자가 항생제 없이도 회복했을까?"라는 질문으로 바꾼 것입니다. 의사들은 자신의 진료 데이터를 보며 실제로 많은 경우 항생제가 불필요했다는 것을 깨달았고, 자발적으로 처방을 줄이기 시작했습니다.

2.3 사례 연구 1: 욕망의 프레임 바꾸기

▣ 뱅크 오브 아메리카의 'Keep the Change' (잔돈 모으기)

뱅크 오브 아메리카(Bank of America)는 젊은 고객들의 저축률이 낮은 것을 개선하고 싶었습니다. 만약 이 문제를 "어떻게 하면 우리의 예금/적금 상품을 젊은 고객들에게 더 많이 팔 수 있을까?"라고 정의했다면, 아마 이자율을 약간 높이거나 아이돌 모델을 써서 광고하는 데 그쳤을 겁니다. 이는 전형적인 '공급자 중심'의 프레임입니다.

하지만 디자인 컨설팅 회사 IDEO와 함께한 팀은 1단계, 즉 공감에 집중했습니다. 그들은 젊은 고객들, 특히 아이를 키우는 엄마들을 심층 인터뷰하며 그들의 돈에 대한 감정과 경험을 깊이 파고들었습니다. 그 과정에서 놀라운 사실을 발견했습니다.

그들은 저축의 필요성을 누구보다 잘 알고 있었지만, 월급날이면 각종 공과금과 카드값으로 통장이 텅 비어버려 '저축할 돈이 없다'고 느끼는 깊은 좌절감과 무력감을 갖고 있었습니다.

여기서 핵심은 '돈이 없다'는 객관적 사실이 아니라 '돈이 없다고 느낀다'는 주관적 감정입니다.

매달 5만 원을 저축 계좌로 이체하는 행위는, 가용 자금이 줄어드는 '손실'로 느껴집니다. 앞서 살펴본 '손실 회피' 성향 때문에, 이 작은 손실의 고통은 미래에 얻게 될 이익의 기쁨보다 훨씬 크게 다가와 저축을 계속 미루게 만드는 강력한 심리적 장벽으로 작용했던 것입니다.

문제 재정의: 기존의 프레임이 '어떻게 저축하게 만들까?'였다면, 새로운 프레임은 "어떻게 하면 고객들이 '손실감'을 느끼지 않고, 심지어 저축하고 있다는 사실조차 인식하지 못한 채 자연스럽게 돈을 모으는 즐거움을 느끼게 할 수 있을까?"였습니다.

해결책: 이 새로운 정의에서 'Keep the Change'라는 혁신적인 서비스가 탄생했습니다. 고객이 체크카드로 4,500원짜리 커피를 사면, 5,000원을 결제한 것으로 처리하고 나머지 500원을 자동으로 고객의 저축 계좌에 이체해주는 방식입니다.

이 500원은 처음부터 '내 돈'이 아니었던 것처럼 느껴지기 때문에 '손실감'이 거의 발생하지 않습니다. 저축은 고통스러운 의식적 행위가 아니라, 무의식적이고 자동적인 과정이 되었습니다.

결과: 고객들은 전혀 불편함 없이 지냈지만, 연말이면 계좌에 수십만 원의 '꽁돈'이 쌓이는 마법을 경험하게 되었습니다. 이 서비스는 출시 후 1년 만에 250만 명의 고객을 유치하며 대성공을 거두었습니다.[5]

핵심 교훈: 이 사례가 우리에게 주는 가장 중요한 교훈은 "사람들이 말하는 것"과 "진짜 필요한 것"의 차이를 이해하는 것입니다. 젊은 엄마들은 "저축하고

싶다"고 말했지만, 진짜 필요했던 것은 "저축에 대한 심리적 부담을 없애는 것"이었습니다. 표면적 욕구가 아닌 근본적 욕구에 집중했을 때, 혁신이 탄생합니다.

이 사례는 디자인 씽킹과 넛지가 어떻게 시너지를 내는지 완벽하게 보여줍니다. 공감을 통해 사용자의 진짜 문제(손실 회피 심리)를 발견하고, 문제를 재정의하여(저축 독려 → 손실감 제거), 넛지를 통해 해결책(자동 잔돈 저축)을 구현했습니다. 강제도, 교육도, 인센티브도 아닌, 선택 환경의 재설계만으로 행동 변화를 이끌어낸 것입니다.

우리 주변의 비슷한 넛지들

- **자동 이체 할인:** 통신요금, 보험료를 자동이체로 내면 할인 - 지속적 납부 유도
- **401(k) 자동 가입:** 미국 직장인 퇴직연금의 기본값을 '가입'으로 설정 - 가입률 90% 이상 달성
- **구독 서비스:** Netflix, 유튜브 프리미엄의 자동 결제 - 해지 마찰을 높여 유지율 증가
- **포인트 자동 적립:** 신용카드 사용 시 자동 포인트 - 카드 사용 촉진

2.4 사례 연구 2: 행동의 프레임 바꾸기

많은 사회 문제는 종종 '시민 의식 부족'이라는 프레임에 갇히곤 합니다. 쓰레기 무단투기, 교통 법규 위반 같은 문제 앞에서 우리는 쉽게 "사람들이 문제야"라고 결론 내리고, '의식을 개선하자'는 공허한 캠페인으로 해결책을 한정 짓습니다.

▣ A. 쓰레기 무단투기 문제

비효과적인 프레임: "어떻게 하면 시민들의 주인의식을 높여 쓰레기 투기를 막을 수 있을까?"

효과적인 프레임: "어떻게 하면 쓰레기를 버리는 그 순간, 그 환경이 무단투기 행동을 심리적으로 불편하고 어색하게 만들 수 있을까?"

해결책 1 - 양심 거울(Conscience Mirrors): 상습 투기 지역의 벽에 큰 거울을 설치하는 것입니다.[6] 이것은 단순히 '누군가 보고 있다'는 감시의 효과를 넘어섭니다. 쓰레기를 버리려는 사람은 거울에 비친 자기 자신과 마주하게 됩니다. 익명이라고 생각했던 행동이 갑자기 자기인식적 행위로 바뀌는 순간입니다.

해결책 2 - 꽃밭 조성: 쓰레기가 쌓이던 자리를 깨끗이 치우고 작은 꽃밭이나 화단을 만드는 것입니다.[7] 아름답게 가꿔진 환경은 '이곳은 누군가 아끼고 관리하는 공간'이라는 강력한 사회적 신호를 보냅니다. 이런 곳에 처음으로 쓰레기를 버리는 행위는 훨씬 더 큰 심리적 저항을 유발합니다.

▣ B. 어린이 보호구역 교통사고 문제

비효과적인 프레임: "어떻게 하면 운전자와 어린이들을 더 잘 교육해서 사고를 줄일 수 있을까?"

효과적인 프레임: "어떻게 하면 아이들이 차도에 가까워졌을 때, 복잡하게 생각하지 않고도 본능적으로 안전한 위치에 서도록 유도할 수 있을까?"

해결책 - 노란 발자국(Yellow Footprints): 횡단보도 앞 인도에 차도로부터 1미터가량 떨어진 곳에 노란색 발자국 모양의 스티커를 붙여놓는 것입니다.[8] 이는 아이들의 직관(System 1)에 직접 말을 거는 천재적인 넛지입니다.

아이들은 이 발자국을 보면 마치 게임 속 지시처럼 자연스럽게 그 위에 서서 신호를 기다리게 됩니다. "차도에서 떨어져라"는 잔소리보다, "여기에 서서 기다려!"라는 재미있는 시각적 신호가 훨씬 효과적입니다.

심리학적 배경: 노란 발자국은 카너먼이 말한 '시스템 1(빠르고 자동적인 사고)'에 작용합니다. 아이들은 복잡한 교통안전 규칙을 이해하지 못해도, 발자국이라는 직관적 신호를 즉각 이해하고 따릅니다. 이것이 바로 효과적인 넛지의 핵심입니다.

이 두 사례의 공통점은 무엇일까요? 둘 다 문제의 프레임을 '사람'에서 '환경'으로 옮겼다는 것입니다. "사람들이 나쁘다"가 아니라 "환경이 나쁜 행동을 유도한다"는 관점의 전환이 핵심입니다. 이는 디자인 씽킹의 근본 철학이기도 합니다.

▣ C. 계단 이용 증가 프로젝트 - 스웨덴 스톡홀름 지하철

2009년 스웨덴 스톡홀름의 오덴플란(Odenplan) 지하철역에서 흥미로운 실험이 진행되었습니다. 폭스바겐의 '재미 이론(Fun Theory)' 프로젝트의 일환이었죠.

문제 상황: 대부분의 사람들이 에스컬레이터를 이용하고 바로 옆 계단은 거의 이용하지 않았습니다. 건강을 위해 "계단을 이용하세요"라는 캠페인은 효과가 없었습니다.

프레임 전환: "어떻게 하면 사람들이 건강을 위해 계단을 이용하게 할까?" → "어떻게 하면 계단 이용을 즐거운 경험으로 만들 수 있을까?"

해결책: 계단을 거대한 피아노 건반으로 변형했습니다. 각 계단을 밟으면 실제 피아노 소리가 나도록 설계했죠.

결과: 계단 이용률이 66% 증가했습니다. 사람들은 줄을 서서 계단을 이용했고, 아이들은 계단에서 노래를 만들며 놀았습니다. 운동이 의무가 아닌 놀이가 된 순간이었습니다.

2.5 마법의 질문, "어떻게 하면 우리가...(HMW)"를 날카롭게 벼리기

문제 정의 단계에서 사용하는 가장 강력하고 실용적인 도구가 바로 **"어떻게 하면 우리가...(How Might We..., HMW)"**라는 질문 형식입니다. 이 간단한 구문은 앞서 논의한 '프레이밍'을 의도적으로 긍정적이고 창의적인 방향으로 설계하는 도구입니다.

좋은 HMW 질문을 만들기 위해서는 체계적인 연습이 필요합니다. 실제로 IDEO를 비롯한 많은 디자인 컨설팅 회사들은 다음과 같은 단계별 접근법을 사용합니다.

HMW 질문 생성 4단계 프로세스

1단계 - 관찰 기록을 통찰로 전환하기:

"카페 앞 쓰레기통 옆에 컵이 쌓여 있다" → "사람들은 쓰레기통이 있어도 약간이라도 불편하면 쓰지 않는다"

2단계 - 부정적 통찰을 긍정적 도전 과제로 바꾸기:

"사람들은 불편하면 쓰레기통을 안 쓴다" → "어떻게 하면 우리가 쓰레기 버리기를 더 편하게 만들 수 있을까?"

3단계 - 다양한 관점으로 프레임 넓히기:

- "어떻게 하면 우리가 쓰레기통까지의 동선을 최소화할 수 있을까?"
- "어떻게 하면 우리가 쓰레기를 버리는 행위를 재미있게 만들 수 있을까?"
- "어떻게 하면 우리가 사람들이 컵을 들고 있는 것보다 버리는 것을 더 편하게 느끼도록 할 수 있을까?"

4단계 - 가장 영감을 주는 질문 선택하기:

팀원들과 함께 어떤 질문이 가장 창의적이고 실행 가능한 아이디어를 많이 끌어낼 수 있을지 투표하고 선택합니다.

HMW 질문의 세 가지 마법[9]

- **어떻게 하면(How):** 이 단어는 해결책이 존재하며, 우리가 그것을 찾을 수 있다는 긍정적이고 낙관적인 믿음을 전제로 합니다. "우리는 할 수 있을까?"라는 의심 대신 "어떻게 할까?"라는 방법론적 질문으로 바로 넘어갑니다.
- **...ㄹ 수 있을까(Might):** '해야 한다(Should)'나 '할 것이다(Will)'가 아닌 '...ㄹ 수 있을까'라는 표현은 우리에게 심리적 자유를 줍니다. 당장 완벽하고 실현 가능한 정답을 내놓아야 한다는 압박감에서 벗어나, 조금은 황당하고 과감한 아이디어를 탐색할 수 있는 안전한 공간을 만들어줍니다.
- **우리(We):** 이 문제는 혼자 푸는 숙제가 아니라, 팀 모두가 함께 머리를 맞대고 해결해야 할 공동의 과제임을 명확히 합니다.

좋은 HMW vs 나쁜 HMW 질문 비교

쓰레기 무단투기 문제

- **너무 좁은 질문:** "어떻게 하면 우리가 '양심 거울'을 더 많이 설치할 수 있을까?"
- **너무 넓은 질문:** "어떻게 하면 우리가 서울을 더 깨끗한 도시로 만들 수 있을까?"
- **딱 좋은 질문:** "어떻게 하면 우리가 상습 투기 구역의 환경을 바꿔 사람들이 그곳에 쓰레기를 버리는 것을 심리적으로 어색하게 느끼도록 만들 수 있을까?"

어린이 횡단보도 안전

- **너무 좁은 질문:** "어떻게 하면 우리가 '노란 발자국' 스티커를 더 눈에 띄게 만들 수 있을까?"

- **너무 넓은 질문:** "어떻게 하면 우리가 어린이 교통사고를 완전히 없앨 수 있을까?"
- **딱 좋은 질문:** "어떻게 하면 우리가 아이들이 횡단보도에서 신호를 기다릴 때, 지루함을 느끼지 않고 자연스럽게 안전한 공간에 머물도록 도울 수 있을까?"

'딱 좋은 질문'들을 보십시오. 이 질문들은 특정한 해결책(거울, 발자국)을 제시하지 않습니다. 대신, 우리가 달성하고자 하는 바람직한 '감정적, 행동적 상태'(어색함, 지루하지 않음, 손실감 없음)를 목표로 설정합니다. 이렇게 잘 벼려진 HMW 질문 하나가, 수십 개의 평범한 아이디어를 압도하는 하나의 위대한 해결책을 낳는 씨앗이 됩니다.

실제 기업들의 HMW 질문 사례

▣ Airbnb의 재도약

2009년 초기 Airbnb는 거의 파산 직전이었습니다. 당시 그들이 던진 질문은 "어떻게 하면 우리가 더 많은 숙소를 등록시킬 수 있을까?"였습니다. 하지만 이것은 '너무 좁은 질문'이었습니다.

사용자 인터뷰를 통해 그들은 놀라운 사실을 발견했습니다. 사람들이 숙소를 예약하지 않는 이유는 '숙소가 부족해서'가 아니라 '사진이 형편없어서' 호스트를 신뢰할 수 없었기 때문이었습니다. 당시 호스트들은 자신의 핸드폰으로 찍은 흐릿한 사진들을 올리고 있었죠.

그들은 질문을 바꿨습니다: **"어떻게 하면 우리가 잠재 고객들이 사진 한 장만 보고도 그 집에 머물고 싶다는 느낌을 받게 할 수 있을까?"**

이 새로운 질문에서 나온 해결책은 직접 전문 사진작가를 고용해 뉴욕의 호스트들 집을 무료로 촬영해주는 것이었습니다. 결과는 극적이었습니다. 전문 사진이 있는 숙소의 예약률이 2-3배 증가했고, 이 프로그램은 지금까지 Airbnb의 핵심 서비스로 자리 잡았습니다.

▣ 클리블랜드 클리닉의 환자 경험 혁신

미국의 명문 병원인 클리블랜드 클리닉은 의학적으로는 최고 수준이었지만, 환자 만족도는 낮았습니다. 초기 질문은 "어떻게 하면 우리가 진료 대기 시간을 줄일 수 있을까?"였습니다.

하지만 환자들을 직접 관찰하고 인터뷰한 결과, 문제는 '대기 시간의 길이'가 아니라 '대기하는 동안의 불안감과 무지(無知)'였습니다. 환자들은 자신이 왜 기다리고 있는지, 언제까지 기다려야 하는지, 지금 무슨 일이 일어나고 있는지 전혀 알지 못했습니다.

질문을 재정의했습니다: **"어떻게 하면 우리가 환자들이 기다리는 매 순간마다 무슨 일이 일어나고 있는지 알고, 자신이 잘 보살펴지고 있다고 느끼게 할 수 있을까?"**

이 질문에서 나온 해결책들은 의료진이 환자에게 다가가 현재 상황을 설명하는 것, 대기실에 실시간 정보를 표시하는 것, 그리고 각 진료 단계마다 다음에 무엇이 일어날지 미리 알려주는 것이었습니다. 결과적으로 실제 대기 시간은 줄지 않았지만 환자 만족도는 극적으로 상승했습니다.

2.6 당신은 이제 '문제 설계자'입니다

지금까지 우리는 디자인 씽킹의 '정의하기' 단계를 탐험했습니다. 하지만 우리는 단순히 문제를 명확하게 만드는 법을 배운 것이 아닙니다. 우리는 문제를 바라보는 '틀', 즉 프레임을 바꾸는 것이 어떻게 해결책의 지평을 완전히 바꾸어 놓는지 목격했습니다.

문제 정의는 수동적인 발견의 과정이 아니라, 능동적인 설계의 과정입니다. 우리가 어떤 단어를 선택하고 어떤 관점을 취하느냐에 따라, 문제는 개인의 의지박약 문제에서 환경 설계의 문제로, 상품 판매의 문제에서 고객의 심리적 장벽을 해소하는 문제로 재탄생할 수 있습니다.

문제 정의 과정에서 피해야 할 5가지 함정

이제 막 문제 설계의 세계에 발을 들인 당신에게, 실무에서 자주 목격되는 함정들을 미리 알려드리고자 합니다. 이것들을 알고 있는 것만으로도 당신은 많은 팀들보다 앞서갈 수 있습니다.

함정 1: 해결책을 문제로 위장하기

✗ "우리의 문제는 모바일 앱이 없다는 것이다."
✓ "우리의 문제는 고객들이 이동 중에 우리 서비스에 쉽게 접근할 수 없다는 것이다."

첫 번째 문장은 이미 '앱'이라는 해결책을 전제하고 있습니다. 하지만 고객의 진짜 니즈는 '이동 중 접근성'일 수 있으며, 이는 반응형 웹사이트, 챗봇, SMS 서비스 등 다양한 방법으로 해결 가능합니다.

함정 2: 증상을 원인으로 착각하기

✗ "우리의 문제는 고객 이탈률이 높다는 것이다."
✓ "우리의 문제는 고객들이 첫 한 달 안에 제품의 핵심 가치를 경험하지 못한다는 것이다."

이탈률은 증상입니다. 진짜 문제는 그 이탈을 일으키는 경험 상의 구체적인 실패 지점입니다.

함정 3: 너무 추상적으로 정의하기

✗ "우리의 문제는 고객 만족도를 향상시켜야 한다는 것이다."
✓ "우리의 문제는 고객들이 제품 사용 중 문제가 생겼을 때 어디에 도움을 요청해야 할지 모른다는 것이다."

'만족도 향상'은 목표이지 문제가 아닙니다. 구체적으로 어떤 순간, 어떤 경험이 불만족을 낳는지를 특정해야 합니다.

함정 4: 공급자 관점에 갇히기

✗ "우리의 문제는 우리 제품의 기능을 고객들이 잘 모른다는 것이다."
✓ "우리의 문제는 고객들이 자신의 목표를 달성하기 위해 우리 제품의 어떤 기능을 사용해야 하는지 발견하지 못한다는 것이다."

첫 번째는 '우리가 만든 것'을 중심으로 생각하고, 두 번째는 '고객이 달성하려는 것'을 중심으로 생각합니다.

함정 5: 비난의 언어 사용하기

✗ "우리의 문제는 고객들이 게을러서 사용 설명서를 안 읽는다는 것이다."
✓ "우리의 문제는 고객들이 제품을 처음 켤 때 직관적으로 다음 단계를 예측할 수 없다는 것이다."

사용자를 비난하는 문제 정의는 해결책을 '사용자를 바꾸는 것'으로 제한합니다. 하지만 디자인 씽킹의 철학은 사용자를 바꾸는 것이 아니라 경험을 바꾸는 것입니다.

문제설계자: 정의에서 발상으로

이제 우리는 잘 정의된 문제, 즉 날카롭게 벼려진 HMW 질문을 손에 쥐고 있습니다. "어떻게 하면 우리가 고객들이 손실감 없이 저축하는 즐거움을 느끼게 할 수 있을까?" "어떻게 하면 우리가 아이들이 지루하지 않고 안전한 곳에 자연스럽게 머물도록 할 수 있을까?"

좋은 질문은 좋은 답을 부릅니다. 아니, 좋은 질문은 수십 개의 흥미롭고 대담한 아이디어들을 쏟아지게 만듭니다. 그리고 그 아이디어들 중 하나가 세상을 조금 더 나은 곳으로 바꾸는 해결책이 될 것입니다.

이로써 당신은 더 이상 단순한 문제 해결사가 아닙니다. 당신은 사람들의 선택과 행동에 영향을 미치는 **'선택 설계자(Choice Architect)'**[10]이자, 더 나은 해결책으로 이어지는 길을 여는 **'문제 설계자(Problem Architect)'**입니다.

2장을 마무리하며

이 장에서 우리는 공감을 통해 수집한 정보들을 의미 있는 문제 정의로 발전시키는 과정을 배웠습니다. 프레이밍의 힘을 이해하고, HMW 질문을 통해 창의적 해결책으로 가는 문을 여는 법을 익혔죠.

중요한 것은 문제를 정의하는 것이 단순한 분석이 아니라 창의적 설계 행위라는 점입니다. 당신이 선택하는 프레임이 해결책의 방향을 결정합니다.

"올바른 질문을 던지는 것이 올바른 답을 찾는 것보다 더 중요합니다.
당신은 이제 문제를 설계하는 전문가입니다."

■ 핵심 용어

프레이밍 효과(Framing Effect): 동일한 정보라도 어떻게 표현하느냐에 따라 사람들의 판단과 선택이 달라지는 현상입니다. '성공률 90%'와 '실패율 10%'가 다르게 느껴지는 것이 대표적인 예입니다.

전망 이론(Prospect Theory): 카너먼과 트버스키가 개발한 이론으로, 사람들이 이득과 손실을 다르게 평가한다는 것을 설명합니다. 같은 크기의 이득보다 손실을 더 크게 느끼는 경향이 있습니다.

손실 회피(Loss Aversion): 사람들이 얻는 기쁨보다 잃는 고통을 약 2.5배 더 크게 느끼는 심리적 편향입니다. 넛지 설계에서 매우 중요한 개념입니다.

문제 정의(Problem Definition): 수집한 정보를 바탕으로 해결해야 할 핵심 문제를 명확하고 구체적으로 표현하는 과정입니다. 단순한 요약이 아닌 전략적 프레이밍 과정입니다.

HMW 질문(How Might We): "어떻게 하면 우리가..."로 시작하는 질문 형식으로, 창의적이고 해결 지향적인 사고를 유도하는 디자인 씽킹의 핵심 도구입니다.

선택 설계자(Choice Architect): 사람들의 선택 환경을 설계하여 더 나은 결정을 내리도록 돕는 역할을 하는 사람을 의미합니다. 넛지의 핵심 개념입니다.

■ 더 깊이 생각해보기

1. 내 주변의 프레이밍 효과 찾기

이번 주에 광고, 뉴스, 정책 발표 등에서 같은 내용을 다르게 표현하여 인상을 바꾸려는 프레이밍 사례를 3개 이상 찾아보세요. 어떤 단어 선택이 어떤 감정을 유발하는지 분석해보세요.

➤ 힌트: "무설탕" vs "설탕 제로", "97% 성공률" vs "3% 실패율", "친환경 소재 사용" vs "플라스틱 미사용" 같은 표현의 차이에 주목해보세요. 같은 사실이지만 전혀 다른 느낌을 주는 이유를 분석해보시길 권합니다.

2. 개인적 문제를 HMW 질문으로 재정의하기

당신을 괴롭히는 개인적인 문제 하나를 골라보세요. (예: "나는 게을러서 운동을 꾸준히 하지 못한다.") 이 문제를 "어떻게 하면 내가 운동하는 과정을 게임처럼 즐겁게 만들 수 있을까?"와 같이 HMW 질문으로 바꾸어 써보세요.

➤ 팁: 원래 문제 진술에 '~해야 한다', '~하지 못한다', '~가 부족하다' 같은 표현이 있다면, 이를 '~하게 만들 수 있을까', '~느끼게 할 수 있을까'처럼 가능성과 감정을 중심으로 재구성해보세요.

3. 실패한 정책의 프레임 분석하기

최근에 경험했거나 들었던 '좋은 의도로 시작했지만 실패한' 정책이나 서비스가 있나요? 문제 정의의 프레임이 잘못되었는지, 어떻게 다시 정의하면 좋을지 생각해보세요.

➤ 예시로 생각해볼 만한 주제들: 공공자전거 무단 방치 문제, 재활용 쓰레기 분리배출 저조 문제, 대중교통 양보석 활성화 문제 등. 이 문제들이 '시민의식' 프레임에 갇혀 있었는지, 다른 프레임이 가능했는지 토론해보세요.

4. 토론 주제: 넛지의 윤리적 경계선

"넛지와 프레이밍이 때로는 조작적일 수 있다"는 비판에 대해 어떻게 생각하시나요? 사용자를 위한 배려와 의도적인 조작 사이의 경계선은 어디에 있을까요?

➤ 생각해볼 질문들:

• 넛지가 사용자의 이익을 위한 것인지 기업의 이익을 위한 것인지를 어떻게 구분할 수 있을까요?

• 사용자가 넛지의 존재를 알았을 때 기분이 나빠진다면, 그것은 윤리적으로 문제가 있는 것일까요?

• '투명한 넛지(Transparent Nudge)'라는 것이 가능할까요? 효과적일까요?

• 어떤 종류의 넛지는 명시적인 동의를 구해야 할까요?

5. 실전 연습: 당신의 조직 문제를 재정의하기

당신의 학교, 직장, 또는 커뮤니티에서 오랫동안 해결되지 않은 문제를 하나 선택하세요. 현재 그 문제가 어떻게 정의되어 있는지 써보고, HMW 질문 형식으로 최소 5가지 이상의 대안적 프레임을 만들어보세요. 그리고 팀원들과 함께 어떤 프레임이 가장 흥미로운 해결책을 낳을지 토론해보세요.

➤ 유용한 프레임 전환 패턴:

• "사람들이 X를 안 한다" → "어떻게 하면 X를 하는 것이 더 쉽고/재미있고/보람있게 느껴지게 할 수 있을까?"

• "우리에게 Y가 없다" → "어떻게 하면 우리가 Y 없이도 같은 목표를 달성할 수 있을까?"

• "Z가 문제다" → "어떻게 하면 Z를 장점으로 바꿀 수 있을까?"

[참고문헌]

[1] Brown, T. (2008). Design Thinking. *Harvard Business Review*, 86(6), 84-92. 디자인 씽킹의 5단계 프로세스 중 '정의하기(Define)' 단계의 중요성과 방법론을 체계적으로 설명한 논문입니다.

[2] Tversky, A., & Kahneman, D. (1981). The framing of decisions and the psychology of choice. *Science*, 211(4481), 453-458. 프레이밍 효과를 세상에 알린 기념비적인 논문으로, 동일한 정보가 다르게 제시되었을 때의 선택 변화를 실험을 통해 증명했습니다.

[3] Kahneman, D., & Tversky, A. (1979). Prospect theory: An analysis of decision under risk. *Econometrica*, 47(2), 263-291. 전망 이론의 근간이 되는 논문으로, 인간의 의사결정이 합리적 경제학 모델과 어떻게 다른지를 설명합니다.

[4] Kahneman, D., Knetsch, J. L., & Thaler, R. H. (1991). Anomalies: The endowment effect, loss aversion, and status quo bias. *Journal of Economic perspectives*, 5(1), 193-206. 손실 회피 현상을 실험을 통해 검증하고, 그 정도를 정량화한 연구입니다.

[5] Bank of America. (2005). Keep the Change Program Internal Report. Boston: Bank of America Corporation. IDEO와의 협업을 통해 개발된 잔돈 모으기 서비스의 성과를 분석한 내부 보고서입니다.

[6] 서귀포시. (2006). 쓰레기 불법투기 지역 양심거울 설치 효과. 관련 보도자료. 제주 서귀포시에서 실시한 양심 거울 설치 프로젝트의 효과를 분석한 공식 자료입니다.

[7] 성북구청. (2018). 양심화분을 활용한 쓰레기 무단투기 방지 사업 결과보고서. 서울 성북구에서 실시한 꽃밭 조성을 통한 쓰레기 투기 방지 사업의 성과를 정리한 보고서입니다.

[8] 경기남부지방경찰청. (2017). 어린이 교통사고 예방을 위한 '노란발자국' 확대. 관련 보도자료. 어린이 보호구역에서 노란 발자국 스티커 설치 후 교통사고 감소 효과를 분석한 자료입니다.

[9] IDEO. (n.d.). Design Kit: How Might We. Retrieved from https://www.designkit.org/methods/how-might-we HMW 질문 기법의 개발사인 IDEO에서 제공하는 공식 가이드라인입니다.

[10] Thaler, R. H., & Sunstein, C. R. (2008). *Nudge: Improving decisions about health, wealth, and happiness.* Yale University Press. '선택 설계자(Choice Architect)' 개념을 세상에 알린 넛지 이론의 바이블입니다.

제3장

황당한 아이디어가 세상을 구한다

(상상력의 족쇄를 푸는 기술)

"자, 지금부터 자유롭게 아이디어를 내봅시다! 나쁜 아이디어는 없어요!"
회의실에서 가장 자주 들리는 말이지만, 가장 지켜지지 않는 약속이기도 합니다.

3.1 상상력에 채워진 보이지 않는 족쇄

야심 차게 시작된 브레인스토밍 회의. 하지만 30분이 지나도 나오는 건 뻔한 아이디어들뿐입니다. "기존 제품에 AI를 접목해보면 어떨까요?", "마케팅을 좀 더 강화하면…", "비용을 줄여서…" 어디서 많이 들어본 말들만 맴돕니다. 샤워를 하거나 산책을 할 때 문득 떠오르는 기발한 생각들은 왜 회의실에서는 자취를 감추는 걸까요?

문제는 우리의 '의지'나 '창의력' 부족에 있지 않습니다. 진짜 원인은 우리의 뇌 속에 깊숙이 자리 잡은 '보이지 않는 족쇄', 바로 인지 편향(Cognitive Bias) 때문입니다.[1] 인지 편향은 인류가 수렵채집 시절부터 생존을 위해 발전시켜 온 일종의 정신적 지름길이지만, 복잡하고 새로운 해법이 필요한 현대 사회에서는 혁신의 가장 큰 걸림돌이 됩니다.

아이디어 회의를 망치는 주범들

확증 편향(Confirmation Bias): 우리는 자신의 기존 신념이나 가설을 확인해 주는 정보와 아이디어만 선호하고, 그에 반하는 것은 무시하거나 평가절하하는 경향이 있습니다. "이건 우리가 늘 해오던 방식과 비슷해서 좋군"이라는 생각이 새로운 가능성을 차단합니다.[2]

동조 편향(Conformity Bias): 우리는 집단에 소속되고 싶은 강한 욕구를 가지고 있어, 다수의 의견이나 분위기에 쉽게 휩쓸립니다. 특히 직급이 높은 사람이 먼저 의견을 내면, 다른 사람들은 반대 의견을 내기 주저하며 스스로를 검열하게 됩니다.

앵커링 편향(Anchoring Bias): 처음에 제시된 아이디어나 정보가 '닻(Anchor)'처럼 작용하여, 이후의 모든 논의가 그 주변을 맴돌게 되는 현상입니다. 첫 아이디어가 평범했다면, 회의 전체가 그 한계를 벗어나지 못하게 됩니다.[3]

따라서 아이디어 내기 단계의 진정한 목표는 그저 '상자 밖에서 생각하는 것(Think outside the box)'이 아닙니다. 이 강력한 인지 편향의 존재를 명확히 인식하고, 그것을 의도적으로 무력화시키는 구조화된 기법을 활용하여 상상력의 자유를 되찾는 것입니다. 지금부터 그 '족쇄'를 푸는 구체적인 열쇠들을 하나씩 살펴보겠습니다.

창의성 킬러(Creativity Killer): 회의실에서 절대 하지 말아야 할 말들

"그건 예산이 안 돼." - 아직 아이디어 단계인데 벌써 실행 가능성을 따지면, 모든 창의적 사고가 멈춥니다. 예산은 나중에 고민해도 됩니다.

"작년에도 비슷한 거 해봤는데 안 됐어요." - 과거의 실패 경험은 확증 편향을 강화합니다. "그때와 지금은 무엇이 다를까?"라고 물어보세요.

"그런 건 우리 업계에서는 안 통해요." - 업계의 '상식'이야말로 혁신의 가장 큰 적입니다. 다른 업계에서는 당연한 것이 여러분의 업계에서는 혁명이 될 수 있습니다.

"팀장님은 어떻게 생각하세요?" - 권위자의 의견을 먼저 묻는 순간, 동조 편향이 작동합니다. 리더는 마지막에 의견을 말해야 합니다.

"좋은데, 좀 더 현실적으로 생각해봅시다." - '현실적'이라는 말은 종종 '평범하게'라는 의미로 쓰입니다. 비현실적으로 보이는 아이디어가 세상을 바꿉니다.

3.2 구조화된 자유: 의도적 창의성을 위한 도구 상자

'자유로운 상상'은 역설적으로 '잘 짜인 구조' 안에서 가장 활발하게 일어납니다. 1953년, 광고계의 전설 알렉스 오스본(Alex Osborn)이 제안한 브레인스토밍(Brainstorming)은 이 역설을 가장 잘 보여주는 기법입니다.[22] 그는 창의성을 가로막는 가장 큰 적이 바로 '조기 비판'이라는 것을 간파했습니다.

브레인스토밍의 4대 원칙: 심리적 안정감을 만드는 규칙

브레인스토밍의 4대 황금률

1. 비판 금지(Defer Judgment): "그건 안 돼", "현실적이지 않아" 같은 부정적 평가를 절대 하지 않습니다. 아이디어를 내는 단계와 평가하는 단계를 명확히 분리합니다. 이것만으로도 구성원들은 심리적 안정감(Psychological Safety)을 느끼고 대담한 아이디어를 내놓게 됩니다.

2. 자유분방함 환영(Welcome Wild Ideas): 오히려 황당하고 비현실적으로 보이는 아이디어를 적극 환영합니다. 오스본은 "평범한 아이디어 100개보다 터무니없는 아이디어 1개가 더 가치 있다"고 말했습니다. 왜냐하면 황당한 아이디어가 다른 사람에게 영감을 주어 실현 가능한 혁신으로 발전할 수 있기 때문입니다.

3. 양을 추구하라(Go for Quantity): 질보다 양에 집중합니다. 이것은 역설적으로 들리지만, 연구에 따르면 아이디어의 수가 늘어날수록 그 중에 창의적이고 실행 가능한 아이디어가 나올 확률이 기하급수적으로 증가합니다.[23] 100개의 아이디어 중에 1개의 혁신이 나온다면, 그 1개를 찾기 위해서는 일단 100개를 만들어야 합니다.

4. 결합하고 개선하라(Build on Others' Ideas): 다른 사람의 아이디어를 비판하는 대신 거기에 살을 붙이고 확장합니다. "그 아이디어에 이걸 더하면 어떨까?", "그걸 다르게 적용하면?" 같은 방식으로 집단 지성이 작동하게 만듭니다.

이 네 가지 원칙은 단순한 규칙이 아닙니다. 이것은 확증 편향, 동조 편향, 권위자 편향 같은 인지적 족쇄를 푸는 심리적 안전장치입니다. "내 아이디어가 비판받지 않을 것이다"라는 확신이 있을 때, 비로소 우리의 뇌는 익숙한 길에서 벗어나 새로운 가능성을 탐험하기 시작합니다.

브레인라이팅(Brainwriting): 목소리 큰 사람의 독점을 막는 기법

전통적인 브레인스토밍에는 치명적인 약점이 있습니다. 목소리가 크거나 직급이 높은 사람의 의견이 회의를 지배하고, 내향적인 사람이나 후배들은 침묵하게 되는 현상입니다. 독일의 심리학자 베른트 로어바흐(Bernd Rohrbach)가 1968년에 개발한 브레인라이팅(Brainwriting)은 이 문제를 해결합니다.[24]

브레인라이팅 6-3-5 기법

1. **6명의 참가자**가 각자 종이를 한 장씩 받습니다.
2. 각자 **3개의 아이디어**를 적습니다 (발표하지 않고 조용히 씁니다). 시간은 **5분**입니다.
3. 5분이 지나면 종이를 오른쪽 사람에게 넘깁니다.
4. 받은 종이에 적힌 아이디어를 읽고, 그것에서 영감을 받아 새로운 3개의 아이디어를 추가로 적습니다. (비판 금지!)
5. 이 과정을 6번 반복하면, **총 108개(6명 × 3개 × 6라운드)의 아이디어**가 탄생합니다. 단 30분 만에 말이죠.

브레인라이팅의 혁신적인 점은 **침묵 속에서 아이디어를 낸다**는 것입니다. 이렇게 하면:

- 내향적인 사람도 동등하게 참여할 수 있습니다
- 목소리 큰 사람이나 상사의 의견에 휩쓸리지 않습니다 (동조 편향 제거)
- 동시에 여러 생각의 흐름이 진행되어 더 다양한 아이디어가 나옵니다
- 익명성이 보장되어 더 대담한 아이디어를 낼 수 있습니다

연구에 따르면 브레인라이팅은 전통적인 말하기 방식의 브레인스토밍보다 평균 **42% 더 많은 아이디어**를 생성하고, 그 중 창의적이고 실행 가능한 아이디어의 비율도 더 높은 것으로 나타났습니다.[25]

이제 이런 원칙들을 바탕으로, 우리의 뇌가 편협한 길로 빠지지 않도록 도와주는 구체적인 도구들을 살펴보겠습니다.

3.2.1 연금술사의 공식: 스캠퍼(SCAMPER) 기법

새로운 것을 창조하는 가장 쉬운 방법 중 하나는 이미 존재하는 것을 비틀어보는 것입니다. 스캠퍼 기법은 하나의 주제나 제품을 7가지 다른 렌즈로 강제적으로 바라보게 함으로써, 첫 아이디어에 갇히는 앵커링 편향을 체계적으로 깨뜨리는 강력한 도구입니다.[4] 각 질문은 새로운 생각의 출발점을 제공합니다.

기법	핵심 질문	적용 사례
Substitute (대체하기)	기존의 일부를 다른 것으로 바꾸면 어떨까?	플라스틱 빨대를 종이나 쌀, 식용 가능한 재료로 대체하여 환경 문제를 해결한 사례[5]
Combine (결합하기)	서로 다른 두 가지를 합치면 어떨까?	전화기, 카메라, 컴퓨터를 하나로 합쳐 완전히 새로운 시장을 창출한 스마트폰
Adapt (응용하기)	다른 분야의 아이디어를 빌려오면 어떨	도축장의 컨베이어 벨트 시스템에서 영감을 얻어 자동차 대량 생산 시대를 연 헨리 포드의 조

기법	핵심 질문	적용 사례
	까?	립 라인[6]
Modify (수정하기)	형태, 크기, 색상 등을 바꾸거나 과장하면 어떨까?	가루 형태의 세제를 1회분씩 포장하여 사용 편의성을 극대화한 타이드 팟(Tide Pods) 세제
Put to another use (다른 용도로 쓰기)	원래 용도와 전혀 다른 곳에 쓸 수 없을까?	원래 빵을 부풀리는 용도였던 베이킹 소다를 탈취제, 세정제 등 다목적 친환경 제품으로 활용한 사례
Eliminate (제거하기)	불필요한 부분을 과감히 없애면 어떨까?	이어폰의 '선'을 제거하여 편리함과 휴대성을 극대화한 무선 이어폰
Reverse (거꾸로 하기)	순서나 구조, 생각을 뒤집으면 어떨까?	가구 회사가 조립해서 파는 것이 아니라, 고객이 직접 조립하게 만들어 가격을 낮춘 이케아(IKEA)의 비즈니스 모델[7]

지금 바로 해보기: 스캠퍼 5분 워크숍

여러분이 자주 사용하는 물건 하나를 떠올려보세요. 예를 들어 '우산'이라고 해볼까요? 스캠퍼의 7가지 질문을 차례로 적용해봅시다:

- **대체:** 천 대신 투명한 비닐을 사용하면? → 앞이 보이는 투명 우산 탄생
- **결합:** 우산과 가방을 합치면? → 우산이 내장된 백팩
- **응용:** 낙하산처럼 바람을 받으면? → 바람에 뒤집히지 않는 역방향 우산
- **수정:** 크기를 손바닥만 하게 줄이면? → 미니 휴대용 우산
- **다른 용도:** 비를 막는 대신 햇빛을 막으면? → 양산으로 활용
- **제거:** 손잡이를 없애면? → 머리에 쓰는 우산 모자

- **거꾸로:** 접을 때 안쪽이 밖으로 나오게 하면? → 젖은 면이 안쪽에 있어 물이 안 떨어지는 우산

놀랍게도 위의 모든 아이디어는 이미 실제로 출시된 제품들입니다! 이처럼 스캠퍼는 '황당한' 질문을 던져 우리를 편안한 사고 영역에서 밀어냅니다.

3.2.2 비관주의의 힘: 역브레인스토밍(Reverse Brainstorming)

아이디어 회의가 막다른 길에 부딪혔을 때, 가장 효과적인 탈출구는 질문을 완전히 뒤집어보는 것입니다. 역브레인스토밍은 "어떻게 하면 이 문제를 해결할 수 있을까?" 대신, "어떻게 하면 이 문제를 최악으로 만들 수 있을까?"라고 묻는 기법입니다.[8]

이 기법은 인간이 해결책보다 문제점을 찾는 데 더 능숙하다는 점을 역이용합니다. '비판'과 '부정적 사고'를 공식적으로 허용함으로써, 평소라면 침묵했을 비판적인 성향의 구성원이나 내향적인 구성원들의 참여를 유도하고 동조 편향과 집단사고의 위험을 줄여줍니다.

역브레인스토밍 4단계 프로세스

1. **문제 정의하기**
   예시: "어떻게 하면 우리 동네 주민센터의 시민 참여율을 높일 수 있을까?"
2. **문제 뒤집기**
   예시: "어떻게 하면 주민센터에 시민들의 발길을 완벽하게 끊어버릴 수 있을까?"
3. **'최악의 아이디어' 브레인스토밍**
   참가자들은 문제를 악화시키는 아이디어를 자유롭게 쏟아냅니다.
   예시: "가장 불편한 시간대에만 프로그램을 운영한다", "건물을 일부러 더럽고 낡게 방치한다", "모든 행사 정보를 꼭꼭 숨긴다"

4. **'최악의 아이디어'를 '최고의 해결책'으로 뒤집기**
예시: "주민 설문조사를 통해 가장 선호하는 시간대를 파악한다", "정기적인 환경미화와 함께 환영하는 분위기의 장식을 추가한다"

이처럼 의도적으로 '나쁜 아이디어'를 장려하는 과정은 '옳은 답을 내야 한다'는 압박감을 제거합니다. 이는 구성원들이 심리적 안정감(Psychological Safety)을 느끼게 하고, 평소라면 주저했을 솔직하고 대담한 의견을 표출하도록 돕습니다.[9] 안전하다고 느낄 때, 비로소 가장 창의적인 생각이 싹트는 법입니다.

▣ 넷플릭스의 역브레인스토밍: "어떻게 하면 고객을 완벽하게 화나게 할 수 있을까?"

2011년, 넷플릭스는 심각한 위기에 직면했습니다. DVD 대여와 스트리밍 서비스를 분리하고 가격을 대폭 인상하자 80만 명의 고객이 탈퇴했습니다.[16] 내부 회의에서 한 직원이 제안했습니다. "우리가 고객을 화나게 하려면 어떻게 해야 할까요?"

최악의 아이디어들:

- "고객에게 사전 설명 없이 갑자기 변경사항을 통보한다" → 실제로 했던 실수
- "고객이 원하는 콘텐츠 대신 우리가 보여주고 싶은 것만 추천한다"
- "매번 로그인할 때마다 비밀번호를 새로 설정하게 한다"
- "시청 중간에 광고를 무작위로 넣는다"

이 '최악의 시나리오'를 하나씩 뒤집어 넷플릭스는 혁신적인 고객 경험 개선책을 만들었습니다. 오늘날 넷플릭스의 성공 비결인 개인화 추천 알고리즘, 끊김 없는 자동재생, 광고 없는 시청 경험은 모두 이런 역발상에서 나왔습니다.

3.2.3 예술가처럼 훔치기: 유추적 영감(Analogous Inspiration)

'포스트잇'의 탄생 일화는 실패한 발명품이 우연한 기회에 새로운 용도를 찾은 유명한 사례입니다.[10] 하지만 혁신은 항상 이런 우연에만 기댈 수는 없습니다. 때로는 의도적으로 우리 분야의 '상식'과 '고정관념'에서 벗어나야 합니다. 유추적 영감은 문제의 본질은 비슷하지만 완전히 다른 분야의 사례를 탐구하여 영감을 얻는 방법입니다.

▣ 아이디오(IDEO)의 병원-항공사 프로젝트

세계적인 디자인 컨설팅 기업 아이디오의 사례는 이 기법의 힘을 명확하게 보여줍니다. 한 병원 수술팀의 환자 경험을 개선하는 프로젝트를 맡았을 때, 아이디오는 다른 병원을 견학하는 대신 수술팀 의사, 간호사들과 함께 공항으로 갔습니다. 그들이 찾아간 곳은 탁월한 고객 서비스로 유명한 젯블루(JetBlue) 항공사의 체크인 카운터와 운영 센터였습니다.[11]

언뜻 보기에 수술과 항공 여행은 전혀 관계없어 보입니다. 하지만 그 본질을 들여다보면, 둘 다 ①고도의 스트레스 상황이며 ②엄격한 규제와 절차를 따라야 하고 ③여러 팀원 간의 긴밀한 협업이 필수적이라는 구조적 유사성을 가집니다.

수술팀은 젯블루가 승객들의 불안감을 어떻게 해소하는지, 다양한 유형의 승객(가족, 장애인, 단골 고객)에게 각기 다른 체크인 경로를 제공하는 것을 보며 큰 충격을 받았습니다. 한 외과의사는 이렇게 말했습니다. "우리는 모든 환자에게 똑같은 절차 하나만을 제공하는데, 환자들은 모두 같지 않잖아요."

의료라는 '상자' 안에 갇혀 있을 때는 결코 떠올릴 수 없었던 이 깨달음은, 환자 유형에 따라 맞춤형 안내 서비스를 제공하는 등 혁신적인 아이디어의 출발점이 되었습니다.

이처럼 때로는 정답에서 가장 멀리 떨어져 있는 곳에 최고의 힌트가 숨어있습니다. 이는 특정 분야의 전문가가 되면서 갖게 되는 '지식의 저주'에서 벗어나게 해주는 강력한 탈출구입니다.

우리 주변의 유추적 영감 사례들

1. 벨크로(찍찍이): 자연에서 배운 디자인

1941년, 스위스 엔지니어 조르주 드 메스트랄은 산책 후 개의 털에 엉겨붙은 도꼬마리 열매를 관찰했습니다.[17] 현미경으로 확대해보니 작은 갈고리 구조가 섬유의 고리에 걸리는 것을 발견했죠. "의류에 적용하면?" 이 질문이 오늘날 신발끈을 대체한 벨크로의 탄생으로 이어졌습니다.

2. 신칸센 총알열차: 물총새의 부리를 닮다

일본 신칸센 기술팀은 터널 진입 시 발생하는 충격음 문제로 고민했습니다. 열차가 시속 300km로 터널에 들어가면 공기압이 폭발적으로 증가하며 큰 소음이 발생했죠. 해결책은 야생 조류 전문가였던 엔지니어 에이지 나카츠의 관찰에서 나왔습니다.[18] 물총새가 물속으로 뛰어들 때 물보라가 거의 일지 않는 것에 주목한 그는 물총새의 부리 모양을 열차 선두부에 적용했고, 소음은 줄어들고 속도는 10% 향상되었습니다.

3. 나이키 에어맥스: 건축에서 빌린 아이디어

1987년, 나이키 디자이너 틴커 햇필드는 파리 퐁피두 센터를 방문했습니다. 건물의 내부 구조가 투명하게 보이는 디자인에서 영감을 받아 "신발 안의 에어 쿠션도 보이게 하면 어떨까?"라는 아이디어를 떠올렸습니다.[19] 이것이 에어맥스 시리즈의 시작이었고, 신발 역사를 바꾼 혁신이 되었습니다.

3.3 사례 연구: 도로 위 한 줄의 선이 생명을 구하다

혁신적인 아이디어가 항상 복잡한 기술이나 거대한 자본에서 나오는 것은 아닙니다. 때로는 주변의 불편함에 대한 깊은 공감과 '말도 안 돼' 보이는 단순한 발상이 세상을 바꾸기도 합니다. 우리나라 고속도로의 풍경을 바꾼 '노면 색깔 유도선'은 그 가장 극적인 증거입니다.

▣ 대한민국 '노면 색깔 유도선' 이야기

문제 발견(공감): 이 이야기의 주인공은 한국도로공사의 평범한 직원이었던 윤석덕 차장입니다. 그는 복잡하게 얽힌 고속도로 분기점을 지날 때마다 길을 헷갈려 당황하거나 급하게 차선을 변경하다 사고 날 뻔했던 수많은 운전자의 불안감에 깊이 공감했습니다. 특히 2011년, 서해안고속도로 안산분기점에서 한 운전자가 길을 잘못 들어 후진하다가 뒤따르던 화물차와 추돌해 사망하는 안타까운 사고는 그에게 큰 충격을 주었습니다.[12]

아이디어 발상(상상): 그는 '어떻게 하면 운전자가 헷갈리지 않고 단번에 길을 찾게 할 수 있을까?'를 고민했습니다. 그의 머릿속에 떠오른 아이디어는 지극히 단순하고 황당해 보였습니다. "도로 위에 색깔 있는 선을 페인트로 쭉 그어서 길을 안내해주면 어떨까?" 마치 아이들이 미로를 따라 선을 긋는 것처럼 말입니다. 하지만 당시 도로교통법에는 흰색, 노란색, 파란색 외에 다른 색의 선을 도로에 그을 수 있는 규정이 없었습니다. 그의 아이디어는 '불법'이자 '전례 없는' 일이었습니다.

실행(프로토타입 & 테스트): 하지만 그는 포기하지 않았습니다. 끈질긴 설득 끝에 경찰청으로부터 시범 설치 협의를 얻어냈고, 2011년 5월 3일, 바로 그 비극적 사고가 있었던 안산분기점에 분홍색과 초록색 유도선을 처음으로 설치했습니다. 이것은 그의 아이디어를 현실 세계에서 검증하는 살아있는 프로토타입이었습니다.

결과(증명): 효과는 즉각적이고 놀라웠습니다. 유도선 설치 이후, 해당 분기점의 교통사고 발생 건수가 이전 대비 85%나 급감했습니다.[13] 이 성공 사례가 알려지자 전국적으로 유도선 설치가 확산되었고, 설치된 분기점과 나들목의 교통사고는 평균 27%에서 많게는 70% 이상 감소하는 극적인 효과를 보였습니다.

확산(넛지로서의 완성): 이 한 줄의 선은 운전자에게 어떤 것도 강제하지 않습니다. 벌금을 부과하거나 길을 막지도 않습니다. 그저 운전자의 주의를 자연스럽게 이끌어, 더 쉽고 안전한 경로를 '알아서' 선택하도록 부드럽게 유도할 뿐입니다. 이것이 바로 이 책의 또 다른 핵심 열쇠인 넛지(Nudge)의 완벽한 사례입니다.[14]

한 시민의 공감에서 시작된 작은 아이디어는 수많은 생명을 구하는 거대한 변화를 만들었고, 결국 10년 만에 정식으로 도로교통법에 편입되어 대한민국의 표준이 되었습니다. 윤석덕 차장의 이야기는 이 책을 읽는 우리 모두에게 강력한 메시지를 던집니다. 세상을 바꾸는 설계자는 실리콘밸리의 유명한 CEO나 천재 과학자만이 아닙니다. 내 주변의 문제에 진심으로 공감하고, 상상력의 족쇄를 푸는 용기를 가진 평범한 시민, 바로 당신이 될 수 있습니다.

한국에서 찾은 더 많은 창의적 넛지들

노면 색깔 유도선 외에도 우리나라에는 일상의 불편함을 창의적으로 해결한 사례들이 많습니다. 이들은 모두 강제나 규제가 아닌, 사람들의 자연스러운 행동을 유도하는 넛지의 철학을 담고 있습니다.

▣ 서울 지하철의 '임산부 배려석' 스티커

임산부석 앞 바닥에 붙은 분홍색 발자국 스티커를 본 적 있으신가요? 서울교통공사는 2018년부터 임산부석 앞 바닥에 "아기와 엄마가 앉는 자리입니다"라는 문구와 함께 발자국 모양의 스티커를 부착했습니다.[20] 일반 승객들은 그 위에 서는 것을 자연스럽게 피하게 되고, 임산부는 "여기 서도 되는구나"라는 신호를 받게 됩니다. "임산부에게 자리를 양보하세요"라는 강압적인 안내방송보다 훨씬 효과적이었습니다.

▣ 분당서울대병원의 '피아노 계단'

분당서울대병원은 환자와 방문객들의 건강 증진을 위해 계단 이용을 장려하고 싶었습니다.[21] 하지만 "건강을 위해 계단을 이용하세요"라는 안내문은 효과가 없었죠. 그래서 계단의 각 층계에 피아노 건반을 그려 넣고, 밟으면 실제 피아노 소리가 나도록 센서를 설치했습니다. 결과는 놀라웠습니다. 계단 이용률이 66% 증가했고, 특히 어린이 환자들은 엘리베이터 대신 계단을 선택하며 즐거워했습니다.

인지 편향에서 행동 설계로

노면 색깔 유도선이 성공한 이유는 단순히 '좋은 아이디어'였기 때문만이 아닙니다. 이것은 인간의 뇌가 작동하는 방식, 즉 '시각적 단서에 의존하는 성향'과 '색깔로 구분하여 빠르게 인식하는 능력'을 정확히 활용한 것입니다.

운전자는 복잡한 안내판을 읽고 판단할 필요 없이, 직관적으로 색깔을 따라가기만 하면 됩니다. 이처럼 인간의 인지적 특성을 이해하고 그에 맞춰 환경을 설계하는 것, 바로 이것이 다음 2부에서 다룰 넛지의 핵심입니다.

이 모든 사례들은 공통점이 있습니다. 누군가를 비난하거나 처벌하는 대신, 사람들이 원래 가지고 있던 좋은 의도를 실제 행동으로 옮기기 쉽게 만든 것입니다. 이것이 바로 디자인 씽킹의 아이디어 단계가 넛지 설계로 이어지는 자연스러운 흐름입니다.

3장을 마무리하며

이 장에서 우리는 창의성을 가로막는 '보이지 않는 족쇄'들을 발견했습니다. 확증 편향, 동조 편향, 앵커링 편향 같은 인지 편향들이 어떻게 우리의 상상력을 제한하는지 알게 되었죠. 하지만 더 중요한 것은 이런 한계를 극복하는 구체적인 도구들을 배웠다는 점입니다.

스캠퍼, 역브레인스토밍, 유추적 영감 같은 기법들은 단순한 창의성 도구가 아닙니다. 이들은 인간의 뇌가 가진 편향과 한계를 정확히 이해하고, 그것을 오히려 창의성의 발판으로 활용하는 '**인지과학 기반 혁신법**'입니다.

여러분은 이제 상상력의 족쇄를 푸는 열쇠를 손에 쥐었습니다.
다음 장에서는 인지 편향이 실제 행동을 어떻게 움직이는지,
그리고 그것을 세상을 더 나은 방향으로 '살짝 밀어주는' 넛지로 활용하는 법을 배웁니다.

■ 핵심 용어

인지 편향(Cognitive Bias): 경험에 의해 형성된 비논리적인 추론 방식입니다. 정보 처리 과정에서 발생하는 체계적 오류로, 창의적 사고를 방해하는 주요 원인이 됩니다.

확증 편향(Confirmation Bias): 자신의 신념과 일치하는 정보만 찾고, 반대되는 정보는 외면하는 경향입니다. 기존 방식에 안주하게 만드는 혁신의 적입니다.

동조 편향(Conformity Bias): 자신의 의견보다 집단의 의견을 따르려는 경향입니다. 집단사고(Groupthink)를 유발하여 다양한 아이디어를 억압합니다.

앵커링 편향(Anchoring Bias): 처음 접한 정보에 과도하게 의존하여 판단을 내리는 경향입니다. 첫 아이디어가 이후 모든 논의를 제한하는 현상을 만듭니다.

스캠퍼(SCAMPER): Substitute, Combine, Adapt, Modify, Put to another use, Eliminate, Reverse의 7가지 동사를 활용해 아이디어를 강제적으로 확장시키는 창의적 발상법입니다.

역브레인스토밍(Reverse Brainstorming): 문제를 해결하는 대신 "어떻게 하면 문제를 더 악화시킬 수 있을까?"를 묻고, 그 답을 뒤집어 해결책을 찾는 기법입니다.

유추적 영감(Analogous Inspiration): 완전히 다른 분야의 사례를 관찰하여 현재 문제 해결에 적용하는 창의적 접근법입니다. 구조적 유사성을 찾는 것이 핵심입니다.

■ 더 깊이 생각해보기

1. 인지 편향 자가진단: 이번 주 회의에서 여러분은 어떤 인지 편향에 빠졌나요? 확증 편향, 동조 편향, 앵커링 편향 중 하나를 선택해서 구체적인 순간을 떠올려보세요. 그리고 다음 회의에서는 그것을 어떻게 극복할 수 있을지 계획을 세워보세요.

2. 스캠퍼로 일상 혁신하기: 여러분이 매일 사용하는 물건 하나를 선택하세요. (예: 커피잔, 책상, 가방, 앱 등) 스캠퍼의 7가지 질문을 차례로 적용하여 최소 7개의 새로운 아이디어를 만들어보세요. 그 중 하나를 실제로 실행해본다면 어떤 변화가 생길까요?

3. 역브레인스토밍 실습: 여러분이 속한 조직이나 팀의 문제 하나를 선택하세요. 이제 질문을 뒤집어보세요. "어떻게 하면 이 문제를 최악으로 만들 수 있을까?" 최소 5개의 '최악의 아이디어'를 적고, 각각을 다시 뒤집어 해결책으로 전환해보세요.

4. 다른 업계에서 배우기: 여러분의 업계와 전혀 관련 없는 다른 산업을 하나 골라보세요. (예: 의료-게임산업, 교육-엔터테인먼트, 금융-스포츠) 그 산업의 특징적인 해결책 중 하나를 찾아, 여러분의 문제에 어떻게 적용할 수 있을지 유추해보세요.

■ 창의성 체크리스트: 다음 아이디어 회의 전에 점검하세요

- 회의 시작 전에 "비판 금지, 자유분방함 환영, 양 추구, 결합하고 개선" 원칙을 명확히 공유했는가?
- 리더가 마지막에 발언하도록 순서를 정했는가?
- 첫 아이디어가 앵커링 역할을 하지 않도록 여러 사람이 동시에 아이디어를 제시할 방법을 준비했는가?
- 내향적인 사람도 참여할 수 있도록 브레인라이팅 같은 침묵 기법을 고려했는가?
- 스캠퍼나 역브레인스토밍 같은 구조화된 기법을 사용할 준비가 되었는가?
- 다른 분야 사례를 사전에 조사해서 유추적 영감을 활용할 준비가 되었는가?
- 아이디어 평가는 별도의 시간에 하기로 명확히 구분했는가?

[참고문헌]

[1] Kahneman, D. (2011). *Thinking, Fast and Slow.* Farrar, Straus and Giroux. 인지 편향과 휴리스틱이 인간의 의사결정에 미치는 영향을 체계적으로 분석한 행동경제학의 고전입니다.

[2] Nickerson, R. S. (1998). Confirmation bias: A ubiquitous phenomenon in many guises. *Review of General Psychology, 2*(2), 175-220. 확증 편향의 다양한 형태와 창의적 사고에 미치는 영향을 분석한 연구입니다.

[3] Strack, F., & Mussweiler, T. (1997). Explaining the enigmatic anchoring effect: Mechanisms of selective accessibility. *Journal of Personality and Social Psychology, 73*(3), 437-446. 앵커링 편향의 작동 메커니즘을 실험을 통해 규명한 연구입니다.

[4] Eberle, B. (1996). *Scamper On: Games for Imagination Development.* Prufrock Press. 스캠퍼 기법의 창시자가 직접 쓴 창의성 개발 방법론 가이드입니다.

[5] 환경부. (2023). 플라스틱 빨대 대체재 개발 현황 보고서. 한국의 친환경 빨대 개발 사례와 성과를 정리한 정부 보고서입니다.

[6] Womack, J. P., Jones, D. T., & Roos, D. (1990). *The Machine That Changed the World.* Rawson Associates. 헨리 포드의 조립라인 혁신이 현대 제조업에 미친 영향을 분석한 연구서입니다.

[7] Kamprad, I., & Torekull, B. (1999). *The Testament of a Furniture Dealer.* Inter IKEA Systems B.V. 이케아 창업자 잉바르 캄프라드가 직접 쓴 혁신적 비즈니스 모델 개발 과정입니다.

[8] Wilson, C. (2013). *Brainstorming and Beyond: A User-Centered Design Method.* Morgan Kaufmann. 역브레인스토밍을 포함한 다양한 아이디어 발상법의 효과를 검증한 연구서입니다.

[9] Edmondson, A. (1999). Psychological safety and learning behavior in work teams. *Administrative Science Quarterly, 44*(2), 350-383. 심리적 안정감이 팀의 창의성과 학습에 미치는 영향을 분석한 연구입니다.

[10] Fry, A. (2013). The Post-it Note: A serendipitous success. *Creativity and Innovation Management, 22*(1), 15-27. 포스트잇 개발자 아트 프라이가 직접 쓴 우연한 발명 과정에 대한 회고록입니다.

[11] Sanderson, O. (2019, October 2). To Transform Your Industry, Look at Someone Else's. *IDEO Journal.* 아이디오의 병원-항공사 프로젝트 사례를 상세히 다룬 케이스 스터디입니다.

[12] 김태훈. (2024, 7월 6일). 도로에 분홍·초록색 선 개발자... "국회의원 100명보다 낫다". 조선일보. 노면 색깔 유도선 개발자 윤석덕 차장의 인터뷰 기사입니다.

[13] 국토교통부. (2017). 노면 색깔 유도선 설치 및 관리 매뉴얼. 노면 유도선 설치 효과와 관리 방안을 정리한 공식 매뉴얼입니다.

[14] Thaler, R. H., & Sunstein, C. R. (2008). *Nudge: Improving Decisions About Health, Wealth, and Happiness.* Yale University Press. 넛지 이론의 기본 개념과 실제 적용 사례를 체계적으로 정리한 저작입니다.

[15] Johnson, S. (2010). Where good ideas come from [Video]. TED. https://www.ted.com/talks/steven_johnson_where_good_ideas_come_from 혁신적 아이디어의 탄생 과정을 '액체 네트워크' 이론으로 설명한 TED 강연입니다.

[16] Carr, D. (2013, February 24). Giving Viewers What They Want. *The New York Times.* 넷플릭스의 2011년 위기와 이를 극복한 고객 중심 혁신 전략을 다룬 분석 기사입니다.

[17] De Mestral, G. (1955). Velvet type fabric and method of producing same. U.S. Patent No. 2,717,437. 벨크로 발명자가 출원한 특허 문서로 자연에서 영감을 받은 과정이 설명되어 있습니다.

[18] Nakatsu, E. (2000). Learning from Nature: Biomimicry in Shinkansen Design. *Japan Railway & Transport Review, 25*, 26-31. 물총새 부리에서 영감을 받은 신칸센 디자인 과정을 엔지니어가 직접 설명한 논문입니다.

[19] Hatfield, T. (2018). Innovation by Design: How Nike Creates the Future. *Design Management Review, 29*(2), 18-25. 나이키 에어맥스 개발자가 직접 밝힌 디자인 영감의 출처입니다.

[20] 서울교통공사. (2018). 임산부 배려 문화 확산을 위한 스티커 부착 사업 보고서. 임산부석 바닥 스티커 설치 효과를 분석한 내부 보고서입니다.

[21] 분당서울대학교병원. (2019). 환자 건강 증진을 위한 환경 설계 프로젝트 결과 보고서. 계단 피아노 설치 전후 이용률 변화를 측정한 연구 보고서입니다.

[22] Osborn, A. F. (1953). *Applied Imagination: Principles and Procedures of Creative Problem-Solving.* Charles Scribner's Sons. 브레인스토밍 기법을 처음 체계화하고 4대 원칙을 제시한 고전적 저작입니다.

[23] Diehl, M., & Stroebe, W. (1987). Productivity loss in brainstorming groups: Toward the solution of a riddle. *Journal of Personality and Social Psychology, 53*(3), 497-509. 브레인스토밍에서 아이디어 양과 질의 관계를 실증적으로 분석한 연구입니다.

[24] Rohrbach, B. (1969). Kreativ nach Regeln: Methode 635, eine neue Technik zum Lösen von Problemen [Creative by rules: Method 635, a new technique for solving problems]. *Absatzwirtschaft, 12*, 73-76. 브레인라이팅 6-3-5 기법의 창시자가 직접 쓴 원전입니다.

[25] Heslin, P. A. (2009). Better than brainstorming? Potential contextual boundary conditions to brainwriting for idea generation in organizations. *Journal of Occupational and Organizational Psychology, 82*(1), 129-145. 브레인라이팅과 전통적 브레인스토밍의 효과를 비교 분석한 연구입니다.

제4장

살아있는 아이디어: 행동 변화를 위한

(생각을 현실로 만들기)

"백 번의 회의보다 한 번의 시도가 더 많은 것을 알려줍니다."
아이디어를 현실로 만드는 강력한 도구를 만나보세요.

4.1 머릿속 아이디어를 세상 속 질문으로

지난 3장에서 우리는 마치 마술사처럼 온갖 기발하고 멋진 아이디어들을 모자에서 꺼냈습니다. 회의실 화이트보드는 이제 가능성으로 가득 차 반짝이고 있죠. 하지만 아이디어는 공기 중에 떠다니는 먼지처럼, 붙잡아 형태를 만들어주지 않으면 이내 사라져 버리고 맙니다.

여러분도 이런 경험이 있으실 겁니다. 샤워를 하다가 갑자기 떠오른 절묘한 아이디어, 지하철에서 문득 생각난 문제 해결책. 그 순간엔 "이거다!" 했지만 며칠 뒤에는 도대체 무슨 생각이었는지 기억조차 나지 않는 경우 말이죠.

디자인 씽킹의 네 번째 단계는 바로 이 아이디어를 현실 세계로 끌어내는 과정, **프로토타입 만들기(Prototyping)**입니다.[1] 그런데 이 단계를 단순히 '시제품 제작'으로 이해해서는 곤란합니다.

프로토타이핑의 진정한 본질은 머릿속의 추상적인 아이디어를 세상에 던지는 구체적인 **질문**으로 바꾸는 데 있습니다. 화이트보드 위의 아이디어는 하나의 '주장'에 불과합니다. "사람들은 이런 서비스를 원할 거야." 하지만 프로토타입은 하나의 '질문'입니다. "만약 이런 서비스가 있다면, 사람들은 정말로 이렇게 행동할까?"

프로토타입의 두 얼굴

- **기존 생각:** "완벽한 결과물을 미리 만들어보는 것"
- **새로운 관점:** "우리의 가설을 검증하기 위한 살아있는 질문"

프로토타입은 정답을 보여주는 결과물이 아니라, 우리가 옳은 길을 가고 있는지 확인하는 나침반과 같습니다.

이 단계에서 우리는 추상적인 논의에서 구체적인 **행동**으로 전환하는 극적인 순간을 경험합니다. 더 이상 "내 생각엔…"이라고 말하지 않습니다. 대신 손에 잡히는 무언가를 만들어 사용자에게 건네며 묻습니다. "이것을 보니 어떤 느낌이 드세요? 어떻게 사용하고 싶으세요?"

4.2 프로토타입의 두 가지 영혼: 기능과 영향력

훌륭한 해결책은 두 가지 질문에 모두 답할 수 있어야 합니다. 첫째, "사람들이 이것을 사용할 수 있는가?" 둘째, 더 근본적으로, "사람들이 이것을 사용하려고 하는가?"

이 두 질문은 프로토타입의 두 가지 영혼, 즉 **기능 프로토타이핑(Functional Prototyping)**과 **행동 프로토타이핑(Behavioral Prototyping)**으로 이어집니다. 이 둘을 구분하는 것이 바로 디자인 씽킹에 넛지의 지혜를 더하는 첫걸음입니다.

기능 프로토타이핑: "사용할 수 있는가?"

기능 프로토타이핑은 전통적인 디자인 씽킹에서 강조하는 방식으로, 아이디어가 명확하고, 쉽고, 편리하게 작동하는지를 검증하는 데 초점을 맞춥니다. 우리가 만든 해결책이 사용자에게 혼란을 주지 않고 의도된 가치를 잘 전달하는지 확인하는 과정이죠.

▣ 필팩(PillPack)의 수작업 프로토타입

아마존에 1조 원에 인수된 온라인 약국 **필팩(PillPack)**의 사례는 기능 프로토타이핑의 정수를 보여줍니다.[2] 창업자 TJ 파커는 매일 여러 약을 먹어야 하는 환자들의 고통을 해결하기 위해 '모든 약을 날짜와 시간대별로 미리 분류해서 배송해주면 어떨까?'라는 아이디어를 떠올렸습니다.

그는 거대한 자동화 설비를 짓기 전에, 자신의 아이디어가 정말 사람들의 문제를 해결하는지 검증해야 했습니다. 놀랍게도 그의 프로토타입은 앱이나 웹사이트가 아니었습니다. 바로 **자기 자신**이었습니다.

그는 첫 고객 몇 명의 처방약을 동네 약국에서 모두 사 온 뒤, 자기 집 부엌 식탁에 앉아 일일이 손으로 약을 분류해 '월요일 아침', '화요일 저녁' 등이 적힌 비닐 팩에 담았습니다. 그리고 직접 고객의 집으로 배달해주었죠.

이 '수작업 프로토타입'을 통해 그는 자신의 서비스가 기술적으로 가능하며, 고객에게 엄청난 기능적 가치를 제공한다는 확신을 얻었습니다. 수개월 후 그는 이 경험을 바탕으로 진짜 자동화 시스템을 구축했고, 결국 거대한 성공을 거두었습니다.

행동 프로토타이핑: "사용하려고 하는가?"

여기서부터 우리는 넛지의 세계로 들어섭니다. 행동 프로토타이핑은 제품이 잘 작동하는지를 넘어, 우리가 설계한 환경이 사람들의 **선택**과 **행동**에 어떤 영향을 미치는지를 실험하는 것입니다.

아무리 사용하기 쉬운 재활용 분리수거 앱을 만들어도, 사람들이 귀찮음을 무릅쓰고 그 앱을 '사용하기로 선택'하지 않는다면 아무 소용이 없기 때문입니다. 행동 프로토타이핑은 바로 이 **선택의 순간**을 설계하고 실험하는 기술입니다.[3]

두 프로토타이핑의 차이점

구분	기능 프로토타이핑	행동 프로토타이핑
핵심 질문	"이것이 잘 작동하는가?"	"사람들이 이것을 선택하는가?"
측정 대상	사용성, 명확성, 편의성	행동 변화, 선택 패턴
테스트 방법	사용자 인터뷰, 관찰	A/B 테스트, 행동 실험

4.3 사례 연구 1: 선택을 프로토타이핑하다 - 디지털 실험실

오늘날 디지털 세상은 인류 역사상 가장 거대한 행동 실험실입니다. 웹사이트의 버튼 색깔 하나, 앱의 문구 한 줄을 바꾸는 것만으로 수백만 명의 행동이 어떻게 달라지는지를 실시간으로 측정할 수 있기 때문이죠.

이것이 바로 행동 프로토타이핑의 가장 대표적인 방법, **A/B 테스트(A/B Testing)**입니다.[4] A/B 테스트는 기존 버전(A)과 새로운 아이디어를 적용한 버전(B)을 사용자들에게 무작위로 보여준 뒤, 어떤 버전이 우리가 원하는 행동(클릭, 가입, 구매 등)을 더 많이 이끌어냈는지 데이터를 통해 객관적으로 검증하는 실험입니다.

▣ 오바마 캠프의 전설적인 A/B 테스트

2008년 미국 대선 당시, 버락 오바마 캠프는 A/B 테스트를 통해 웹사이트 기부 전환율을 49%나 높이는 놀라운 성과를 거두었습니다.[5] 이는 단순히 선거 운동의 성공을 넘어, 작은 디자인 변화가 얼마나 큰 행동 변화를 만들 수 있는지를 보여준 상징적인 사건입니다.

오바마 캠프는 웹사이트의 버튼 문구와 메인 이미지를 수백 가지 조합으로 바꾸어 테스트했습니다. 예를 들어:

- **버튼 A:** "Sign Up" vs **버튼 B:** "Learn More"
- **이미지 A:** 오바마 혼자 연설하는 모습 vs **이미지 B:** 가족과 함께 있는 따뜻한 모습

놀랍게도 "Sign Up"보다 "Learn More"가, 연설 사진보다 가족 사진이 더 많은 사람들의 행동을 이끌어냈습니다. 이는 사람들이 직접적인 요구보다는 부드러운 접근을, 완벽한 정치인의 모습보다는 인간적인 모습을 선호한다는 행동 과학적 통찰을 보여줍니다.

표 4.1: A/B 테스트 실제 사례 - 작은 변화가 만든 거대한 행동의 차이

기업/기관	테스트 대상	결과
HubSpot	버튼 색상: 빨간색 vs 초록색	빨간색이 21% 더 높은 클릭률
Netflix	영화 포스터: 배우 얼굴 vs 액션 장면	배우 얼굴이 30% 더 높은 시청률
현대자동차 (네덜란드)	제목: "신차 출시" vs "당신만을 위한 차"	개인화 메시지가 18% 더 높은 관심도

이처럼 A/B 테스트는 우리의 직감이나 '미적 감각'에 의존하는 대신, 어떤 디자인이 사람들의 행동을 실제로 바꾸는지 데이터로 증명하게 해줍니다. 이것이 바로 가설을 검증 가능한 질문으로 만드는 행동 프로토타이핑의 힘입니다.

4.4 사례 연구 2: 정책을 프로토타이핑하다 - 현실 세계 실험실

웹사이트 버튼 색깔을 바꾸는 원리가 한 나라의 정책을 바꾸는 데에도 똑같이 적용될 수 있다면 어떨까요? 놀랍게도 이것은 이미 현실입니다. 똑똑한 정부들은 더 이상 막대한 예산을 들여 검증되지 않은 정책을 전국적으로 시행하는 위험을 감수하지 않습니다.

대신 작고, 저렴하고, 빠르게 정책 아이디어를 실험하는 **정책 프로토타이핑(Policy Prototyping)**을 통해 시민들에게 가장 효과적인 방법을 찾아냅니다.[6] 정책 프로토타입은 그 범위에 따라 세 가지 유형으로 나눌 수 있습니다.

터치포인트 프로토타입: 결정적 '순간'을 바꾸다

▣ 영국의 장기기증 등록률 실험

영국의 행동과학팀(Behavioural Insights Team, BIT)이 수행한 장기기증 등록률 증가 실험은 전설적인 사례입니다.[7] 그들은 운전면허 갱신 사이트의 장기기증 등록 페이지에 어떤 메시지를 보여주느냐에 따라 등록률이 어떻게 변하는지 테스트했습니다.

메시지 A (기존): "장기기증에 등록하시겠습니까?"

메시지 B (실험): "매일 이 페이지를 보는 수천 명의 사람들이 장기기증에 등록하기로 결정합니다"

사회적 증거(Social Proof)를 활용한 메시지 B를 본 사람들의 등록률이 폭발적으로 증가했습니다. 단 한 줄의 문장 프로토타입이 수많은 생명을 살릴 수 있는 잠재력을 만들어낸 것입니다.

프로세스 프로토타입: '과정'의 경험을 바꾸다

미국 보훈부(VA)는 참전용사들이 혜택 관련 결정에 이의를 제기하는 절차를 개선하고자 했습니다.[8] 기존 절차는 복잡한 서류 양식(Form 8) 하나에 의존해 매우 비효율적이었습니다.

디자이너들은 먼저 이 양식을 디지털화하는 프로토타입을 만들었지만, 곧 더 근본적인 문제를 발견했습니다. 전체 과정을 프로토타이핑하며 재연해보니, 그 서류 자체가 사실은 불필요하다는 점이 드러난 것입니다.

이 실험의 최종 성공은 단순히 과정을 디지털화한 것이 아니라, 프로토타이핑을 통해 불필요한 단계를 제거하여 전체 경험을 극적으로 단순화한 데 있었습니다.

프로그램 프로토타입: '제도' 자체를 실험하다

▣ 서울시 음식물 쓰레기 감량 실험

서울특별시의 음식물 쓰레기 감량 정책이 대표적인 사례입니다.[9] 서울시는 2013년 음식물 쓰레기 종량제를 전면 시행하기에 앞서, 2011년부터 2년간 일부 자치구에서 각기 다른 방식의 종량제를 시범 운영했습니다.

- **프로토타입 A:** 버리는 무게만큼 요금을 부과하는 RFID 방식
- **프로토타입 B:** 규격 봉투를 구매하는 방식
- **프로토타입 C:** 스티커를 붙여 배출하는 방식

이 '프로그램 프로토타입'을 통해 서울시는 어떤 제도가 쓰레기 감량에 더 효과적인지, 시민들의 수용성은 어떤지, 예상치 못한 문제점은 없는지에 대한 실제 데이터를 확보할 수 있었습니다. 덕분에 서울시는 더 큰 혼란 없이 성공적으로 정책을 안착시킬 수 있었습니다.

4.5 사례 연구 3: 재미와 공익을 프로토타이핑하다

때로는 가장 강력한 행동 프로토타입이 전혀 개입처럼 느껴지지 않을 때가 있습니다. 바람직한 행동을 가장 **재미있는** 선택으로 만들어 사람들의 참여를 유도하는 방식입니다. 이는 의무감을 즐거움으로 대체하는 매우 세련된 넛지입니다.

▣ 담배꽁초 투표함, '꽁초픽(Pick)'

서울 영등포구와 구로구 등지에 설치된 **꽁초픽**은 담배꽁초 무단 투기라는 고질적인 문제를 유쾌하게 해결하려는 시도입니다.[10] 이 쓰레기통은 두 개의 투입구로 나뉘어 있고, 위에는 "영등포에 더 필요한 것은? 도서관 vs 공원"과 같은 질문이 적혀 있습니다.

흡연자는 담배꽁초를 버리는 행위를 통해 자신의 의견을 '투표'하게 됩니다. 이 간단한 장치는 '꽁초를 버린다'는 평범한 행동을 '의견을 표현하는 재미있는 경험'으로 바꾸어 놓습니다.

이는 벌금이나 계몽 캠페인보다 참여와 재미라는 넛지가 무단 투기를 줄이는 데 더 효과적일 수 있다는 가설을 실험하는 훌륭한 행동 프로토타입입니다.

▣ 건강을 연주하는 '피아노 계단'

서울시청역과 을지로입구역 등에 설치된 피아노 계단은 시민들의 건강 증진과 에너지 절약이라는 두 마리 토끼를 잡은 사례입니다.[11] 계단을 밟을 때마다 피아노 소리가 나도록 설계하자, 수많은 시민들이 에스컬레이터 대신 계단을 이용하기 시작했습니다.

이 프로토타입은 "건강을 위해 계단을 이용해야 한다"는 당위적 메시지 대신, "계단을 오르는 즐거운 경험"을 제공함으로써 사람들의 행동을 자연스럽게 바꿨습니다. 특히 아이들은 계단을 오르내리며 간단한 멜로디를 연주하는 재미에 빠져, 부모들과 함께 더 오래 계단을 이용하는 모습이 관찰되었습니다.

우리 주변의 재미있는 행동 프로토타입들

- **노란 발자국:** 횡단보도 앞에서 어린이들의 안전한 대기를 유도하는 귀여운 발자국 스티커
- **칼로리 계단:** 계단을 오를 때마다 소모 칼로리를 보여주어 성취감을 자극하는 표시판
- **재활용 농구대:** 빈 병을 농구 슛하듯 재활용할 수 있게 만든 창의적 수거함
- **발소리 신호등:** 시각장애인과 일반인 모두를 위한 다양한 소리 신호

4.6 첫 번째 행동 프로토타입

이제 우리는 프로토타입이 단순히 '미리 만들어보는 것'이 아님을 알게 되었습니다. 프로토타입은 우리의 가정을 세상에 증명하고, 사람들의 행동을 이해하며, **더 나은 선택을 이끌어내기 위한 가장 강력하고 저렴한 도구**입니다.

프로토타입의 정밀도: 저충실도와 고충실도

프로토타입을 만들 때 항상 고민되는 것이 있습니다. "얼마나 정교하게 만들어야 할까?" 많은 사람들이 프로토타입을 '거의 완성품'처럼 만들어야 한다고 생각하지만, 실제로는 그렇지 않습니다.

프로토타입은 **저충실도 프로토타입(Low-Fidelity Prototype)**과 **고충실도 프로토타입(High-Fidelity Prototype)**으로 나눌 수 있습니다.[12] 각각은 서로 다른 목적과

타이밍에 사용됩니다.

저충실도 프로토타입: 빠르고 거친 아이디어 검증

특징:

- 종이 스케치, 포스트잇, 간단한 모형으로 구성
- 세부 디자인보다는 전체 개념과 흐름에 집중
- 빠르게 만들고 쉽게 수정 가능
- 비용이 거의 들지 않음

언제 사용하나:

- 아이디어 초기 단계에서 방향성 확인
- 여러 대안을 빠르게 비교할 때
- 팀원들과 기본 개념을 공유할 때

사례: 필팩의 TJ 파커가 처음 손으로 약을 분류하며 비닐팩에 담은 것이 바로 저충실도 프로토타입입니다.

고충실도 프로토타입: 실제와 유사한 경험 테스트

특징:

- 실제 제품과 거의 유사한 외관과 기능
- 디지털 프로토타입 도구나 실제 재료 사용
- 세부 디자인, 색상, 인터랙션까지 구현
- 제작에 시간과 비용 투입 필요

언제 사용하나:

- 최종 의사결정 전 정교한 검증이 필요할 때
- 사용자의 실제 반응과 행동 데이터를 수집할 때
- 투자자나 이해관계자에게 설득력 있게 제시할 때

사례: 오바마 캠프의 실제 웹사이트 A/B 테스트는 고충실도 프로토타입을 활용한 행동 실험입니다.

중요한 것은 **처음부터 완벽한 프로토타입을 만들려 하지 않는 것**입니다. 저충실도로 시작해서 아이디어를 검증하고, 점차 충실도를 높여가며 정교화하는 것이 효율적입니다. 이렇게 하면 시간과 비용을 아끼면서도 더 나은 결과물에 도달할 수 있습니다.

▣ 일상 속 실천: 당신의 넛지 실험실

도전 과제: 주변 사람들의 바람직한 행동 유도하기

- 사무실에서 계단 이용 늘리기
- 분리수거 잘하기
- 간식 시간에 건강한 음식 선택하기
- 동료들의 회의 참여도 높이기

4단계 실험 프로세스:

1단계: 행동 정의 및 가설 수립

"나는 사무실 동료들이 1~2층을 이동할 때 엘리베이터 대신 계단을 더 자주 이용하도록 만들고 싶다. 재미있는 시각적 단서가 그들의 행동을 바꿀 것이라고 가정

한다."

2단계: 프로토타입 디자인

엘리베이터 버튼 옆에 붙일 작은 안내문을 디자인합니다. 딱딱한 문구 대신 재치 있는 문구를 사용해보세요. 예: "당신의 심장을 위한 특급 모험! 계단으로 15칼로리를 태워보세요. 엘리베이터는 장거리 비행 전용입니다."

3단계: 실험 및 측정

첫 일주일은 아무것도 붙이지 않은 채(A: 통제 집단) 동료들의 행동을 관찰합니다. 다음 일주일은 당신이 만든 안내문(B: 실험 집단)을 붙여두고 행동 변화를 지켜봅니다.

4단계: 학습 및 개선

어떤 변화가 있었나요? 안내문이 효과가 있었나요, 아니면 무시당했나요? 결과에 실망할 필요 없습니다. 프로토타입의 목적은 성공이 아니라 '학습'이니까요.

4장을 마무리하며

이 장에서 우리는 머릿속 아이디어를 실제 세계로 끌어내는 프로토타이핑의 힘을 배웠습니다. 기능 검증을 넘어 행동 변화를 실험하는 방법을 익혔고, A/B 테스트와 정책 프로토타이핑을 통해 작은 실험이 거대한 변화를 만들어낼 수 있음을 확인했습니다.

중요한 것은 프로토타입을 만드는 것이 단순한 제작이 아니라 학습의 과정이라는 점입니다. 완벽한 결과물보다 빠른 시도와 실패에서 얻는 통찰이 혁신으로 가는 가장 확실한 길입니다.

"완벽한 계획보다 불완전한 실행이 더 많은 것을 알려줍니다.
당신은 이제 행동 변화를 설계하는 실험가입니다."

■ 핵심 용어

프로토타입 만들기(Prototyping): 머릿속의 가정을 세상에 던지는 시험 가능한 '질문'으로 바꾸는 기술입니다. 단순히 결과물을 미리 만드는 것이 아니라, 우리의 아이디어가 실제로 작동하는지 검증하는 과정입니다.

행동 프로토타이핑(Behavioral Prototyping): 단순히 사용성을 검증하는 것을 넘어, 특정 개입이 사람들의 선택과 행동에 미치는 영향을 실험하기 위해 고안된 프로토타입입니다.

A/B 테스트(A/B Testing): 두 개 이상의 변수를 무작위로 나누어 보여줌으로써 어떤 버전이 더 나은 성과를 내는지 과학적으로 검증하는 통제된 실험입니다.

정책 프로토타이핑(Policy Prototyping): 새로운 공공 정책이나 서비스를 전면적으로 시행하기 전에, 작은 규모로 저비용·저위험 방식으로 테스트하는 방법론입니다.

선택 설계(Choice Architecture): 사람들이 결정을 내리는 주변 환경을 의미합니다. 행동 프로토타입은 특정 선택 설계를 테스트하는 실험 도구라고 할 수 있습니다.

저충실도 프로토타입(Low-Fidelity Prototype): 종이 스케치, 간단한 모형 등으로 빠르게 만드는 프로토타입입니다. 아이디어 초기 단계에서 전체 개념을 검증하는 데 사용됩니다.

고충실도 프로토타입(High-Fidelity Prototype): 실제 제품과 유사하게 정교하게 만든 프로토타입입니다. 최종 의사결정 전 사용자의 실제 반응과 행동을 테스트하는 데 사용됩니다.

■ 더 깊이 생각해보기

1. 여러분 주변의 '프로토타입'을 찾아보세요

이번 주에 여러분이 자주 사용하는 앱이나 웹사이트를 유심히 관찰해보세요. 버튼의 색깔, 문구, 위치 등이 어떻게 여러분의 선택에 영향을 미치는지 생각해보세요. 만약 여러분이라면 어떤 A/B 테스트를 해보고 싶나요?

2. 작은 프로토타입 만들어보기

평소 불편하다고 느낀 일상의 한 가지 문제를 선택해보세요. (예: 자리에서 일어나지 않고 물 마시기, 책상 정리하기, 운동 습관 만들기 등) 복잡한 해결책 대신, 오늘 당장 만들어볼 수 있는 저충실도 프로토타입을 구상해보세요.

3. 실패한 프로토타입 분석하기

최근에 경험했거나 들었던 '좋은 아이디어였지만 실패한' 제품이나 서비스가 있나요? 프로토타이핑 과정에서 무엇이 부족했을까요? 기능만 테스트했나요, 아니면 실제 행동 변화도 측정했나요?

4. 토론 주제

"행동 프로토타이핑과 A/B 테스트는 사용자 조작의 도구가 될 수 있다"는 비판에 대해 어떻게 생각하시나요? 사용자의 행동을 유도하는 것과 조작하는 것의 경계선은 어디에 있을까요? 윤리적인 프로토타이핑을 위해 어떤 원칙이 필요할까요?

[참고문헌]

[1] Brown, T. (2009). *Change by Design: How Design Thinking Transforms Organizations and Inspires Innovation*. New York: HarperBusiness. 디자인 씽킹의

프로토타이핑 단계에 대한 체계적 설명을 제공하는 필독서입니다.

[2] Knapp, J., Zeratsky, J., & Kowitz, B. (2016). *Sprint: How to Solve Big Problems and Test New Ideas in Just Five Days.* New York: Simon & Schuster. 필팩의 초기 프로토타이핑 사례가 상세히 소개되어 있습니다.

[3] Behavioural Leeway. (2018). Using Behavioural Prototyping for Intervention Design. Retrieved from https://behaviouralleeway.com/using-behavioural-prototyping-for-intervention-design/ 행동 프로토타이핑의 개념과 실제 적용 방법을 다룬 전문 자료입니다.

[4] Kohavi, R., & Longbotham, R. (2017). Online Controlled Experiments and A/B Testing. In *Encyclopedia of Machine Learning and Data Mining* (pp. 922-929). Boston: Springer. A/B 테스트의 과학적 방법론을 체계적으로 설명한 학술 자료입니다.

[5] Siroker, D., & Koomen, P. (2013). *A/B Testing: The Most Powerful Way to Turn Clicks Into Customers.* Hoboken, NJ: John Wiley & Sons. 오바마 캠프의 A/B 테스트 사례를 포함한 디지털 마케팅 실험 방법론을 다룹니다.

[6] Policy Lab. (2018). Prototyping for policy. GOV.UK blogs. Retrieved from https://openpolicy.blog.gov.uk/2018/11/27/prototyping-for-policy/ 영국 정부의 정책 프로토타이핑 사례와 방법론을 소개합니다.

[7] Behavioural Insights Team. (2013). Applying behavioural insight to organ donation: preliminary results from a randomised controlled trial. London: Cabinet Office. 영국 BIT의 장기기증 등록률 증가 실험에 대한 공식 보고서입니다.

[8] CoDesign Collaborative. (n.d.). Policy Prototypes. Retrieved from https://codesigncollaborative.org/policy-prototypes/ 미국 정부기관의 정책 프로토타이핑 사례들을 체계적으로 정리한 자료입니다.

[9] 서울시 솔루션. (2018). 음식물쓰레기 최소화를 위한 서울시의 노력. Retrieved from https://seoulsolution.kr/ko/content/3438 서울시 음식물 쓰레기 종량제 시범사업의 전 과정과 결과를 분석한 공식 자료입니다.

[10] 서울시 미디어허브. (2019). 아이디어 '담배꽁초 수거함'으로 청결에 재미를 더하다! Retrieved from https://mediahub.seoul.go.kr/archives/1286118 꽁초픽 프로젝트의 개발 배경과 효과를 소개한 서울시 공식 발표 자료입니다.

[11] 노컷뉴스. (2015). "오를수록 오래 산다"…부평역 '피아노 계단' 인기. Retrieved from https://www.nocutnews.co.kr/news/1089683 한국 지하철역 피아노 계단 설치 효과와 시민 반응을 다룬 언론 보도입니다.

[12] Rudd, J., Stern, K., & Isensee, S. (1996). Low vs. high-fidelity prototyping debate. *interactions*, 3(1), 76-85. 저충실도와 고충실도 프로토타입의 효과적 활용에 대한 연구입니다.

제5장

창조의 겸손함: 사용자의 세상에서 진실을 찾다

(테스트는 아이디어 검증이 아닌 진실을 배우는 과정)

"내가 만든 완벽한 해결책이 왜 아무도 사용하지 않을까요?"
진짜 문제를 발견하고 겸허하게 배우는 시간입니다.

5.1 발명가의 맹점: 우리는 왜 진실을 외면하는가?

인도 안드라프라데시 주의 한 시골 마을에 희소식이 전해졌습니다. 나안디 재단(Naandi Foundation)에서 최첨단 정수 시설을 설치해준다는 것이었습니다.[1] 이 프로젝트는 기술적으로 완벽했습니다. 깨끗하고 안전한 물을 저렴한 가격에 공급하는 혁신적인 시스템이었죠. 지역 주민들의 오랜 숙원이 드디어 해결되는 순간이었습니다.

하지만 6개월 후, 이상한 일이 벌어졌습니다. 샨티(Shanti)를 비롯한 마을 여성들은 불과 100미터 거리에 있는 새 정수 시설을 외면하고, 예전처럼 훨씬 더 멀고 비위생적인 우물로 물을 길으러 가고 있었습니다. 무엇이 문제였을까요?

▣ 샨티의 하루: 물통이 말하는 진실

문제는 물의 질이나 가격이 아니었습니다. 해답은 샨티의 일상을 세심하게 관찰한 뒤에야 드러났습니다. 재단이 공급하는 5갤런(약 19리터) 용량의 사각형 물통은 남성들이 자전거나 수레로 나르기엔 편리했지만, 여성들이 전통적인 방식으로 머리나 허리에 이고 나르기엔 너무 무겁고 불편한 형태였습니다.

> 더욱이 한 달 치 사용권을 미리 구매해야 하는 방식은 하루 벌어 하루를 사는 그들에게 경제적 부담이었습니다. 샨티는 말했습니다. "새 시설의 물이 더 좋다는 걸 알아요. 하지만 무거운 물통을 들고 집까지 걸어가기엔 너무 힘들어요."
>
> 기술적으로 완벽했던 해결책은, 그것을 사용해야 할 사람의 삶이라는 가장 중요한 '현실'을 테스트하지 않았기에 실패하고 만 것입니다.

이것이 바로 '**발명가의 맹점**(Inventor's Bias)'입니다. 우리는 자신이 만든 아이디어나 제품에 너무 깊이 빠져서, 실제 사용자의 관점을 잃어버리게 됩니다. 디자인 씽킹의 마지막 단계인 테스트(Test)는 바로 이 지점에서 시작됩니다.

테스트는 우리가 만든 아이디어가 얼마나 훌륭한지 박수받기 위한 자리가 아닙니다. 오히려 그 반대입니다. 그것은 우리의 빛나는 아이디어가 사용자의 현실 앞에서 얼마나 무력해질 수 있는지를 겸허하게 배우는 과정입니다.

테스트의 진정한 목적 전환하기

- **기존 목표:** "내 아이디어가 옳았음을 증명하는 것"
- **새로운 목표:** "무엇이 진실인지 배우는 것"

내 아이디어와 사랑에 빠진 '발명가의 맹점'에서 벗어나, 때로는 고통스러운 진실을 마주할 용기를 갖는 것. 그것이 바로 테스트의 진정한 목적입니다.

5.2 확증의 덫: 우리의 뇌는 어떻게 우리를 속이는가

우리가 진실을 배우기 어려운 이유는 단순히 게으르거나 어리석어서가 아닙니다. 우리의 뇌 자체가 그렇게 설계되어 있기 때문입니다. 심리학에서는 이를 **확증 편향**

(Confirmation Bias)이라고 부릅니다.[2]

확증 편향이란, 자신의 기존 신념이나 가설을 지지하는 정보는 적극적으로 찾고 받아들이는 반면, 그에 반하는 정보는 무시하거나 외면하려는 인간의 보편적인 심리적 경향을 말합니다. 이는 복잡한 세상을 빠르게 판단하기 위한 뇌의 효율적인 전략이지만, 새로운 것을 배우는 과정에서는 치명적인 덫이 됩니다.

▣ 웨이슨의 2-4-6 실험: 확증 편향의 고전적 증명

1960년, 인지 심리학자 피터 웨이슨(Peter Wason)은 이 확증 편향의 힘을 보여주는 우아한 실험을 설계했습니다.[3] 그는 참가자들에게 '2, 4, 6'이라는 세 숫자를 보여주고, 이 숫자 배열이 따르는 규칙을 찾아보라고 했습니다.

참가자들은 스스로 다른 숫자 조합을 제시하며 실험자에게 그 조합이 규칙에 맞는지 틀리는지만 피드백을 받을 수 있었습니다. 당신이라면 어떤 숫자를 제시하겠습니까?

실험 과정:

- 대부분 참가자: "짝수가 2씩 증가하는 규칙"이라고 가설을 세움
- 확증을 위한 테스트: "8, 10, 12" 또는 "20, 22, 24" 제시
- 실험자의 답: "규칙에 맞습니다"
- 참가자들의 확신: "내 가설이 맞다!"

충격적인 결과:

하지만 그들의 답은 틀렸습니다. 실험이 제시한 진짜 규칙은 훨씬 단순한 '그냥 오름차순의 세 숫자'였기 때문입니다.[4] 참가자들은 자신의 가설을 반증할 수 있는 '1, 2, 3'(규칙에 맞음)이나 '10, 1, 5'(규칙에 틀림) 같은 숫자를 테스트해볼 생각조차 하지 않았습니다.

사용자 테스트는 바로 이 '2-4-6 문제'와 같습니다. 우리가 사용자에게 "이 새로운 기능, 정말 편리하지 않나요?"라고 묻는 것은 '8, 10, 12'를 제시하며 "규칙에 맞죠?"라고 확인받으려는 시도와 같습니다.[5]

사용자의 긍정적인 피드백에만 집중하고 불편하다는 불평을 애써 외면하는 것은, 내 가설을 지지하는 데이터만 선택적으로 해석하는 행위입니다.[6] 진정한 배움을 주는 테스트는 내 아이디어를 칭찬해줄 사용자를 찾는 것이 아니라, 내 가설을 기꺼이 깨뜨려줄 '반증의 증거'를 찾아 나서는 용기 있는 탐험입니다.

성공적인 테스트의 신호

- **실패 신호:** 사용자가 "정말 좋네요!"라고 말할 때
- **성공 신호:** 우리가 "아, 전혀 예상하지 못했어요!"라고 말하게 될 때

5.3 경청의 기술: 현실을 드러내는 테스트 설계하기

그렇다면 어떻게 해야 확증의 덫에서 벗어나 사용자의 진짜 목소리를 들을 수 있을까요? 그것은 '무엇을' 묻느냐가 아니라 '어떻게' 듣느냐에 달려 있습니다. 사용자의 말 뒤에 숨은 행동의 '왜'를 파고드는 정성적 접근과, 행동의 결과를 객관적인 숫자로 증명하는 정량적 접근을 결합할 때, 우리는 비로소 현실의 입체적인 모습을 파악할 수 있습니다.[7]

정성적 렌즈 ("왜?"): 행동의 맥락을 이해하다

정성적 테스트의 핵심은 사용자의 자연스러운 환경 속에서 그들의 행동을 관찰하고 깊이 있는 대화를 나누는 **민족지학적 연구**(Ethnographic Research)에 있습니다.[8]

▣ 뱅크 오브 아메리카의 'Keep the Change': 잔돈에 숨겨진 욕망

뱅크 오브 아메리카(Bank of America)의 'Keep the Change' 프로그램은 이 접근법의 위력을 보여주는 대표적인 사례입니다.[9] 당시 은행은 고객들이 저축을 어려워한다는 문제를 해결하고 싶었습니다. 만약 그들이 회의실에 앉아 설문조사만 했다면 "이자가 높은 적금 상품을 원한다"는 식상한 대답만 들었을 것입니다.

대신, IDEO와 협력한 연구팀은 직접 가정을 방문해 사람들이 돈을 어떻게 관리하는지 관찰했습니다. 그 과정에서 한 어머니가 가계부 수표책에 실제 지출액보다 약간 더 큰 금액을 반올림해서 기입하는 독특한 행동 패턴을 발견했습니다.

발견된 행동 패턴:

- 22.73달러를 썼다면 → 23달러로 기입
- 45.20달러를 썼다면 → 46달러로 기입

이유를 묻자, 계산을 편하게 하고 월말에 몇 달러라도 여윳돈이 남는 '작은 기쁨'을 만들기 위해서라고 답했습니다.[10] 이는 어떤 설문조사로도 발견할 수 없었던, "나는 저축할 여유가 없지만, 티 나지 않게 돈을 모으고 싶다"는 강력한 잠재적 욕구였습니다.

결과: 이 관찰에서 영감을 얻어 탄생한 'Keep the Change' 프로그램(체크카드 사용 시 1달러 미만 잔돈을 자동으로 저축 계좌에 이체)은 출시 1년 만에 200만 명의 고객을 유치하는 대성공을 거두었습니다.[11]

정량적 렌즈 ("무엇을?"): 행동의 결과를 측정하다

정성적 관찰이 강력한 가설을 낳는다면, 정량적 테스트는 그 가설이 실제로 효과가 있는지 대규모로 증명하는 역할을 합니다. 이때 가장 강력한 도구가 바로 A/B 테스트입니다.[12]

▣ 영국 정부의 장기기증 실험: 한 문장이 9만 6천 명을 구하다

영국 정부의 행동과학팀(Behavioural Insights Team)이 진행한 장기기증 등록률 향상 실험은 A/B 테스트의 교과서적인 사례입니다.[13] 영국인 10명 중 9명이 장기기증에 찬성하지만, 실제 등록률은 3분의 1에 불과했습니다.[14]

행동과학팀은 운전면허 갱신 웹사이트에 장기기증 등록을 유도하는 메시지를 추가하기로 하고, 어떤 메시지가 가장 효과적일지 알아보기 위해 대규모 A/B 테스트를 설계했습니다. 수백만 명의 웹사이트 방문자들을 무작위로 8개의 그룹으로 나누어 각기 다른 메시지를 보여주었습니다.

테스트된 메시지들:

- **A안 (통제군):** "장기기증에 등록하시겠습니까?"
- **B안 (사회적 증거):** "매일 수천 명이 이 페이지에서 장기기증에 등록합니다."
- **C안 (손실 회피):** "매일 3명이 장기기증자 부족으로 사망합니다."
- **D안 (호혜성):** "만약 당신이 장기이식이 필요하다면 받으시겠습니까? 그렇다면 다른 사람을 도와주세요."

놀라운 결과: 호혜성의 원리에 기반한 D안 메시지를 본 사람들이 다른 메시지를 본 사람들보다 월등히 높은 비율로 장기기증에 등록했습니다. 이 작은 문장 하나의 변화가 연간 약 9만 6천 명의 추가 등록자를 이끌어낼 것으로 추산되었습니다.[15]

작게 시작하는 용기: '5명 테스트'의 법칙

이런 대규모 실험 이야기를 들으면 테스트가 너무 거창하고 어렵게 느껴질 수 있습니다. 하지만 세계적인 사용성 전문가 그룹인 닐슨 노먼 그룹(Nielsen Norman Group)은 중요한 사실을 발견했습니다. 바로, 단 5명의 사용자만 테스트해도 전체 사용성 문제의 약 80%를 발견할 수 있다는 것입니다.[16]

이는 테스트의 목적이 모든 문제점을 찾는 것이 아니라, 가장 치명적인 문제들을 '빨리' 발견하는 데 있기 때문입니다. 중요한 것은 완벽한 테스트가 아니라, '빠른 학습과 개선의 순환'을 시작하는 것입니다.

테스트 방법	핵심 질문	최적 활용 분야	사례
정성적 인터뷰 (Qualitative Interview)	"왜?" / "어떻게?"	동기, 고충, 맥락의 이해	사용자가 프로토타입을 사용하다 막히는 것을 보고 "방금 어떤 생각을 하셨나요?"라고 묻기
정량적 설문조사 (Quantitative Survey)	"얼마나 많이?" / "어느 정도?"	대규모 태도 및 선호도 측정	1,000명의 사용자에게 특정 기능 만족도를 1~5점으로 평가해달라고 요청하기
A/B 테스트 (A/B Testing)	"어느 것이 더 나은가?"	두 가지 버전 비교하여 행동 변화 측정	사용자 50%에게는 녹색 '구매' 버튼을, 나머지 50%에게는 빨간색 버튼을 보여주고 클릭률 비교하기

5.4 학습의 사례 연구: 버릴수록 강력해진다

테스트를 통해 얻는 가장 값진 교훈은 때로 '무엇을 더할까'가 아니라 '무엇을 버릴까'에 대한 깨달음입니다. 위대한 아이디어는 종종 더하기가 아닌 빼기를 통해 완성됩니다.

▣ 슬랙(Slack)의 피보팅: 실패한 게임에서 성공한 메신저로

오늘날 가장 성공적인 업무용 메신저로 꼽히는 슬랙(Slack)의 시작은 게임 회사였습니다.[17] 창업자들은 '글리치(Glitch)'라는 온라인 게임을 개발하고 있었습니다. 하지만 게임 개발 과정은 순탄치 않았고, 시장의 반응도 미지근했습니다.

그런데 정작 예상치 못한 곳에서 성공의 씨앗이 자라고 있었습니다. 바로, 샌프란시스코, 뉴욕, 밴쿠버에 흩어져 있던 개발팀이 원활한 소통을 위해 자체적으로 만들어 쓰던 내부 채팅 도구였습니다.

테스트와 다름없는 실제 사용 경험

그들은 매일의 업무를 통해, 자신들이 만들던 게임보다 이 소통 도구가 훨씬 더 강력하고 가치 있다는 사실을 깨달았습니다. 동료들은 게임은 잘 안 했지만, 이 채팅 도구 없이는 일할 수 없다고 말했습니다.

과감한 결단

그리고 극도로 어려운 결정을 내립니다. 수년간 공들여온 게임 프로젝트 전체를 포기하고, 오직 이 내부 채팅 도구에만 집중하기로 한 것입니다. 이 과감한 '피보팅(Pivoting, 사업 방향 전환)'을 통해 탄생한 것이 바로 슬랙입니다.

만약 그들이 실패한 게임에 대한 미련을 버리지 못했다면, 혹은 자신들의 실제 사용 경험이라는 가장 정직한 테스트 결과를 외면했다면, 슬랙은 세상에 빛을 보지 못했을 것입니다.

▣ FixMyStreet: 도시 전체가 살아있는 프로토타입

때로는 도시 전체가 거대한 테스트 실험실이 되기도 합니다. 영국의 비영리 단체 마이소사이어티(mySociety)가 만든 웹사이트 FixMyStreet는 시민들이 도로의 파인 곳, 고장 난 가로등, 불법 투기 쓰레기 같은 동네 문제를 스마트폰으로 간단하게 신고할 수 있는 플랫폼입니다.[18]

하나의 거대한 가설 테스트

이 서비스의 등장은 하나의 거대한 가설에 대한 테스트였습니다. "시민들이 동네 문제를 신고하지 않는 이유는 무관심(apathy) 때문일까?" FixMyStreet는 이 질문에 대한 답을 얻기 위해 '신고의 불편함'이라는 가장 큰 장벽을 제거한 프로토타입이었습니다.[19]

시민들은 더 이상 어느 부서에 전화해야 할지 고민할 필요 없이, 그저 사진을 찍고 위치를 지도에 표시하기만 하면 되었습니다.

폭발적인 결과

결과는 폭발적이었습니다. 서비스 출시 이후 수백만 건의 신고가 접수되었습니다.[20] 이 데이터는 기존의 가설이 틀렸음을 명백하게 증명했습니다. 문제는 시민들의 '의지' 부족이 아니라, 복잡하고 번거로운 신고 절차라는 '마찰(friction)'이었습니다.

FixMyStreet는 단순히 문제를 해결하는 도구를 넘어, 시민 행동에 대한 기존의 통념을 데이터로 반증한 성공적인 사회적 실험이었습니다.

5.5 테스트에서 넛지로: 변화의 지렛대 찾기

이제 우리는 이 장의 가장 중요한 결론에 도달했습니다. 디자인 씽킹의 '테스트' 단계는 단순히 제품을 개선하고 끝나는 과정이 아닙니다. 그것은 바로, 사람들의 행동을 변화시킬 가장 효과적인 '넛지'를 설계하기 위한 **행동 병목현상**(Behavioral Bottleneck)을 진단하는 과정입니다.

사용자들이 프로토타입을 사용하며 겪는 어려움, 그들이 무심코 드러내는 편향, 그리고 그들 나름대로 만들어낸 해결책 속에 변화를 위한 가장 강력한 지렛대가 숨어 있습니다.

우리가 대학 캠퍼스 내 카페에서 일회용 컵 사용을 줄이고 재사용 컵 사용을 늘리는 프로젝트를 진행한다고 상상해 봅시다.[21] 우리는 몇 가지 프로토타입을 만들어 학생들에게 테스트합니다.

테스트에서 발견되는 행동 병목현상들:

1. 주목성(Salience) 문제

피드백: "어제는 텀블러를 가져왔는데, 오늘은 깜빡 잊고 그냥 나왔어요"
진단: 학생들은 의지가 없는 것이 아니라, 바쁜 아침에 텀블러를 챙기는 것을 잊어버림
넛지 해결책: 기숙사 현관문이나 강의실 입구에 "오늘, 당신의 텀블러와 함께 하고 있나요?" 스티커

2. 마찰(Friction) 문제

피드백: "텀블러를 쓰면 좋은 건 알지만, 강의 끝나고 바로 또 써야 하는데 씻기가 번거로워요"
진단: 물리적 불편함이 행동을 방해
넛지 해결책: 카페 옆에 10초 만에 텀블러를 헹굴 수 있는 '텀블러 급속 헹굼존' 설치

3. 사회적 규범(Social Norm) 문제

피드백: "다들 일회용 컵 쓰는데 저 혼자 텀블러 내밀기가 좀 멋쩍어요"
진단: 사회적 압력이 개인의 선택을 방해
넛지 해결책: 카페 스크린에 "오늘 87명의 학생들이 텀블러를 사용해 지구를 지켰습니다!" 실시간 현황판[22]

이처럼 디자인 씽킹의 테스트는 우리가 해결해야 할 문제가 무엇인지 정확히 조준하도록 돕습니다. 사용자의 실제 행동을 통해 문제의 근본 원인이 '**주목성 부족**'인지, '**물리적 마찰**'인지, 아니면 '**사회적 압력**'인지를 진단하고 나면, 2부에서 배우게 될 넛지 툴킷에서 가장 적절한 도구를 꺼내 쓸 수 있게 됩니다.

디자인 씽킹과 넛지의 완벽한 만남

- **디자인 씽킹:** 잠긴 문을 찾아내는 탐정
- **넛지:** 그 문을 여는 열쇠를 제공하는 도구

공감으로 문제를 발견하고, 테스트로 진짜 원인을 진단하며, 넛지로 자연스러운 해결책을 설계하는 것. 이것이 21세기 문제 해결의 새로운 패러다임입니다.

5장을 마무리하며

이 장에서 우리는 테스트의 진정한 의미를 배웠습니다. 그것은 내 아이디어가 옳다는 것을 증명하는 과정이 아니라, 사용자의 현실에서 진실을 겸허하게 배우는 여행이었습니다.

확증 편향이라는 뇌의 함정에서 벗어나, 반증을 찾는 용기를 가질 때, 우리는 비로소 진짜 문제를 발견하고 효과적인 넛지를 설계할 수 있습니다. 중요한 것은 내 아이디어를 증명하는 것이 아니라 사용자의 진실을 배우는 것입니다.

"실패는 성공의 어머니가 아닙니다.
겸손한 학습이 혁신의 어머니입니다.
당신은 이제 진실을 배우는 전문가입니다."

■ 핵심 용어

확증 편향(Confirmation Bias): 자신의 신념과 일치하는 정보는 받아들이고 그렇지 않은 정보는 무시하는 인간의 보편적 심리적 경향입니다. 웨이슨의 2-4-6 실험이 이를 잘 보여줍니다.[2]

A/B 테스트(A/B Testing): 두 개 이상의 시안 중 어떤 것이 더 나은 성과를 보이는지 알아보기 위해 대상을 무작위로 나누어 실험하는 방법입니다. 영국 정부의 장기기증 캠페인이 대표적인 성공 사례입니다.[12]

정성적/정량적 데이터: '왜'를 설명하는 서술적 데이터(정성적)와 '얼마나'를 측정하는 수치적 데이터(정량적)를 의미합니다. 두 접근법을 결합할 때 현실의 입체적인 모습을 파악할 수 있습니다.[7]

피보팅(Pivoting): 테스트 결과나 시장 반응에 따라 기존 사업의 방향을 핵심 전략을 중심으로 과감하게 전환하는 것입니다. 게임에서 메신저로 전환한 슬랙(Slack)이 대표적인 사례입니다.[17]

민족지학적 연구(Ethnographic Research): 특정 집단의 문화와 행동을 이해하기 위해 연구자가 해당 집단의 생활 환경에 직접 참여하여 관찰하는 연구 방법입니다. 뱅크 오브 아메리카의 가정 방문 조사가 좋은 예입니다.[8]

행동 병목현상(Behavioral Bottleneck): 사람들이 특정 행동을 하고자 하는 의도가 있음에도 불구하고, 실제 행동으로 이어지지 못하게 막는 심리적, 환경적 장애물입니다. 주목성, 마찰, 사회적 규범 등이 주요 원인입니다.

■ 더 깊이 생각해보기

1. 나의 확증 편향 점검하기

최근에 내가 강하게 믿고 있는 의견이나 아이디어가 있나요? 그것을 반증할 수 있는 증거를 적극적으로 찾아본 적이 있나요? 이번 주에 한 가지 믿음에 대해 의도적으로 반대 의견을 찾아보는 실험을 해보세요.

➤ 힌트: 웨이슨의 2-4-6 실험처럼, 내 가설을 확증하는 데이터가 아니라 반증하는 데이터를 의도적으로 찾아보세요. "내가 틀렸다면 어떤 증거가 있을까?"라고 질문하는 습관을 들이면, 더 객관적인 판단을 할 수 있습니다.

2. 일상의 작은 테스트 실행하기

동료나 상사에게 중요한 이메일이나 보고서를 보내기 전, 옆자리 동료에게 먼저 보여주세요. 이때 "이거 어때요? 괜찮아요?"라고 묻지 마십시오. 대신, "이 내용에서 가장 이해하기 어려운 부분이 어디인가요?" 혹은 "이 글을 읽고 당신이 이해한 핵심 메시지 한 가지는 무엇인가요?"라고 물어보세요.

➤ 팁: 칭찬을 구하는 질문이 아니라, 문제를 발견하는 질문을 던지세요. "좋아요"라는 대답보다 "여기가 헷갈려요"라는 피드백이 훨씬 더 가치 있습니다. 5명만 테스트해도 80%의 문제를 발견할 수 있다는 것을 기억하세요.

3. 실패한 프로젝트 다시 보기

과거에 실패했거나 예상과 다른 결과를 낳은 프로젝트나 계획이 있나요? 그때 '발명가의 맹점'에 빠져 있었던 것은 아닐까요? 사용자나 대상자의 실제 행동을 충분히 관찰하고 테스트했었나요?

➤ 예시로 생각해볼 만한 주제들: 인도의 정수 시설처럼 기술적으로 완벽했지만 사용자의 실제 생활 방식을 고려하지 못한 프로젝트, 좋은 의도로 시작했지만 실제 행동 병목현상을 파악하지 못해 실패한 캠페인 등. 이런 사례들에서 우리는 무엇을 배울 수 있을까요?

4. 토론 주제: 테스트의 윤리와 한계

A/B 테스트에서 일부 사용자는 '더 나쁜' 버전을 경험하게 됩니다. 이것이 윤리적으로 정당화될 수 있을까요? 특히 의료, 교육, 공공 서비스 분야에서는 어떤 기준이 필요할까요?

➤ 생각해볼 질문들:

- 테스트 참가자에게 실험 사실을 알려야 할까요? 알리면 효과가 사라질 수 있는데 어떻게 해야 할까요?
- 장기기증 메시지 실험처럼 사회적으로 명백한 선(善)을 위한 테스트라면 동의 없이 진행해도 될까요?
- 기업이 수익을 위해 하는 테스트와 공공의 이익을 위한 테스트는 다른 윤리 기준을 적용받아야 할까요?
- 테스트에서 발견한 사용자의 약점(예: 손실 회피 심리)을 악용하지 않으려면 어떤 원칙이 필요할까요?

5. 실전 연습: 나만의 5명 테스트 실행하기

당신이 현재 작업 중인 프로젝트나 아이디어가 있다면, 간단한 프로토타입을 만들어 5명에게 테스트해보세요. 중요한 것은 완벽한 제품이 아니라 핵심 가설을 검증할 수 있는 최소한의 형태면 충분합니다.

➤ 유용한 테스트 질문 패턴:

- "방금 어떤 생각을 하셨나요?" (관찰 중 막히는 지점에서)
- "이것이 무엇을 하는 것 같나요?" (설명 없이 보여준 후)
- "이걸 사용하려면 다음에 무엇을 해야 할 것 같나요?" (행동 예측)
- "가장 헷갈리거나 불편했던 부분은 어디였나요?" (문제 발견)
- "만약 이것을 친구에게 설명한다면 어떻게 말하시겠어요?" (가치 이해도)

[참고문헌]

[1] Design Thinking for Social Innovation, Stanford Social Innovation Review, 2010. 나안디 재단의 정수 시설 프로젝트 사례가 공감 실패의 대표적인 사례로 소개되어 있습니다.

[2] Nickerson, R. S. (1998). Confirmation Bias: A Ubiquitous Phenomenon in Many Guises. Review of General Psychology, 2(2), 175-220. 확증 편향에 대한 포괄적인 학술 연구입니다.

[3] Wason, P. C. (1960). On the failure to eliminate hypotheses in a conceptual task. Quarterly Journal of Experimental Psychology, 12(3), 129-140. 2-4-6 실험의 원논문입니다.

[4] Peter Cathcart Wason - Wikipedia. 웨이슨의 생애와 주요 실험들에 대한 개관입니다.

[5] The Perils of Confirmation Bias in UX Research, POSTJOE, 2023. 사용자 경험 연구에서 확증 편향의 위험성을 다룬 실무 가이드입니다.

[6] 11 Types of Cognitive Biases to Avoid in User Research, Maze, 2023. 사용자 연구에서 피해야 할 인지 편향들을 정리한 가이드입니다.

[7] How to Integrate Quantitative & Qualitative Data, ATLAS.ti, 2023. 정성적·정량적 데이터 통합 방법론을 다룬 연구 자료입니다.

[8] Doing Ethnographic and Observational Research, 6sigma. 민족지학적 연구 방법론의 실무 적용 사례를 소개합니다.

[9] IDEO Bank of America Case Study, Coroflot. 뱅크 오브 아메리카 'Keep the Change' 프로그램 개발 과정의 상세한 사례 연구입니다.

[10] Feeling in Control: Bank of America Helps Customers to "Keep the Change", This is Design Thinking, 2018. 고객의 실제 행동 관찰을 통한 통찰 발견 과정을 다룹니다.

[11] "Keep the Change": How Bank of America Pioneered Roundup Savings, The Savings Project, 2020. 프로그램의 성과와 영향을 분석한 보고서입니다.

[12] A/B Testing — What it is, examples, and best practices, Adobe for Business. A/B 테스트의 기본 개념과 실무 적용 방법을 소개합니다.

[13] The UK's 'nudge unit' is saving lives, Apolitical, 2023. 영국 행동과학팀의 주요 성과와 사례들을 종합한 기사입니다.

[14] Applying Behavioural Insights to Organ Donation, UK Government, 2013. 장기기증 등록률 향상 실험의 공식 보고서입니다.

[15] The rise of nudge - the unit helping politicians to fathom human behaviour, The Guardian, 2015. 넛지 정책의 실제 효과와 사회적 영향을 다룬 심층 기사입니다.

[16] The Nielsen Norman Group Theory: Why Testing with Only 5 Users Matters, Aguayo Blog. 5명 테스트 법칙의 이론적 근거와 실무 적용 사례를 설명합니다.

[17] From Failure to Success: Unique Case Studies of Businesses That Pivoted in Challenging Markets, SocialTargeter, 2023. 슬랙을 포함한 성공적인 피보팅 사례들을 분석한 연구입니다.

[18] FixMyStreet Platform Overview. 시민 참여 플랫폼의 기능과 사용 현황을 소개하는 공식 자료입니다.

[19] Information for citizens - FixMyStreet. 시민들을 위한 플랫폼 사용 가이드와 FAQ 자료입니다.

[20] mySociety, FixMyStreet: A Research Report, 2018. FixMyStreet 플랫폼의 시민 참여 데이터와 효과를 분석한 보고서입니다.

[21] Reducing Waste One Coffee Cup at a Time, The Behaviouralist, 2023. 대학 캠퍼스에서의 재사용 컵 사용 촉진 넛지 실험 사례입니다.

[22] Green Initiatives and Environmental Concern Foster Environmental Sustainability, PMC, 2023. 환경 행동 변화를 위한 사회적 규범 활용 연구입니다.

[23] 9 UX Research Books for Designing Better Products, Userlytics, 2023. 사용자 연구 관련 추천 도서 목록과 리뷰입니다.

part.2

넛지의 과학적 이해

제6장

코끼리, 기수, 그리고 예측하는 뇌

(우리 마음의 새로운 지도)

"왜 우리의 좋은 의도는 항상 실패로 끝날까요?"
우리 뇌의 작동 원리를 이해하는 시간입니다.

6.1 기계 속의 유령: 왜 '합리적 인간'은 신화인가?

경제학 교과서의 첫 장을 펼치면 어김없이 근사한 주인공이 등장합니다. 그의 이름은 **'호모 이코노미쿠스(Homo economicus)'**, 즉 경제적 인간입니다. 그는 모든 선택지 앞에서 냉철하게 비용과 편익을 계산하고, 자신의 이익을 극대화하는 가장 합리적인 결정을 내리는 완벽한 존재입니다.[1]

하지만 잠시 책을 덮고 우리 자신을 돌아볼까요? 새해 첫날 비싼 돈을 주고 등록한 헬스장은 어느새 기부 천사가 되었고, 건강검진 결과에 충격받아 끊겠다고 다짐한 담배는 스트레스라는 핑계와 함께 다시 손에 들려 있습니다. 다이어트는 영원히 '내일부터'이고, 옷장 구석에는 충동구매의 결과물들이 조용히 잠들어 있습니다.

오랫동안 우리는 이런 행동을 '의지박약'이나 '비이성'의 결과로 치부했습니다. 하지만 행동경제학의 선구자들은 이것이 소수의 문제가 아니라, 인간이라는 종의 보편적인 특징임을 밝혀냈습니다. 허버트 사이먼(Herbert A. Simon)은 인간이 모든 정보를 완벽하게 처리할 수 없으며 **'제한된 합리성(Bounded Rationality)'** 내에서 그럭저럭 만족스러운 선택을 할 뿐이라고 주장했고[2], 대니얼 카너먼(Daniel Kahneman)과 아모스 트버스키(Amos Tversky)는 우리의 판단이 합리성에서 벗어나는 방식이 제멋대로가 아니라, 오히려 '예측 가능하게 비합리적'이라는 사실을 수많은 실험으로 증명했습니다.[3]

그렇다면 이 '예측 가능한 비합리성'은 어디에서 오는 걸까요? 우리의 뇌가 불완전하게 설계된 것일까요? 그렇지 않습니다. 오히려 우리의 뇌는 수백만 년의 진화 과정 속에서 생존이라는 단 하나의 목표를 위해 눈부시게 최적화된 결과물입니다. 그 목표는 '모든 문제에 대한 수학적 정답 찾기'가 아니라, **'최소한의 에너지로 최대한 빨리 생존에 유리한 판단 내리기'**였습니다.

6.2 뇌 안의 코끼리: 시스템 1은 예측 기계다

사회심리학자 조너선 하이트(Jonathan Haidt)는 우리 마음속 두 시스템의 관계를 **'거대한 코끼리 위에 올라탄 기수'**라는 절묘한 비유로 설명했습니다.[4] 여기서 코끼리는 노벨상 수상자인 대니얼 카너먼이 '시스템 1'이라 명명한, 우리 정신의 압도적인 부분을 차지하는 빠르고 직관적인 마음입니다.[5]

하지만 코끼리를 단순히 본능과 감정의 덩어리로만 생각해서는 안 됩니다. 최신 뇌과학과 인지과학은 이 코끼리의 정체에 대해 훨씬 더 경이로운 그림을 제시합니다. 바로 우리의 뇌, 특히 시스템 1이 세상을 수동적으로 받아들이는 기관이 아니라, 끊임없이 다음 순간을 예측하고 시뮬레이션하는 **'예측 기계(Prediction Machine)'**라는 것입니다.[6]

신경과학자 칼 프리스턴(Karl Friston)과 철학자 앤디 클라크(Andy Clark) 등이 발전시킨 이 **'예측 처리(Predictive Processing)'** 모델에 따르면, 우리의 지각은 외부 세계의 정보가 눈과 귀를 통해 들어와 뇌에서 처리되는 상향식(bottom-up) 과정이 아닙니다. 오히려 그 반대입니다. 뇌는 과거의 경험을 총동원해 지금 이 순간 어떤 감각 정보가 들어올지를 미리 예측하는 '내부 모델'을 끊임없이 생성합니다.[7]

표 6.1: 인간 마음에 대한 세 가지 관점

모델	핵심 가정	의사결정 방식	한계
합리적 행위자 (Homo Economicus)	완전한 정보 처리 이익 극대화	비용-편익 분석	현실과 괴리

모델	핵심 가정	의사결정 방식	한계
이중 과정 뇌 (기수와 코끼리)	빠른 직관 vs 느린 사고	시스템 간 경쟁	상호작용 설명 부족
예측하는 뇌	지속적 예측과 오류 수정	예측 모델 기반	복잡성

당신이 지금 이 문장을 아무렇지 않게 읽고 있는 것도 사실은 뇌의 놀라운 예측 능력 덕분입니다. 뇌는 단어의 형태와 문법 구조를 바탕으로 다음에 올 단어를 미리 예측하고 있습니다. 지각은 현실을 '보는 것'이 아니라, 현실에 대한 최선의 '추측'을 만들어내는 과정입니다.

6.3 코끼리의 나침반: '직감'은 어떻게 길을 안내하는가

코끼리가 정교한 예측 기계라면, 그 수많은 예측 속에서 어떻게 순간적인 판단을 내리는 걸까요? 코끼리는 복잡한 분석 대신 아주 간단하고 강력한 나침반을 사용합니다. 바로 '느낌', 즉 감정입니다. 심리학자 폴 슬로빅(Paul Slovic)은 이를 **'감정 휴리스틱(Affect Heuristic)'**이라고 불렀습니다.[8]

감정 휴리스틱이란, 우리가 어떤 대상이나 사건에 대해 내리는 판단이 그 대상에 대해 우리가 느끼는 '좋다' 또는 '나쁘다'는 감정적 신호에 크게 좌우되는 경향을 말합니다. 시스템 1은 어떤 선택지를 마주했을 때, 논리적인 장단점을 분석하는 대신 "이것에 대해 어떻게 느끼지?"라는 질문을 먼저 던집니다.

사례: 햇살 vs 원자력 발전

'햇살'이라는 단어는 따스하고 즐거운 느낌을 주기에 우리는 그 편익(비타민 D 합성, 즐거운 야외 활동)을 떠올리고 위험(피부암)은 간과하기 쉽습니다. 반면 '원자력 발전'이라는 단어는 많은 사람에게 잠재적 위험과 재앙의 이미지를 떠올리게 하여, 그 편익(안정적인 에너지 공급)을 객관적으로 평가하기 어렵게 만듭니다.

이것이 바로 통계나 데이터보다 생생한 이야기나 이미지가 훨씬 더 강력한 설득력을 갖는 이유입니다. 상어에게 공격당할 확률이 번개에 맞을 확률보다 훨씬 낮다는 통계를 아무리 들어도, 영화 <죠스>가 만들어낸 단 하나의 강렬한 이미지는 상어에 대한 우리의 위험 인식을 완전히 지배해 버립니다.[9]

통계는 기수(시스템 2)의 언어이지만, 이미지는 코끼리(시스템 1)의 언어이기 때문입니다. 코끼리는 숫자를 이해하지 못합니다. 코끼리는 오직 느낌으로 세상을 판단합니다. 따라서 사람의 마음을 움직이려면, 코끼리의 나침반인 '감정'에 말을 걸어야 합니다.

6.4 소심한 기수: 시스템 2는 오류 수정 전문가다

이제 코끼리 등 위에 위태롭게 앉아있는 기수에게로 시선을 돌려봅시다. 카너먼이 '시스템 2'라고 부른 이 존재는 우리의 의식적이고, 논리적이며, 신중한 마음입니다. 기수는 코끼리와 정반대의 특성을 가집니다. 그는 17 곱하기 24를 계산하고, 낯선 도시의 지도를 읽고, 이 책의 내용을 이해하려는 노력을 담당합니다.

'예측하는 뇌' 모델에서 기수의 핵심 역할은 한 가지로 요약됩니다. 바로 **'예측 오류(Prediction Error)'**를 처리하는 것입니다. 평소 코끼리는 자신이 만든 예측 세계 속에서 유유히 걸어갑니다. 세상이 예측대로 흘러가는 한, 기수는 별 할 일이 없습니다. 하지만 세상이 코끼리의 예측과 다르게 작동하는 순간, 즉 '깜짝 놀라는' 순간, 뇌에서는 강력한 예측 오류 신호가 발생합니다.[10]

이 경고등이 켜지는 순간, 비로소 잠자고 있던 기수가 깨어나 상황을 파악하고 코끼리의 낡은 지도를 수정하는 힘든 임무에 착수합니다. 우리가 새로운 기술을 배우거나, 어려운 문제를 풀거나, 예상치 못한 위기에 대처할 때 느끼는 정신적 피로감이 바로 기수가 깨어나 활동하는 증거입니다.

전문가나 달인의 경지는 무엇일까요? 그것은 수많은 훈련을 통해 특정 영역에 대한 코끼리의 예측 모델이 극도로 정교해져, 웬만한 상황에서는 예측 오류가 거의 발생하지 않는 상태를 의미합니다. 예측 오류가 없으니 기수가 개입할 필요가 없고, 모든 것이 물 흐르듯 자동적으로 처리되는 **'몰입(Flow)'**의 경지에 이르는 것입니다.

6.5 뇌의 예산: 왜 기수는 '인지적 구두쇠'인가?

그런데 왜 기수는 이토록 수동적일까요? 왜 위급한 순간에만 마지못해 등장하는 걸까요? 그 이유는 지극히 현실적입니다. 생각하는 데는 엄청난 에너지가 들기 때문입니다. 우리의 뇌는 몸무게의 2%에 불과하지만, 신체 에너지의 20%를 소비하는 에너지 집약적 기관입니다.

프린스턴 대학의 수전 피스크(Susan Fiske)와 UCLA의 셸리 테일러(Shelley Taylor)는 이러한 뇌의 특성을 **'인지적 구두쇠(Cognitive Miser)'**라는 개념으로 설명했습니다.[11] 마치 구두쇠가 돈을 아끼듯, 우리의 뇌는 인지적 노력을 극도로 아끼려 한다는 것입니다. 가능하면 힘든 시스템 2(기수)를 깨우지 않고, 에너지 효율적인 시스템 1(코끼리)에게 모든 일을 맡기려고 합니다.

고정관념이나 편견이 왜 쉽게 사라지지 않는지 생각해보십시오. 처음 만나는 사람을 'B형이니까 성격이 급할 거야'라고 판단하는 것은, 그 사람의 개별적인 특성을 하나하나 관찰하고 분석하는 것보다 훨씬 더 적은 에너지를 필요로 합니다. 기본 설정(default)을 바꾸지 않고 그대로 따르거나, 남들이 많이 선택한 옵션을 따라 하는 것도 마찬가지입니다. 복잡한 의사결정의 수고를 덜어주는 지름길이기 때문입니다.

'인지적 구두쇠'라는 개념은 넛지 설계의 가장 근본적인 이론적 토대를 제공합니다. 사람들은 대부분의 경우 가장 적은 노력을 요하는 길, 즉 인지적 저항이 가장 적은 경로를 따라 움직일 수밖에 없습니다. 이는 우리가 선택을 설계하는 '선택 설계자(Choice Architect)'로서 엄청난 힘과 동시에 무거운 윤리적 책임을 지닌다는 것을 의미합니다. 사람들의 선택 환경을 어떻게 설계하느냐에 따라, 그들의 행동은 우리가 원하는 방향으로 혹은 원하지 않는 방향으로 부드럽게 유도될 수밖에 없기 때문입니다. **중립적인 설계란 존재하지 않습니다.**

6.6 의지력 논쟁: 기수는 정말 지쳐 쓰러지는가?

늦은 밤, 야식의 유혹을 뿌리치지 못하는 것은 단순히 기수의 에너지가 고갈되었기 때문일까요? 오랫동안 행동과학 분야에서는 이 현상을 설명하는 매우 직관적이고 인기 있는 이론이 있었습니다. 바로 로이 바우마이스터(Roy Baumeister)의 **'자아 고갈(Ego Depletion)'** 이론입니다.[12]

▣ 바우마이스터의 초콜릿과 무 실험

이 이론의 핵심은 의지력이나 자기 통제력이 마치 근육과 같아서, 사용하면 피로해지고 고갈된다는 것입니다. 바우마이스터의 유명한 '초콜릿과 무' 실험이 이를 뒷받침했습니다. 실험 참가자들을 두 그룹으로 나누어, 한 그룹에게는 갓 구운 초콜릿 칩 쿠키를 마음껏 먹게 하고, 다른 그룹에게는 쿠키 냄새를 맡으며 무만 먹도록 하여 자기 통제력을 소모하게 했습니다.[13]

그 후 두 그룹 모두에게 풀기 어려운 퍼즐을 제시하자, 무를 먹으며 인내심을 발휘해야 했던 그룹이 훨씬 빨리 퍼즐을 포기했습니다. 마치 의지력이라는 정신적 에너지를 모두 소진해버린 것처럼 말이죠. 이 이론은 우리가 왜 힘든 하루를 보낸 날 밤에 충동적인 결정을 내리기 쉬운지를 명쾌하게 설명해주는 듯했습니다.

하지만 과학은 끊임없이 스스로를 의심하고 발전하는 과정입니다. 2010년대에 들어 심리학계에 **'재현성 위기(Replication Crisis)'**가 불어닥치면서, 자아 고갈 이론은 그 중심에 서게 되었습니다.[14] 전 세계 수많은 연구실이 참여한 대규모 재현 연구에서 바우마이스터의 실험 결과를 일관되게 다시 보여주는 데 실패한 것입니다.

현재 학계의 중론은 이렇습니다. 정신적 피로 현상은 분명히 존재하지만, 그것이 '에너지 자원의 고갈'이라는 단순한 모델로 설명되기는 어렵다는 것입니다. 그보다는 힘든 과제를 수행한 후에는 뇌의 '동기 부여'와 '주의' 시스템에 변화가 생기는 것으로 보입니다. 즉, "더 이상 의지력을 발휘할 수 없어!"라기보다는, "이 힘든 일을 계속하는 것이 과연 그만한 가치가 있을까?"라는 무의식적 계산이 바뀌는 것입니다.

이 논쟁은 우리에게 중요한 교훈을 줍니다. 과학은 완성된 진리의 집합이 아니라, 더 나은 설명을 찾아 나서는 역동적인 여정이라는 사실입니다. 의지력을 근육처럼 단련하라는 단순한 구호 대신, 우리는 어떻게 하면 지친 상태에서도 동기 부여를 유지하고 올바른 선택에 주의를 기울이도록 환경을 설계할 수 있을지를 고민해야 합니다.

6.7 사례 연구 1: 자동재생의 심연과 선택의 폭정

▣ 넷플릭스의 교묘한 설계

현대인이 마주하는 가장 교묘한 설계 중 하나는 바로 넷플릭스와 같은 스트리밍 서비스의 시청 환경일 것입니다. 이곳은 우리가 방금 탐험한 마음의 원리들이 어떻게 정교하게 활용되는지를 보여주는 완벽한 실험실입니다.[15]

우리는 흔히 '선택의 폭이 넓을수록 좋다'고 생각합니다. 하지만 넷플릭스에 접속해 수백, 수천 개의 콘텐츠 목록을 스크롤하며 무엇을 볼지 결정하지 못한 채 30분을 흘려보낸 경험이 있다면, 이 믿음이 얼마나 허술한지 알 수 있습니다. 이는 **'힉의 법칙(Hick's Law)'**으로 설명됩니다. 1952년 심리학자 윌리엄 힉(William Hick)이 증명한 이 법칙은 선택지의 수가 늘어날수록 결정을 내리는 데 걸리는 시간이 로그 함수적으로 증가한다는 것을 보여줍니다.[16]

선택지가 너무 많으면 우리의 뇌, 특히 기수(시스템 2)는 과부하에 걸려 **'결정 피로(Decision Fatigue)'**를 느끼고 결국 선택을 포기하기에 이릅니다. 바로 이 지점에서 넷플릭스의 천재적인 넛지가 작동합니다. 바로 **'다음 화 자동재생(Post-Play)'** 기능입니다. 한 에피소드가 끝나면 몇 초의 카운트다운 후 자동으로 다음 에피소드가 시작됩니다. 이 설계는 '다음에 무엇을 볼까?'라는, 힉의 법칙이 적용되는 고통스러운 선택의 순간 자체를 제거해 버립니다.

인지적 구두쇠인 우리의 뇌는, 새로운 콘텐츠를 탐색하는 힘든 노력을 하느니 그냥 지금 보던 것을 계속 보는 '현상 유지 편향(Status Quo Bias)'을 따르는 것이 훨씬 쉽다고 판단합니다. 이처럼 자동재생은 아무런 행동을 하지 않는 것(inaction)을 기본값(default)으로 설정함으로써, 지친 기수의 개입을 원천 차단하고 즉각적인 즐거움을 원하는 코끼리가 계속해서 고삐를 쥐게 만드는 강력한 선택 설계입니다.

6.8 사례 연구 2: 무한 스크롤과 사라진 '멈춤 신호'

▣ 디지털 중독의 설계 원리

인스타그램, 틱톡, 유튜브 쇼츠의 피드를 아래로 내려본 경험을 떠올려 보십시오. 스크롤은 끝이 없고, 새로운 콘텐츠는 계속해서 나타납니다. **'무한 스크롤(Infinite Scroll)'**은 현대 디지털 환경에서 가장 중독적인 디자인 패턴 중 하나이며, 이는 우리 뇌의 보상 시스템을 직접적으로 겨냥한 정교한 공학의 산물입니다.[17]

우리가 책을 읽을 때는 '장의 끝'이라는 명확한 멈춤 신호가 있습니다. 신문을 볼 때도 '페이지의 끝'이 있고, 식사를 할 때도 '빈 그릇'이 있습니다. 이러한 **'멈춤 신호(Stopping Cues)'**는 우리가 하던 행동을 잠시 멈추고, "계속할까, 그만할까?"라고 기수(시스템 2)가 개입하여 의식적인 판단을 내리게 하는 중요한 인지적 분기점입니다.

무한 스크롤의 가장 교묘한 점은 바로 이 모든 멈춤 신호를 제거해 버렸다는 것입니다. 끝이 없기 때문에, 기수가 "이제 그만할 시간이야"라고 판단할 계기 자체가 주어지지 않습니다. 기수가 잠든 사이, 코끼리는 완벽하게 통제권을 장악합니다.

무한 스크롤은 카지노의 슬롯머신과 정확히 동일한 원리인 **'가변적 보상(Variable Rewards)'**을 제공합니다. 다음 스크롤에서 재미있는 영상이 나올지, 친구의 소식이 뜰지, 아니면 그냥 지루한 광고가 나올지 예측할 수 없습니다. 바로 이 '불확실성'이 우리 뇌의 도파민 시스템을 강력하게 자극합니다.[18]

흔히 '쾌락 물질'로 알려져 있지만, 도파민의 핵심 기능은 '보상' 그 자체가 아니라 보상을 기대하고 '탐색'하게 만드는 '동기 부여' 물질입니다. "혹시 다음에 더 재미있는 게 나올지도 몰라"라는 기대감이 도파민을 분비시키고, 이 도파민은 우리에게 "계속 스크롤해!"라는 강력한 충동을 일으킵니다. 이는 보상을 찾고-행동하고-다시 보상을 찾는 끝없는 **'도파민 루프(Dopamine Loop)'**를 형성하며, 우리의 의지와는 상관없이 스크롤링 행동을 지속시킵니다.

6.9 코끼리를 다그치지 말고, 길을 설계하라

이제 우리는 우리 마음의 새로운 지도를 손에 넣었습니다. 인간은 합리적인 계산 기계가 아니라, 에너지를 아끼려는 인지적 구두쇠이자, 과거의 경험을 바탕으로 세상을 예측하는 경이로운 예측 기계입니다. 대부분의 시간, 우리는 거대하고 강력한 예측 엔진인 코끼리(시스템 1)가 만들어낸 시뮬레이션 속에서 살아갑니다. 이 코끼리는 논리가 아닌 '느낌'이라는 나침반을 따라 움직입니다.

작고 소심한 기수(시스템 2)는 코끼리의 예측이 빗나가는 놀라운 순간에만 마지못해 깨어나 상황을 수습할 뿐입니다. 이 새로운 지도는 우리가 '행동 변화'라는 문제에 접근하는 방식을 근본적으로 바꾸어 놓습니다.

기존의 방식은 대부분 기수를 향한 것이었습니다. 더 많은 정보를 주고, 논리적으로 설득하고, 의지력을 발휘하라고 소리치는 방식이죠. 이는 마치 작은 기수에게 채찍을 쥐여주며 거대한 코끼리를 억지로 다른 길로 이끌라고 명령하는 것과 같습니다. 결과는 대부분 실패입니다.

넛지는 바로 이 발상의 전환에서 시작합니다. 기수를 설득하려 애쓰는 대신, 코끼리가 저절로 올바른 길로 걸어가도록 주변 환경, 즉 '길' 자체를 다시 설계하는 것입니다. 이것이 바로 **'선택 설계(Choice Architecture)'**의 핵심입니다.

궁극적으로 디자인 씽킹과 넛지의 통합은 다음과 같은 통찰로 이어집니다. 디자인 씽킹의 '공감'이란, 다른 사람의 내면에 있는 예측 모델을 깊이 이해하려는 노력입니다. 그리고 '넛지 설계'란, 바로 그 공감을 바탕으로 그 사람의 예측 모델이 더 나은 결과를 낳도록 외부 환경을 디자인하는 기술입니다.

우리는 코끼리를 다그치는 조련사가 아니라, 코끼리가 행복하게 걸어갈 수 있는 길을 만드는 정원사가 되어야 합니다. 다음 장부터 우리는 바로 이 길을 설계하는 구체적이고 강력한 도구들을 하나씩 배우게 될 것입니다.

6장을 마무리하며

이 장에서 우리는 인간 마음의 작동 원리를 새롭게 이해하는 지도를 얻었습니다. 코끼리와 기수, 그리고 그 배경에서 작동하는 '예측하는 뇌'의 메커니즘을 통해 우리의 일견 비합리적인 행동들이 사실은 매우 합리적인 이유를 가지고 있음을 발견했죠.

중요한 것은 이 지식이 사람을 판단하거나 조작하는 도구가 아니라, 더 나은 환경을 설계하여 모두가 행복한 선택을 할 수 있도록 돕는 지혜가 되어야 한다는 점입니다.

"이제 우리는 마음의 지도를 손에 넣었습니다.
다음 장부터는 이 지도를 활용해 실제로 길을 설계하는 방법을 배워보겠습니다."

■ 핵심 용어

예측하는 뇌(Predictive Brain): 뇌가 외부 자극을 수동적으로 처리하는 것이 아니라, 과거 경험에 근거하여 미래를 지속적으로 예측하는 '예측 기계'라는 최신 뇌과학 이론입니다.

시스템 1/코끼리: 직관적·자동적·에너지 소모가 적은 사고 시스템입니다. 예측과 감정에 의존하여 빠른 판단을 내리며, 우리 정신 활동의 대부분을 차지합니다.

시스템 2/기수: 분석적·의식적·에너지 소모가 큰 사고 시스템입니다. 예측 오류 발생 시 개입하여 모델을 수정하고, 복잡한 계산이나 논리적 사고를 담당합니다.

감정 휴리스틱(Affect Heuristic): 판단 시 논리적 분석보다 감정적 신호(좋다/나쁘다)에 의존하는 인지적 지름길입니다. 시스템 1이 빠른 판단을 내리기 위해 사용하는 핵심 도구입니다.

인지적 구두쇠(Cognitive Miser): 뇌가 힘든 사고(시스템 2)를 최대한 피하고 자동적 사고(시스템 1)에 의존하려는 경향입니다. 에너지 절약을 위한 뇌의 기본 전략입니다.

예측 오류(Prediction Error): 뇌의 예측과 실제 감각 정보 간의 차이입니다. 이 신호가 발생할 때 시스템 2가 활성화되어 예측 모델을 업데이트합니다.

도파민 루프(Dopamine Loop): 보상 기대 → 행동 → 보상 탐색의 순환 구조로, 반복적 행동을 유발하는 뇌의 메커니즘입니다. 디지털 중독의 핵심 원리입니다.

다크 패턴(Dark Patterns): 사용자의 취약성을 이용하여 기업에게 유리한 행동을 유도하는 비윤리적 설계 방식입니다. 넛지의 어두운 면을 보여주는 사례입니다.

■ 더 깊이 생각해보기

1. 나의 코끼리는 지금 어디로 가고 있나요?

오늘 하루 자동적으로 내린 판단들을 돌아보세요. 출근길 선택, 점심 메뉴, SNS 스크롤... 이 순간들에서 코끼리(시스템 1)는 어떤 감정적 신호를 따랐나요? 그 선택들은 진정 원하는 삶의 방향과 일치했나요?

2. 나는 설득하고 있나요, 환경을 설계하고 있나요?

부모, 교사, 관리자로서 다른 이들에게 영향을 미칠 때, 기수(논리적 설득)에 말을 걸고 있나요, 아니면 코끼리(환경 설계)의 길을 만들고 있나요? "공부해라" 백 번 vs 공부하기 쉬운 환경 만들기, 어느 쪽이 더 효과적일까요?

3. 디지털 환경이 나의 예측 모델을 훈련시키고 있습니다

무한 스크롤, 자동재생, 푸시 알림... 매일 사용하는 서비스들이 "즉각적 보상 찾기", "끊임없는 자극 탐색", "멈추지 않기"를 강화하고 있지 않나요? 이것이 장기적 목표에 어떤 영향을 미치나요?

4. 선한 넛지와 교묘한 조작, 그 경계는?

건강한 식습관을 유도하는 구내식당과 과소비를 부추기는 쇼핑몰, 둘 다 넛지를 사용합니다. 본질적 차이는 무엇일까요? 선택 설계자로서 지켜야 할 윤리적 원칙은?

5. 나만의 '멈춤 신호' 만들기

무한 스크롤이 제거한 멈춤 신호를 의도적으로 만들어보세요. 스마트폰 내려놓기, 일 멈추고 쉬기, 걱정 멈추기... 여러분만의 멈춤 신호를 디자인할 수 있나요?

[참고문헌]

[1] Simon, H. A. (1955). A behavioral model of rational choice. *The Quarterly Journal of Economics*, 69(1), 99-118. 경제학에서 상정하는 완전히 합리적인 인간 모델로, 모든

정보를 완벽히 처리하고 자신의 이익을 극대화하는 결정을 내린다고 가정됩니다.

[2] Simon, H. A. (1956). Rational choice and the structure of the environment. *Psychological Review*, 63(2), 129-138. 인간의 합리성이 인지적 한계에 의해 제약받는다는 '제한된 합리성' 이론의 출발점이 된 연구입니다.

[3] Kahneman, D., & Tversky, A. (1979). Prospect theory: An analysis of decision under risk. *Econometrica*, 47(2), 263-291. 인간의 판단이 예측 가능한 방식으로 합리성에서 벗어난다는 것을 실험으로 증명한 노벨상 수상 연구입니다.

[4] Haidt, J. (2006). *The Happiness Hypothesis: Finding Modern Truth in Ancient Wisdom*. Basic Books, pp. 4-5. 감정적 시스템과 이성적 시스템의 관계를 코끼리와 기수의 비유로 설명한 대표적 저작입니다.

[5] Kahneman, D. (2011). *Thinking, Fast and Slow*. Farrar, Straus and Giroux, Chapter 3-4. 직관적이고 빠른 사고 시스템인 '시스템 1'의 특징과 작동 방식을 상세히 분석한 책입니다.

[6] Clark, A. (2013). Whatever next? Predictive brains, situated agents, and the future of cognitive science. *Behavioral and Brain Sciences*, 36(3), 181-204. 뇌를 예측 기계로 보는 최신 인지과학 이론의 핵심을 제시한 논문입니다.

[7] Friston, K. (2010). The free-energy principle: a unified brain theory? *Nature Reviews Neuroscience*, 11(2), 127-138. 뇌의 예측 처리 메커니즘을 수학적으로 모델링한 자유 에너지 원리를 제시한 연구입니다.

[8] Slovic, P., Finucane, M. L., Peters, E., & MacGregor, D. G. (2002). The affect heuristic. In T. Gilovich, D. Griffin, & D. Kahneman (Eds.), *Heuristics and biases* (pp. 397-420). Cambridge University Press. 감정이 판단에 미치는 영향을 체계적으로 연구한 대표 논문입니다.

[9] 영화 죠스(1975) 개봉 이후 상어 공격에 대한 대중의 인식이 실제 위험도보다 과도하게 증가한 현상은 '죠스 효과'로 명명되어 감정 휴리스틱의 대표적인 사례로 연구되고 있습니다.

[10] Friston, K. (2005). A theory of cortical responses. *Philosophical Transactions of the Royal Society B*, 360(1456), 815-836. 예측 오류가 뇌의 학습과 적응에 미치는 역할을 분석한 신경과학 연구입니다.

[11] Fiske, S. T., & Taylor, S. E. (1984). *Social Cognition*. Addison-Wesley, Chapter 2. 인간이 인지적 노력을 최소화하려는 경향을 '인지적 구두쇠'라는 개념으로 설명한 사회심리학의 고전입니다.

[12] Baumeister, R. F., Bratslavsky, E., Muraven, M., & Tice, D. M. (1998). Ego depletion: Is the active self a limited resource? *Journal of Personality and Social Psychology*, 74(5), 1252-1265. 의지력이 한정된 자원이라는 자아 고갈 이론을 제시한 초기 연구입니다.

[13] 위와 동일. 자기 통제력을 소모시킨 후 후속 과제에서의 성과 저하를 보여준 유명한 '초콜릿과 무' 실험이 소개되어 있습니다.

[14] Hagger, M. S., Chatzisarantis, N. L., Alberts, H., et al. (2016). A multilab preregistered replication of the ego-depletion effect. *Perspectives on Psychological Science*, 11(4), 546-573. 자아 고갈 효과를 재현하고자 한 대규모 다중 실험실 연구로, 원래 효과를 일관되게 재현하는 데 실패했습니다.

[15] Eyal, N. (2014). *Hooked: How to Build Habit-Forming Products.* Portfolio/Penguin, Chapter 4. 넷플릭스를 포함한 디지털 서비스들이 사용자 습관을 형성하는 방법을 분석한 저작입니다.

[16] Hick, W. E. (1952). On the rate of gain of information. *Quarterly Journal of Experimental Psychology*, 4(1), 11-26. 선택지의 수가 증가할수록 반응 시간이 로그 함수적으로 증가한다는 힉의 법칙을 제시한 원논문입니다.

[17] Alter, A. (2017). *Irresistible: The Rise of Addictive Technology and the Business of Keeping Us Hooked.* Penguin Press, pp. 89-115. 무한 스크롤을 포함한 중독적 디자인 패턴의 심리학적 메커니즘을 상세히 분석한 책입니다.

[18] Schultz, W., Dayan, P., & Montague, P. R. (1997). A neural substrate of prediction and reward. *Science*, 275(5306), 1593-1599. 도파민이 보상 자체가 아니라 보상 예측과 학습에 관여한다는 것을 밝힌 신경과학 연구입니다.

제7장

소변기의 파리가 세상을 바꾼다

(똑똑한 선택을 유도하는 기술들)

"소변기의 파리 한 마리가 어떻게 공항의 청결 문제를 해결했을까요?
보이지 않는 설계가 우리의 행동을 바꾸는 순간입니다."

7.1 서곡: 소변기의 파리가 우리에게 알려준 것

1990년대, 네덜란드 암스테르담의 스키폴 공항은 골치 아픈 문제에 직면해 있었습니다. 남자 화장실의 청결 문제였죠. 아무리 강력한 경고문을 붙이고 청소 횟수를 늘려도 소변기 주변은 늘 지저분했습니다. 이때, 행동경제학자 에드 키붐(Aad Kieboom)은 누구도 생각지 못한 해법을 제안합니다. 그는 소변기 중앙에 작은 파리 모양 스티커 하나를 붙였습니다.[1]

결과는 놀라웠습니다. 소변기 밖으로 튀는 소변의 양이 무려 **80%나 감소**했습니다. "깨끗이 사용하시오!"라는 명령이나 벌금 대신, 남성들의 조준하고 싶은 무의식적 본능을 살짝 자극한 것입니다.

이 작은 파리 한 마리는 행동 변화를 이끌어내는 방식에 대한 우리의 관점을 송두리째 바꿔놓았습니다. 더 큰 보상이나 더 강한 처벌이 아니라, 인간 본성에 대한 깊은 이해가 때로는 가장 효과적인 해결책이 될 수 있다는 사실을 극적으로 보여주었기 때문입니다.

넛지(Nudge)란 무엇인가?

"선택을 금지하거나 경제적 인센티브를 크게 바꾸지 않고, 예측 가능한 방향으로 사람들의 행동을 변화시키는 선택 설계의 모든 측면"을 의미합니다.[2] 마치 팔꿈치로 옆구리를 툭 치듯 부드럽게 개입한다는 뜻이죠.

이것이 바로 이 장의 주인공인 **넛지(Nudge)**의 정수입니다. 이러한 넛지를 고안하고 실행하는 사람을 우리는 **선택 설계자(Choice Architect)**[3]라고 부릅니다. 메뉴판을 만드는 식당 주인부터, 앱의 버튼을 배치하는 UX 디자이너, 정책을 수립하는 공무원에 이르기까지, 타인의 선택이 이루어지는 '환경'을 만드는 사람이라면 누구나 선택 설계자의 역할을 하고 있습니다.

넛지의 철학은 **자유주의적 개입주의(Libertarian Paternalism)**[4]라는 다소 역설적인 이름으로 불립니다. 사람들이 더 나은 선택(예: 건강, 재정 안정, 환경 보호)을 하도록 부드럽게 개입하지만, 원한다면 언제든 그 제안을 거부하고 다른 선택을 할 수 있는 완전한 자유를 보장한다는 의미입니다. 파리 스티커는 조준을 유도할 뿐, 다른 곳을 향할 자유를 빼앗지는 않는 것처럼 말이죠.

7.2 가장 강력한 힘, '아무것도 하지 않음'의 힘: 디폴트 설계

인간은 **인지적 구두쇠(Cognitive Miser)**[5]입니다. 우리 뇌는 복잡한 생각을 피하고, 가능하면 현재 상태를 그대로 유지하려는 강력한 경향, 즉 **현상 유지 편향(Status Quo Bias)**을 가지고 있습니다. 이 때문에 미리 설정된 **기본값(Default)**은 우리가 의식적으로 바꾸기 귀찮아서 그대로 따를 확률이 매우 높습니다.

사무실 프린터의 기본 설정을 '단면 인쇄'에서 '양면 인쇄'로 바꾸는 것만으로 연간 용지 사용량을 15% 이상 줄일 수 있었던 사례는 디폴트의 힘을 보여주는 고전적인 예시입니다.[6] 하지만 디폴트의 힘은 종이 절약을 넘어, 한 사람의 노후 전체를 바꿀 만큼 거대할 수 있습니다.

우리 일상 속 디폴트의 힘

1. 스마트폰 앱 알림 설정

새로 설치한 앱의 알림이 기본적으로 '켜짐'으로 설정되어 있습니다. 대부분의 사용자는 이를 일일이 끄지 않기 때문에, 앱 개발자는 사용자와의 접점을 확보할 수 있습니다. 반대로, 애플의 iOS는 앱 추적 기능을 기본값으로 '거부'하도록 변경했고, 이로 인해 사용자 추적률이 급감했습니다.

2. 구독 서비스의 자동 갱신

넷플릭스, 멜론, 유튜브 프리미엄 등 대부분의 구독 서비스는 자동 갱신이 기본값입니다. 해지하려면 사용자가 적극적으로 행동해야 하죠. 이 디폴트 설정 덕분에 구독 서비스 업체들은 높은 고객 유지율을 보입니다.

3. 카페의 기본 사이즈

"사이즈 어떻게 하시겠어요?"라는 질문에 많은 사람들이 "그냥 보통으로요"라고 대답합니다. 카페에서 '레귤러'를 기본 사이즈로 제시하느냐, '라지'를 기본으로 제시하느냐에 따라 매출이 달라집니다.

▣ 국내 사례: 퇴직연금 디폴트옵션(사전지정운용제도)

과거 한국의 많은 직장인들은 퇴직연금에 가입하고도 어떤 상품에 투자할지 결정하는 것을 어려워하거나 귀찮아했습니다. 그 결과, 수많은 연금 자산이 아무런 운용 지시 없이 방치되어 사실상 물가상승률도 따라가지 못하는 원리금보장형 상품에 머물러 있었습니다.[7] 이때의 디폴트는 '아무것도 하지 않으면, 아무것도 얻지 못한다'였습니다.

2022년 7월, 디폴트옵션 제도가 도입되었습니다. 이제 근로자가 자신의 퇴직연금을 어떻게 운용할지 정하지 않으면, 사전에 지정해 둔 '디폴트옵션' 상품으로 적립금이 자동 투자됩니다. '아무것도 하지 않음'의 결과가 '방치'에서 '자동 투자'로 바뀐 것입니다.

놀라운 결과:

- 2024년 1분기 기준, **630만 명이 넘는 가입자**가 디폴트옵션을 지정
- 관련 적립금은 **40조 원을 돌파**
- 근로자들의 장기 자산 형성에 큰 도움이 될 것으로 기대[8]

디폴트 설계가 가진 잠재력은 아래 표에서 보듯 우리의 상상을 초월합니다:

영역	국가/시스템	디폴트 설정	결과 (동의/참여율)
장기 기증	독일	옵트인: 적극적으로 등록해야 기증	**약 12%**
	오스트리아	옵트아웃: 거부하지 않으면 자동 기증	**약 99%**
퇴직연금	미국 기업 (넛지 이전)	옵트인: 적극적으로 가입해야 함	**약 49%**
	미국 기업 (넛지 이후)	옵트아웃: 자동 가입 후 원하면 탈퇴	**약 86%**

출처: Thaler & Sunstein (2008), Johnson & Goldstein (2003)[9]

7.3 우리는 무엇을 보고 따르는가: 사회적 증거와 현저성 마법

우리는 지독한 사회적 동물입니다. 어떻게 행동해야 할지 불확실한 상황에 놓이면, 무의식적으로 주변을 둘러보며 '다른 사람들은 어떻게 하지?'라고 묻습니다. 그리고 다수의

행동을 올바른 지침으로 삼아 따르려는 경향이 있는데, 이를 **사회적 증거(Social Proof)** 또는 **무리 짓기(Herding)**[10]라고 부릅니다.

식당 메뉴판의 '인기 메뉴' 표시나 온라인 쇼핑몰의 '베스트셀러' 딱지는 이런 심리를 이용한 가장 흔한 예입니다. 하지만 사회적 증거는 공공 정책 영역에서 훨씬 더 강력한 힘을 발휘합니다.

▣ 호텔 수건 재사용 캠페인의 놀라운 변화

환경보호를 위해 많은 호텔들이 투숙객에게 수건 재사용을 권장합니다. 전통적인 메시지는 이랬습니다: "환경을 보호합시다. 수건을 재사용해주세요."[27]

하지만 심리학자 로버트 치알디니(Robert Cialdini)는 이 메시지를 사회적 증거를 활용해 바꿨습니다: **"이 호텔 투숙객의 75%가 수건을 재사용합니다."** 결과는 놀라웠습니다. 수건 재사용률이 26% 증가했습니다.

더 흥미로운 것은 메시지를 더욱 구체화했을 때입니다: **"이 방에 머물렀던 투숙객의 75%가 수건을 재사용했습니다."** 같은 호텔이 아니라, '바로 이 방'이라는 구체성을 더하자 재사용률은 33%까지 증가했습니다.[28]

▣ 영국 행동과학팀(BIT)의 세금 징수 실험

2010년 설립된 영국의 **행동과학팀(Behavioural Insights Team, BIT)**은 세금 징수율을 높이기 위해 한 가지 실험을 진행했습니다.[11] 그들은 체납자들에게 각기 다른 메시지가 담긴 고지서를 보냈습니다:

- **위협 메시지:** "세금을 내지 않으면 벌금을 내거나 재산을 압류당할 수 있습니다."
- **공익 강조 메시지:** "당신이 내는 세금은 학교, 병원 등 우리 사회에 꼭 필요한 서비스를 제공하는 데 쓰입니다."
- **사회적 규범 메시지:** "영국 국민 10명 중 9명은 제때 세금을 냅니다."

어떤 메시지가 가장 효과적이었을까요? 압도적으로 세 번째, 즉 **사회적 규범을 알려준 메시지**였습니다. 세금 미납이 불법 행위라는 사실을 강조하는 것보다, 그것이 '대다수의 사람들과 다른 예외적인 행동'임을 알려주는 것이 사람들의 행동을 바꾸는 데 훨씬 효과적이었던 것입니다.[12]

이 사례는 넛지의 또 다른 핵심 원리인 **현저성(Salience)**[13]과도 깊이 연결됩니다. 넛지는 '결정의 순간'에 우리의 주의를 끄는 정보일 때 가장 효과적입니다. 사회적 증거 넛지는 '올바른 사회적 규범'을 결정의 순간에 가장 눈에 띄게 만드는 전략인 셈입니다.

▣ 국내 사례: 옐로카펫(Yellow Carpet)

한국의 스쿨존에서 흔히 볼 수 있는 **옐로카펫**은 현저성을 다층적으로 활용한 탁월한 공공디자인 넛지입니다.[14] 옐로카펫은 단순히 바닥을 노랗게 칠한 것이 아닙니다:

- **어린이에게:** 선명한 노란색 공간은 아이들에게 이곳이 안전하게 대기해야 할 '무대'임을 직관적으로 알려줍니다. 아이들은 자연스럽게 이 공간 안으로 들어가고 싶어 하고, 차도에서 떨어져 머무르게 됩니다.
- **운전자에게:** 운전자의 시야에 들어오는 강렬한 노란색은 전방에 횡단보도가 있으며, 아이들이 있을 수 있다는 사실을 그 어떤 표지판보다도 강력하게 상기시킵니다.
- **지역사회에게:** 옐로카펫은 그 자체로 '우리 동네는 아이들의 안전을 최우선으로 생각한다'는 긍정적인 사회적 규범을 시각적으로 보여주는 상징이 됩니다.

최근에는 태양광 램프를 부착해 야간에도 빛을 발하며 보행자와 운전자 모두에게 현저성을 더욱 높이는 방식으로 진화하고 있습니다.[15]

7.4 얻는 기쁨보다 두려운 잃는 고통: 손실 회피 심리학

길에서 만 원을 줍는 기쁨과 지갑에서 만 원을 잃어버리는 고통 중 어느 쪽이 더 크게 느껴지나요? 대부분의 사람들은 잃어버리는 고통을 훨씬 더 크게 느낍니다. 이처럼 인간은 동일한 가치의 이득에서 얻는 기쁨보다 손실에서 느끼는 고통을 심리적으로 **약 2배 더 크게** 느끼는 경향이 있는데, 이를 **손실 회피(Loss Aversion)**[16]라고 합니다.

언어 학습 앱 '듀오링고(Duolingo)'가 사용자의 꾸준한 학습을 유도하기 위해 사용하는 **연속 학습 기록(Streak)**은 손실 회피를 활용한 천재적인 게임화(Gamification) 사례입니다.[17] 매일 학습을 이어가며 쌓아 올린 '100일 연속 학습!' 기록은 사용자에게 단순한 숫자가 아니라, 노력으로 얻은 소중한 '자산'처럼 느껴집니다.

하루 학습을 거르면 이 자산을 '잃어버린다'는 생각은, '오늘 공부하면 실력이 늘겠지'라는 막연한 기대보다 훨씬 강력하게 우리를 앱으로 이끕니다.

쇼핑에서 만나는 손실 회피

- **"포인트 소멸 임박!"** - "1만 포인트 적립 가능"보다 "이번 달 말에 5천 포인트 소멸"이라는 메시지가 훨씬 강력하게 구매를 유도합니다.
- **"한정 수량"** - 쿠팡의 "로켓배송 29개 남음"이나 부킹닷컴의 "이 가격으로 2개만 남았습니다!" 메시지는 놓칠 수 있다는 손실 공포를 자극합니다.
- **"타임 세일"** - "할인 종료까지 2시간 23분" 같은 카운트다운 타이머는 할인 혜택을 잃을 수 있다는 긴박감을 만듭니다.
- **"장바구니 알림"** - "장바구니에 담긴 상품의 가격이 올랐어요" 메시지는 저렴한 가격을 놓쳤다는 손실감을 불러일으킵니다.

▣ 국내 핀테크 사례 1: 카카오뱅크 26주 적금

최근 국내 핀테크 서비스들은 손실 회피 심리를 더욱 정교하게 활용하여 긍정적인 금융 습관을 만들어내고 있습니다. **카카오뱅크의 '26주 적금'**[18]이 그 대표적인 예입니다.

이 상품은 매주 납입액이 증액되는 방식으로, 저축의 어려움을 게임처럼 풀어냈습니다. 핵심 넛지는 매주 자동이체에 성공할 때마다 찍히는 **카카오프렌즈 캐릭터 도장**입니다. 26개의 칸을 모두 채워 컬렉션을 완성해나가는 과정은 그 자체로 즐거움을 줍니다.

만약 중간에 납입을 실패하면 어떻게 될까요? 단순히 도장 하나를 얻지 못하는 것이 아니라, 완성된 컬렉션에 흉한 '빈칸'이 생기는 시각적 손실을 경험하게 됩니다. 이 '깨진 체인'을 보고 싶지 않은 마음이 꾸준한 저축을 유도하는 강력한 동기가 됩니다.

여기에 이마트, 카카오페이지 등 인기 브랜드와의 제휴를 통해 즉각적인 보상(쿠폰)까지 제공하며 넛지의 효과를 극대화합니다.[19]

▣ 국내 사례 2: 챌린저스(Challengers)

자기관리 앱 **'챌린저스(Challengers)'**는 손실 회피를 극한으로 활용합니다.[20] 사용자는 '매일 아침 6시 기상하기'와 같은 목표를 설정하고, 그 목표에 자신의 돈을 직접 겁니다.

- 목표 달성률이 **85% 이상**이면 참가비 전액을 돌려받음
- **100% 달성**하면 추가 상금까지 받음
- 하지만 **실패하면 달성률에 따라 참가비 일부를 잃게 됨**

이 서비스의 동력은 '상금을 딴다'는 이득에 대한 기대가 아니라, **'내 돈을 잃는다'는 강력한 손실에 대한 공포**입니다. 이는 미래의 나를 구속하여 현재의 나태함을 이겨내게 만드는 궁극의 **약속 장치(Commitment Device)**로 작동하며, 손실 회피가 얼마나 강력한 행동 변화의 엔진이 될 수 있는지를 명확히 보여줍니다.[21]

7.5 행동을 이끄는 또 다른 열쇠들: 프레이밍과 재미 이론

지금까지 살펴본 넛지 툴킷 외에도, 선택 설계자가 활용할 수 있는 강력한 도구들이 더 있습니다. 그중에서도 선택의 '틀'을 바꾸는 프레이밍과 행동의 '동기'를 바꾸는 재미 이론은 특히 주목할 만합니다.

프레이밍 효과(Framing Effect)

프레이밍 효과[22]는 어떤 선택지를 제시하느냐 만큼이나 '어떻게' 제시하느냐가 사람들의 결정에 지대한 영향을 미친다는 이론입니다. 내용은 동일하더라도 어떤 틀(frame)로 제시되느냐에 따라 우리의 선택이 달라지는 것이죠.

- **이득 vs 손실 프레이밍:** "생존율 90%의 수술"과 "사망률 10%의 수술"은 통계적으로 동일한 정보지만, 대부분의 사람들은 전자를 압도적으로 선호합니다. 긍정적인 '이득'의 틀로 제시될 때 더 안전하게 느끼기 때문입니다.
- **속성 프레이밍:** 스팸 메일 차단 프로그램 광고에서 "스팸 메일 99% 차단!"이라고 말하는 것과 "스팸 메일 1% 허용"이라고 말하는 것은 완전히 다른 인상을 줍니다.
- **앵커링(Anchoring) 프레이밍:** 고급 레스토랑 메뉴판의 가장 첫 페이지에 수십만 원짜리 코스 요리를 배치하는 경우가 있습니다. 대부분의 고객은 이 메뉴를 주문하지 않지만, 이 비현실적인 가격이 '닻(anchor)' 역할을 하여 뒤따라 나오는 몇만 원짜리 파스타를 상대적으로 매우 저렴하게 느끼게 만듭니다. [23]

재미 이론(The Fun Theory)

재미 이론[24]은 행동을 바꾸는 가장 쉬운 방법은 바람직한 행동을 가장 재미있는 선택으로 만드는 것이라는 아이디어에서 출발합니다. 사람들은 의무감보다 즐거움에 훨씬 더 강력하게 이끌리기 때문입니다.

- **피아노 계단:** 에스컬레이터 옆 계단을 피아노 건반처럼 만들어 밟을 때마다 소리가 나게 하자, 계단 이용률이 66%나 증가했습니다. 운동이라는 '의무'를 연주라는 '재미'로 바꾼 것입니다.[25]
- **병 재활용 아케이드 게임기:** 스웨덴의 한 재활용 수거함은 빈 병을 넣으면 점수가 올라가는 아케이드 게임기처럼 디자인되었습니다. 그 결과, 인근의 평범한 수거함보다 두 배 이상 많은 병을 수거했습니다.
- **세상에서 가장 깊은 쓰레기통:** 평범한 공원 쓰레기통에 센서를 달아, 쓰레기를 버릴 때마다 "휙~쿵!" 하는 효과음이 나도록 만들었습니다. 마치 아주 깊은 구덩이로 쓰레기가 떨어지는 듯한 재미를 주자, 하루 동안 평소보다 41kg 더 많은 쓰레기가 모였습니다.[26]

재미 이론은 때로 부정적인 기본값을 이겨내는 강력한 **'대항 넛지(Counter-nudge)'**로 작용하기도 합니다. 에스컬레이터를 타는 것이 편안함이라는 기본값이라면, 피아노 계단은 그 기본값을 이길 만큼 매력적인 '재미'라는 대안을 제시하는 것입니다.

7.6 일상에서 넛지 발견하기: 당신도 선택 설계자입니다

지금까지 살펴본 넛지 기법들이 낯설게 느껴질 수도 있지만, 사실 우리는 이미 수많은 넛지에 둘러싸여 살고 있습니다. 한번 눈을 뜨고 나면, 세상이 전혀 다르게 보일 것입니다.

출근길에서 만나는 넛지들

- **지하철 플랫폼 대기선:** 바닥에 그려진 발자국 표시는 사람들이 자연스럽게 줄을 서서 기다리게 만듭니다. 강제가 아니라 유도죠.
- **에스컬레이터 왼쪽 보행:** "왼쪽으로 걸어가세요"라는 안내방송 대신, 왼쪽 손잡이만 다른 색으로 표시하거나 오른쪽 바닥에 발자국을 그려놓은 것을 볼 수 있습니다.
- **엘리베이터 버튼 배치:** 문 열기/닫기 버튼을 분리해서 배치하면 실수로 다른 층 버튼을 누르는 일이 줄어듭니다.
- **커피숍 줄서기:** 계산대까지 유도하는 바닥 스티커나 줄 가이드는 혼잡함을 줄이고 자연스러운 흐름을 만듭니다.

▣ 구내식당의 건강한 식단 유도하기

미국 코넬대학교의 브라이언 완싱크(Brian Wansink) 교수는 학교 구내식당에서 흥미로운 실험을 진행했습니다.[29] 학생들에게 "건강하게 드세요"라고 말하는 대신, 다음과 같은 넛지를 적용했습니다:

- **샐러드바를 입구 가까이 배치** - 가장 먼저 보이는 것을 먼저 선택하는 경향 활용
- **과일을 눈높이에 진열** - 디저트는 허리를 굽혀야 보이는 곳에 배치
- **건강한 음식에 더 큰 접시 제공** - 시각적으로 푸짐해 보이게
- **불건강한 음식은 투명하지 않은 용기에** - 현저성을 낮춤

결과: 학생들의 채소 섭취량이 평균 25% 증가했고, 칼로리 섭취는 18% 감소했습니다. 어떤 메뉴를 강제하거나 금지하지 않았음에도 말입니다.

이처럼 넛지는 거창한 정책이나 기술이 아닙니다. **우리 일상의 작은 선택 환경을 재설계하는 것**에서 시작됩니다. 집, 학교, 직장에서 여러분도 선택 설계자가 될 수 있습니다.

당신이 만들 수 있는 작은 넛지들

집에서:

- 건강한 간식을 눈에 잘 보이는 곳에 두고, 과자는 선반 위쪽에 보관하기
- 운동복을 침대 옆에 미리 준비해두기 (운동 시작의 마찰 줄이기)
- 휴대폰 충전기를 침실 밖에 두기 (수면 전 스크린 타임 줄이기)

직장/학교에서:

- 회의 시작 시 "휴대폰은 앞에 모아주세요" 바구니 배치하기
- 계단에 "오늘 88칼로리 소모!" 같은 재미있는 문구 붙이기
- 재활용 분리수거함을 쓰레기통보다 더 크고 접근하기 쉽게 배치하기

7.7 넛지가 실패할 때: 역효과를 피하는 법

모든 넛지가 항상 성공하는 것은 아닙니다. 때로는 의도와 반대로 역효과가 나기도 합니다. 실패 사례에서 배우는 것이야말로 현명한 선택 설계자가 되는 지름길입니다.

▣ 실패 사례 1: 과도한 선택지 제공

미국의 한 슈퍼마켓에서 잼 시식 코너를 운영했습니다.[30] 첫 번째 실험에서는 24종류의 잼을 진열했고, 두 번째 실험에서는 6종류만 진열했습니다.

결과는 의외였습니다:

- 24종류 진열: 60%가 관심을 보였으나, 실제 구매율은 3%
- 6종류 진열: 40%가 관심을 보였으나, 실제 구매율은 30%

교훈: 너무 많은 선택지는 오히려 결정을 어렵게 만들어 아무것도 선택하지 않게 만듭니다. 이를 **'선택의 역설(Paradox of Choice)'**이라고 합니다.

▣ 실패 사례 2: 부메랑 효과

캘리포니아 주에서 전기 절약을 유도하기 위해 가정마다 이웃과 비교한 에너지 사용량 리포트를 보냈습니다.[31] 평균보다 많이 사용한 가정은 사용량을 줄였지만, 평균보다 적게 사용하던 가정은 오히려 사용량을 늘렸습니다. "나도 이 정도는 써도 되는구나"라고 생각한 것이죠.

해결책: 연구진은 평균보다 적게 사용한 가정의 리포트에 웃는 얼굴 이모티콘을 추가했습니다. 이 간단한 추가로 사용량 증가 현상이 사라졌습니다. **긍정적 강화**의 중요성을 보여주는 사례입니다.

넛지 실패를 피하는 5가지 원칙

1. 투명성: 넛지의 존재와 의도를 숨기지 마세요. 사람들이 조종당한다고 느끼면 반발합니다.

2. 선택의 자유: 항상 다른 선택지를 명확히 제공하세요. 강제는 넛지가 아닙니다.

3. 사용자 이익: 설계자가 아닌 사용자에게 이익이 되는지 끊임없이 점검하세요.

4. 맥락 고려: 같은 넛지도 문화, 상황, 대상에 따라 다르게 작동합니다. 맹목적 적용은 금물입니다.

5. 테스트와 개선: 작은 규모로 먼저 시험하고, 데이터를 수집하며, 지속적으로 개선하세요.

7장을 마무리하며

소변기의 작은 파리 스티커에서 시작된 이 장의 여정을 통해, 우리는 보이지 않는 설계가 어떻게 사람들의 행동을 부드럽게 바꾸는지 배웠습니다. **디폴트, 사회적 증거, 손실 회피, 프레이밍, 재미 이론**—이 다섯 가지 넛지 도구는 강제나 처벌 없이도 더 나은 선택을 이끌어냅니다.

하지만 강력한 도구일수록 책임도 따릅니다. 넛지는 사용자의 이익을 위해 투명하게 사용될 때만 가치가 있습니다. 우리는 선택 설계자로서, 사람들을 조종하는 것이 아니라 그들이 원하는 목표를 더 쉽게 달성하도록 돕는 역할을 해야 합니다.

다음 장에서는 이 도구들을 체계적으로 활용할 수 있는 두 가지 강력한 프레임워크, **MINDSPACE와 EAST**를 배우게 됩니다. 영국 정부와 세계 각국에서 실제로 정책을 만들 때 사용하는 넛지의 비밀 지도를 함께 탐험해볼까요?

"지금부터는 길거리, 식당, 앱 화면에서 만나는 모든 선택이 다르게 보일 것입니다. 여러분도 이제 세상의 보이지 않는 설계를 읽는 선택 설계자입니다."

■ 핵심 용어

넛지(Nudge): 강제나 금지, 혹은 큰 경제적 인센티브 없이 선택 설계를 통해 사람들의 행동을 예측 가능한 방향으로 부드럽게 유도하는 개입입니다.

선택 설계자(Choice Architect): 사람들이 결정을 내리는 배경이 되는 맥락이나 환경을 만드는 사람을 의미합니다.

자유주의적 개입주의(Libertarian Paternalism): 사람들의 더 나은 선택을 돕기 위해 개입하되, 선택의 자유는 온전히 보장하는 넛지의 기본 철학입니다.

디폴트(Default): 아무런 선택을 하지 않았을 때 자동으로 적용되는 기본값입니다. 현상 유지 편향 때문에 매우 강력한 효과를 가집니다.

사회적 증거(Social Proof): 불확실한 상황에서 다수의 행동을 올바른 것으로 여기고 따라 하려는 심리적 경향입니다.

현저성(Salience): 특정 정보나 자극이 사람들의 주의를 끌고 의사결정에 영향을 미치는 정도를 말합니다.

손실 회피(Loss Aversion): 이득에서 얻는 기쁨보다 손실에서 느끼는 고통을 심리적으로 더 크게 느끼는 경향입니다.

프레이밍 효과(Framing Effect): 동일한 문제라도 제시되는 방식에 따라 사람들의 판단이나 선택이 달라지는 현상입니다.

재미 이론(The Fun Theory): 바람직한 행동을 가장 재미있는 선택으로 만들어 자발적인 행동 변화를 유도하는 접근법입니다.

■ 더 깊이 생각해보기

1. 여러분이 직접 넛지 설계자가 되어보기

여러분의 일상에서 개선이 필요한 상황 하나를 선택해보세요. (예: 분리수거 개선, 계단 이용 증가, 건강한 식습관 등) 이 장에서 배운 다섯 가지 넛지 도구(디폴트, 사회적 증거, 손실 회피, 프레이밍, 재미 이론) 중 어떤 것을 활용할 수 있을까요? 구체적인 넛지를 설계해보고, 왜 그것이 효과적일지 설명해보세요.

2. 디지털 세계의 넛지 발견하기

여러분이 자주 사용하는 앱이나 웹사이트를 하나 선택해보세요. 그 안에서 사용자의 행동을 유도하는 넛지를 3개 이상 찾아보세요. 각각이 어떤 심리적 원리를 활용하고 있나요? 그 넛지는 사용자에게 이익이 되나요, 아니면 서비스 제공자에게만 이익이 되나요?

3. 넛지의 윤리적 경계선 생각해보기

"다크 패턴(Dark Pattern)"은 사용자를 속이거나 조종하는 악의적인 넛지를 말합니다. (예: 구독 해지 버튼을 일부러 찾기 어렵게 만들기, 추가 상품을 장바구니에 몰래 담아두기 등) 선한 넛지와 다크 패턴의 차이는 무엇일까요? 넛지가 윤리적이려면 어떤 조건을 충족해야 할까요?

4. 토론 주제: 정부의 넛지 정책은 정당한가?

영국, 미국 등 여러 나라 정부가 국민의 행동을 바꾸기 위해 넛지를 적극 활용하고 있습니다. (세금 징수, 장기기증, 연금 가입 등) "정부가 국민을 위한다는 명분으로 은밀하게 행동을 조종하는 것은 정당한가?"라는 질문에 대해 여러분의 의견은 무엇인가요? 찬성과 반대 양쪽의 근거를 생각해보세요.

[참고문헌]

[1] Thaler, R. H., & Sunstein, C. R. (2008). *Nudge: Improving Decisions About Health, Wealth, and Happiness.* New Haven: Yale University Press. pp. 3-4. 암스테르담 스키폴 공항의 소변기 파리 사례가 넛지의 대표 사례로 소개되어 있으며, 넛지 이론의 기본 개념과 철학을 체계적으로 설명한 필독서입니다.

[2] Thaler, R. H., & Sunstein, C. R. (2008). 앞의 책, p. 6. 넛지의 정의를 명확하게 제시한 부분으로, 선택 설계의 핵심 개념을 이해하는 데 필수적입니다.

[3] Thaler, R. H., & Sunstein, C. R. (2008). 앞의 책, pp. 3-5. 선택 설계자(Choice Architect)의 역할과 책임에 대해 자세히 설명합니다.

[4] Sunstein, C. R. (2014). *Why Nudge?: The Politics of Libertarian Paternalism.* New Haven: Yale University Press. 자유주의적 개입주의의 철학적 배경과 정치적 의미를 심도 있게 다룬 저서로, 넛지의 윤리적 정당성을 논증합니다.

[5] Kahneman, D. (2011). *Thinking, Fast and Slow*. New York: Farrar, Straus and Giroux. pp. 31-32. 2002년 노벨 경제학상 수상자의 대표작으로, 인지적 구두쇠와 시스템 1, 시스템 2에 대한 과학적 근거를 제시합니다.

[6] Egebark, J., & Ekström, M. (2016). Can indifference make the world greener? *Journal of Environmental Economics and Management*, 76, 1-13. 프린터 양면 인쇄 디폴트 설정이 환경에 미친 영향을 실증적으로 분석한 연구입니다.

[7] 금융감독원. (2021). 『퇴직연금 운용현황 및 개선방안』. 금융감독원 보도자료. 디폴트옵션 도입 이전 한국 퇴직연금 시장의 문제점을 진단한 공식 보고서입니다.

[8] 금융감독원. (2024). 『2024년 1분기 퇴직연금 통계』. 금융감독원. 디폴트옵션 도입 후 퇴직연금 가입자 수와 적립금 규모의 변화를 보여주는 최신 통계입니다.

[9] Johnson, E. J., & Goldstein, D. (2003). Do defaults save lives? *Science*, 302(5649), 1338-1339. 장기기증 동의율의 국가별 차이가 디폴트 설정에 의해 결정된다는 것을 보여준 획기적인 연구입니다.

[10] Cialdini, R. B. (2006). *Influence: The Psychology of Persuasion*. New York: Harper Business. Chapter 4. 사회적 증거의 심리학적 메커니즘을 상세히 설명한 설득의 심리학 분야 고전입니다.

[11] Behavioural Insights Team. (2012). *Annual Update 2011-12*. London: Cabinet Office. 영국 행동과학팀(BIT)의 초기 활동과 세금 징수 실험을 포함한 다양한 넛지 정책 사례를 소개합니다.

[12] Hallsworth, M., et al. (2017). The behavioralist as tax collector: Using natural field experiments to enhance tax compliance. *Journal of Public Economics*, 148, 14-31. 사회적 규범 메시지가 세금 납부율을 높인 영국 BIT 실험의 학술적 분석 논문입니다.

[13] Chetty, R., et al. (2009). Salience and taxation: Theory and evidence. *American Economic Review*, 99(4), 1145-1177. 현저성이 경제적 의사결정에 미치는 영향을 세금 맥락에서 실증적으로 분석한 중요 연구입니다.

[14] 초록우산 어린이재단. (2020). 『옐로카펫 사업 효과성 분석 보고서』. 초록우산 어린이재단. 옐로카펫 설치 전후의 어린이 교통사고 감소 효과를 정량적으로 분석한 국내 보고서입니다.

[15] 도로교통공단. (2023). 『어린이 교통안전시설 개선방안 연구』. 도로교통공단 교통과학연구원. 태양광 램프 등 옐로카펫의 진화 방향과 개선 방안을 제시한 최신 연구입니다.

[16] Kahneman, D., & Tversky, A. (1979). Prospect Theory: An Analysis of Decision under Risk. *Econometrica*, 47(2), 263-291. 손실 회피를 포함한 전망 이론을 제시하여 행동경제학의 토대를 마련한 노벨상 수상 논문입니다.

[17] Duolingo Inc. (2021). *Annual Report 2021*. Pittsburgh: Duolingo Inc. 연속 학습 기록(Streak) 기능이 사용자 참여도와 학습 지속성에 미친 영향을 보여주는 기업 보고서입니다.

[18] 카카오뱅크. (2021). 『26주 적금 상품 안내서』. 카카오뱅크 보도자료. 게임화와 손실 회피를 결합한 26주 적금의 설계 철학과 도장 컬렉션 시스템을 소개합니다.

[19] 매일경제. (2021년 9월 15일). "한정판 카카오프렌즈 장바구니 득템하려면?…이마트x카카오뱅크 적금 출시". 즉각적 보상을 통한 저축 동기 강화 사례를 다룬 언론 보도입니다.

[20] 화이트큐브. (2022). 『챌린저스 서비스 이용자 행동 분석 리포트』. 화이트큐브. 금전적 약속 장치가 목표 달성률에 미친 영향을 분석한 국내 핀테크 서비스 리포트입니다.

[21] Bryan, G., et al. (2010). Commitment devices. *Annual Review of Economics*, 2(1), 671-698. 약속 장치(Commitment Device)의 경제학적 이론과 다양한 적용 사례를 종합적으로 정리한 리뷰 논문입니다.

[22] Tversky, A., & Kahneman, D. (1981). The framing of decisions and the psychology of choice. *Science*, 211(4481), 453-458. 프레이밍 효과를 실험적으로 증명한 행동경제학의 고전적 연구로, 생존율과 사망률 표현의 차이를 다룹니다.

[23] Ariely, D. (2008). *Predictably Irrational: The Hidden Forces That Shape Our Decisions*. New York: HarperCollins. Chapter 1. 앵커링 효과를 포함한 인간의 예측 가능한 비합리성을 흥미로운 실험으로 보여준 대중 과학서입니다.

[24] Volkswagen. (2009). The Fun Theory Initiative. Retrieved from http://www.thefuntheory.com 재미 이론을 실제 공공장소에 적용하여 행동 변화를 이끌어낸 폭스바겐의 창의적 캠페인 공식 웹사이트입니다.

[25] Volkswagen. (2009). Piano Stairs Case Study. *The Fun Theory*. Volkswagen Creative Campaign. 피아노 계단 프로젝트의 설계 과정과 계단 이용률 66% 증가라는 구체적 결과를 담은 사례 연구입니다.

[26] Volkswagen. (2009). The World's Deepest Bin Case Study. *The Fun Theory*. Volkswagen Creative Campaign. 효과음을 활용한 쓰레기통이 쓰레기 수거량을 41kg 증가시킨 실험의 상세 기록입니다.

[27] Goldstein, N. J., Cialdini, R. B., & Griskevicius, V. (2008). A room with a viewpoint: Using social norms to motivate environmental conservation in hotels. *Journal of Consumer Research*, 35(3), 472-482. 호텔 수건 재사용 캠페인에서 사회적 증거의 효과를 실증한 영향력 있는 연구입니다.

[28] Goldstein, N. J., et al. (2008). 앞의 논문, pp. 476-478. 메시지의 구체성이 높아질수록(호텔 → 이 방) 재사용률이 더욱 증가한다는 추가 실험 결과를 담고 있습니다.

[29] Wansink, B., & Hanks, A. S. (2013). Slim by design: Serving healthy foods first in buffet lines improves overall meal selection. *PLOS ONE*, 8(10), e77055. 구내식당

배치 변경만으로 건강한 식습관을 유도할 수 있음을 보여준 코넬대학교 실험 연구입니다.

[30] Iyengar, S. S., & Lepper, M. R. (2000). When choice is demotivating: Can one desire too much of a good thing? *Journal of Personality and Social Psychology*, 79(6), 995-1006. 선택의 역설을 증명한 유명한 잼 실험 연구로, 선택지가 너무 많으면 오히려 결정을 회피한다는 것을 밝혔습니다.

[31] Schultz, P. W., et al. (2007). The constructive, destructive, and reconstructive power of social norms. *Psychological Science*, 18(5), 429-434. 에너지 절약 캠페인의 부메랑 효과와 긍정적 강화(웃는 얼굴)로 이를 해결한 과정을 담은 연구입니다.

제8장

넛지를 만드는 비밀 지도

(MINDSPACE와 EAST)

"좋은 의도로 만들어진 정책은 왜 실패할까요?"
행동을 바꾸는 진짜 비밀을 찾아봅시다.

8.1 시작하며: 텅 빈 자전거 거치대의 미스터리

어느 도시에 멋진 자전거 도로가 생겼습니다. 시청은 큰마음 먹고 도로 곳곳에 세련된 디자인의 자전거 거치대를 수백 개 설치했습니다. 시민들의 건강과 환경, 두 마리 토끼를 잡으리라 기대했죠. 하지만 몇 달이 지나도 거치대는 텅 비어 있기 일쑤였습니다. 자전거는 여전히 아무 데나 방치되거나, 아예 이용률이 늘지 않았습니다.

담당자는 머리를 긁적였습니다. "분명히 좋은 시설을 제공했는데, 왜 사람들은 쓰지 않을까? 시민 의식이 부족한가?"

이처럼 선한 의도로 만들어진 정책이나 디자인이 실패하는 경우는 비일비재합니다. 우리는 종종 문제의 원인을 '사람들의 비합리성'이나 '의지 부족'으로 돌리곤 합니다. 하지만 정말 그럴까요?

행동과학자들은 문제의 화살을 사람에게 돌리기 전에, 행동이 일어나는 **환경과 맥락**을 먼저 살펴봐야 한다고 말합니다. 텅 빈 자전거 거치대의 진짜 원인은 '의지 부족'이 아니라, 거치대 잠금장치가 너무 뻑뻑해서 사용하기 불편했거나(능력의 문제), 대부분의 사람들이 거치대를 사용하지 않는 모습이 새로운 사회적 규범이 되었기 때문일지도 모릅니다(사회적 영향의 문제).

앞선 장에서 우리는 디폴트(Defaults), 손실 회피(Loss Aversion) 등 강력한 넛지 도구들을 배웠습니다. 하지만 이 도구들을 언제, 어떻게 꺼내 써야 할까요? 이때 필요한 것이 바로 행동의 근본 원인을 진단하는 **나침반**과 구체적인 해결책을 구상하는 **지도**입니다.

이번 장에서는 영국 정부의 행동 통찰팀(Behavioural Insights Team, BIT)[1]이 수많은 현장 실험 끝에 만들어낸 세계적인 프레임워크인 **MINDSPACE**와 **EAST**를 통해 우리의 아이디어를 실제 세상에서 작동하는 '솔루션'으로 바꾸는 구체적인 방법론을 탐험해 보겠습니다.

8.2 행동의 원인을 진단하는 나침반: B=MAP 모델

효과적인 넛지를 설계하는 첫걸음은 "어떤 행동을 유도할까?"가 아니라, "왜 지금 그 행동이 일어나지 않는가?"를 묻는 것입니다. 스탠퍼드 대학교의 행동 과학자 B.J. Fogg는 어떤 행동(Behavior)이 일어나기 위해서는 동기(Motivation), 능력(Ability), 그리고 계기(Prompt) 세 가지 요소가 동시에 충족되어야 한다는 **B=MAP 모델**을 제시했습니다.[2]

> **행동(Behavior) = 동기(Motivation) × 능력(Ability) × 계기(Prompt)**
>
> **동기(Motivation):** 그 행동을 하고 싶어 하는 마음의 에너지입니다. 보상을 원하거나(희망), 손실을 피하려는(공포) 마음 등이 해당합니다.
>
> **능력(Ability):** 그 행동을 할 수 있는 역량과 여건입니다. 돈, 시간, 육체적 노력, 정신적 노력 등이 포함됩니다. 행동이 '쉬울수록' 능력은 높아집니다.
>
> **계기(Prompt):** 그 행동을 하도록 상기시키는 신호입니다. 알람, 이메일, 친구의 권유, 심지어는 내면의 생각까지도 계기가 될 수 있습니다.

자전거 거치대 문제로 돌아가 볼까요? "자전거를 거치대에 잘 세운다"는 행동이 일어나지 않는 이유를 B=MAP으로 진단해볼 수 있습니다.

- **동기는 충분할까요?** 아마도 '내 자전거를 안전하게 보관하고 싶다'는 동기는 있을 겁니다.
- **계기는 있을까요?** 거치대가 눈에 잘 띄니 계기도 있습니다.
- **그렇다면 문제는 '능력'일 가능성이 큽니다.** 즉, 거치대를 사용하는 과정이 생각보다 복잡하고 힘들어 '쉽지 않았던' 것입니다.

이처럼 B=MAP은 문제의 핵심을 정확히 조준하도록 돕는 강력한 진단 도구입니다. 실제로 많은 실패한 정책들은 동기(M)나 계기(P)에만 집중하고, 능력(A), 즉 '얼마나 쉬운가'를 간과했기 때문에 실패한 경우가 많습니다.

B=MAP 활용법: 실패한 정책 재진단

분리수거 실패 사례

- **기존 접근:** "환경 보호" 홍보 (동기 M에만 집중)
- **B=MAP 진단:** 복잡한 분리 기준, 멀리 있는 수거함 (능력 A 부족)
- **해결책:** 분리 기준 단순화, 수거함을 가까운 곳에 배치

운동 습관 실패 사례

- **기존 접근:** "건강해지고 싶다" (동기 M에만 의존)
- **B=MAP 진단:** 헬스장이 멀고, 시간이 오래 걸림 (능력 A 부족)
- **해결책:** 집에서 할 수 있는 5분 운동, 운동 앱 알림 (계기 P 추가)

8.3 넛지 아이디어의 백과사전: MINDSPACE 파헤치기

문제의 원인을 진단했다면, 이제 해결책을 찾아야 합니다. 2010년 BIT가 발표한 **MINDSPACE**는 인간의 행동에 영향을 미치는 9가지 심리적 요인을 체계적으로 정리한, 그야말로 '넛지 아이디어의 백과사전'입니다.[3] 정책 입안자들이 놓칠 수 있는 인간 심리의 틈새를 꼼꼼히 점검하도록 돕죠.

MINDSPACE의 9가지 요소를 비슷한 성격끼리 묶어보면 더 쉽게 이해할 수있습니다:

메시지와 맥락

Messenger (전달자): 우리는 메시지의 내용뿐 아니라 '누가' 말하는지에 따라 크게 영향을 받습니다. 정부의 딱딱한 경고보다 의사나 소방관의 조언을 더 신뢰하는 것처럼요.

Salience (돌출성): 정보는 새롭고, 흥미롭고, 나에게 개인적으로 관련 있을 때 뇌리에 박힙니다. 수많은 정보 속에서 내 것만 '튀어 보이게' 만드는 힘이죠.

Priming (점화 효과): 무의식적인 단서가 우리의 다음 행동을 좌우합니다. 투표소가 학교에 있으면 교육 관련 정책에 더 찬성하는 경향이 생기는 현상이 그 예입니다.[4]

사회적 영향

Norms (규범): 우리는 무의식적으로 주변 사람들의 행동을 따라 합니다. "90%의 사람들이 세금을 제때 냅니다"라는 문구 하나가 체납률을 낮추는 것처럼, '남들도 다 한다'는 정보는 강력합니다.

Commitments (약속): 우리는 스스로 한 약속, 특히 공개적으로 한 약속을 지키려는 경향이 있습니다. 금연 서약을 주변에 알리면 성공률이 높아지는 원리죠.

마음의 작동 방식

> **Affect (감정):** 우리의 감정 상태는 판단과 결정에 지대한 영향을 미칩니다. 기분이 좋을 때 더 충동적인 구매를 하기 쉽습니다.
>
> **Ego (자아):** 우리는 스스로를 긍정적이고 일관된 사람으로 보고 싶어 합니다. '나는 환경을 생각하는 사람'이라는 자아 이미지는 재활용 행동을 강화합니다.

선택의 구조

> **Incentives (인센티브):** 우리는 손실을 이익보다 2배 더 크게 느끼는 '손실 회피' 성향이 있습니다. "할인을 받으세요"보다 "추가 요금을 내지 마세요"라는 말이 더 효과적일 수 있습니다.
>
> **Defaults (디폴트):** 우리는 현상 유지를 선호하는 '게으른 뇌'를 가졌습니다. 장기 기증 가입을 '옵트아웃(거부하지 않으면 자동 가입)' 방식으로 바꾼 것만으로 가입률이 극적으로 높아진 사례가 대표적입니다.

MINDSPACE는 이처럼 인간 행동의 다층적인 면을 종합적으로 보도록 돕습니다. 하지만 9가지나 되다 보니, 현장에서 바로 적용하기엔 다소 복잡하게 느껴질 수 있습니다. 그래서 BIT는 이를 더욱 단순화한 '실전 지도'를 내놓습니다.

8.4 실전 넛지를 위한 액션 플랜: EAST 프레임워크

EAST는 MINDSPACE의 정수를 뽑아, 어떤 행동을 유도하고 싶다면 그 행동을 쉽고(Easy), 매력적이고(Attractive), 사회적이고(Social), 시의적절하게(Timely) 만들라는 네 가지 원칙으로 압축한 것입니다.[5] B=MAP으로 행동의 장벽을 진단했다면, EAST는 그 장벽을 허물 구체적인 '공사 계획'인 셈이죠.

1. 쉽게 (Easy)

인간은 '인지적 구두쇠'입니다. 가장 적은 노력을 들일 수 있는 길을 택하죠. 행동을 유도하는 가장 확실한 방법은 그 과정의 모든 마찰, 즉 **슬러지(Sludge)**를 제거하는 것입니다.[6]

> **▣ 사례: 과테말라의 세금 신고 혁신**
>
> 과테말라 정부는 세금 신고 절차를 극도로 단순화했습니다. 복잡한 서류 대신 단 몇 개의 핵심 질문만 남기자, 자영업자들의 세금 신고율이 크게 증가했습니다. 이는 세금 회피가 '비도덕'해서가 아니라, 단순히 '어렵고 귀찮아서'였음을 보여줍니다.

> **▣ 한국 사례: 카카오뱅크의 3분 계좌 개설**
>
> 기존 은행의 계좌 개설은 방문 → 대기 → 서류 작성 → 상담 → 개설로 최소 30분이 걸렸습니다. 카카오뱅크는 이 과정을 스마트폰으로 3분 만에 끝낼 수 있도록 만들었죠. 복잡한 서류는 사진 촬영으로, 신분증 확인은 얼굴 인식으로 대체했습니다. 결과적으로 출시 첫해에 300만 명이 가입하는 폭발적 성장을 이뤘습니다.

2. 매력적으로 (Attractive)

우리는 제한된 주의력을 갖고 있습니다. 수많은 정보 속에서 사람들의 시선을 붙잡고 동기를 부여하려면 개입이 매력적이어야 합니다. 게임화(Gamification), 예상치 못한 보상, 개인화된 메시지 등이 강력한 도구가 됩니다.

▣ 사례: 스웨덴의 스피드 카메라 복권

스웨덴 스톡홀름에서는 과속 차량을 단속하기 위해 '스피드 카메라 복권'을 도입했습니다. 규정 속도를 지킨 운전자들의 번호판을 추첨하여, 과속 운전자들에게서 걷은 벌금을 상금으로 지급한 것입니다. 이 재미있는 아이디어는 해당 지역의 평균 속도를 22%나 감소시키는 놀라운 결과를 낳았습니다.[7]

▣ 한국 사례: "덕분에 챌린지"의 힘

코로나19 시기 한국에서는 "덕분에 챌린지"가 큰 화제를 모았습니다. 단순한 "사회적 거리두기를 지킵시다"라는 메시지 대신, 의료진에게 감사를 표하는 재미있는 동작을 SNS에 올리는 챌린지 형태로 만든 것이죠. 연예인부터 일반인까지 자발적으로 참여하며 방역 의식을 높이는 효과를 거뒀습니다.

3. 사회적으로 (Social)

우리는 사회적 동물입니다. 다른 사람의 행동과 기대에 엄청난 영향을 받습니다. 사회적 규범을 보여주거나, 약속을 활용하거나, 서로 영향을 주는 네트워크를 활용하는 것이 효과적입니다.

▣ 사례: 코스타리카의 물 절약 스티커

코스타리카의 한 마을에서는 물 부족 문제를 해결하기 위해, 물을 절약한 가구의 현관문에 파란색 물방울 모양의 스티커를 붙여주었습니다. 이는 금전적 보상보다 훨씬 효과적이었습니다. 스티커는 이웃에게 '나는 공동체를 위해 노력하는 사람'이라는 긍정적인 신호를 보내는 사회적 보상이 되었기 때문입니다.

▣ 한국 사례: 전기 고지서 이웃 비교

한국전력공사는 전기 고지서에 "우리 동네 평균 사용량"과 "절약 잘하는 가구 사용량"을 함께 표시하기 시작했습니다. "이웃들은 평균 250kWh를 사용하는데, 고객님은 320kWh를 사용하셨습니다"라는 정보 하나만으로도 많은 가구의 전력 사용량이 줄어드는 효과를 거뒀습니다. 사람들은 무의식적으로 '평균'에 맞추려는 경향이 있기 때문입니다.

4. 시의적절하게 (Timely)

같은 메시지라도 '언제' 전달되느냐에 따라 효과는 극적으로 달라집니다. 사람들은 결정을 내리는 순간, 혹은 기존의 습관이 깨지는 인생의 전환점(예: 이사, 출산, 이직)에 새로운 제안을 받아들일 가능성이 높습니다.

▣ 사례: Save More Tomorrow 프로그램

미국의 한 금융 서비스 회사는 고객들에게 은퇴 연금 가입을 권유할 때, '지금 당장' 시작하라고 하는 대신 '다음 월급 인상분부터 자동으로 저축을 시작하겠습니다'라고 제안했습니다. 미래의 일이라 심리적 저항이 적고, 월급날이라는 시의적절한 계기를 활용한 이 프로그램은 수백만 명의 저축액을 극적으로 늘렸습니다. [8]

8.5 사례 연구 1: EAST로 행동 바꾸다 - Opower 에너지 고지서

▣ Opower: 이웃과의 비교로 에너지를 절약하다

미국의 에너지 절약 회사 Opower는 EAST 프레임워크의 완벽한 실전 사례입니다.[9] 이들은 단순히 "에너지를 절약하세요"라고 말하는 대신, 고지서 디자인을 완전히 바꿨습니다.

Easy (쉽게):

- 복잡한 전력 사용량 데이터를 한눈에 볼 수 있는 그래프로 변환
- 구체적인 절약 팁을 고지서에 직접 포함
- "LED 전구로 바꾸면 월 15달러 절약"처럼 구체적인 행동 가이드 제시

Attractive (매력적으로):

- 일반적인 청구서 대신 친근한 디자인의 "에너지 리포트" 형태
- 시각적으로 아름다운 차트와 그래프 사용
- "Great!" "Good" 같은 긍정적인 피드백 메시지

Social (사회적으로):

- "이웃 평균 사용량"과 본인 사용량 비교
- "효율적인 이웃들" 사용량도 함께 제시
- 웃거나 찡그린 얼굴 이모티콘으로 사회적 승인/비승인 표현

Timely (시의적절하게):

- 기존 월 1회 고지서와 함께 발송 (새로운 습관 형성 불필요)
- 계절별 에너지 사용 패턴을 고려한 맞춤 조언
- 실시간 피드백이 아닌 정기적이고 일관된 정보 제공

결과: 2년간 27억 kWh 에너지 절약, 2억 달러 요금 절감

Opower 사례의 핵심은 EAST의 네 가지 원칙이 따로 놀지 않고 하나의 통합된 솔루션으로 작동했다는 점입니다. 각각의 원칙이 시너지를 내며 개별적으로는 불가능했을 큰 변화를 만들어낸 것이죠.

8.6 사례 연구 2: MINDSPACE로 복잡한 문제 해결 - 청년 실업

▣ 영국 청년 실업 문제: 복합적 넛지 전략

영국 정부는 심각한 청년 실업 문제를 해결하기 위해 MINDSPACE의 다양한 요소를 복합적으로 활용했습니다.[10] 단순히 "일자리를 더 만들겠다"는 정책 대신, 청년들의 구직 행동 자체를 바꾸는 데 집중했습니다.

Messenger (전달자):

- 정부 관료 대신 성공한 청년 기업가들이 멘토로 나서기
- 같은 지역 출신 롤모델들의 성공 스토리 활용
- 피어-투-피어(peer-to-peer) 상담 프로그램 도입

Incentives & Defaults (인센티브와 기본값):

- 실업급여 신청 시 자동으로 직업 훈련 프로그램 등록 (옵트아웃 방식)
- "실업급여를 덜 받겠다" 대신 "취업 시 보너스를 받겠다"로 프레이밍
- 단기적 손실보다 장기적 이득 강조

Norms & Social (규범과 사회적 영향):

- "우리 지역 청년의 85%가 6개월 내 취업에 성공했습니다" 메시지
- 구직 활동을 개인의 고립된 경험에서 집단의 공동 도전으로 재프레이밍
- 구직자들끼리 진도를 공유하는 온라인 커뮤니티 구축

Commitments (약속):

- 구직자가 스스로 "이번 주 목표"를 설정하고 서명하게 하기
- 가족이나 친구에게 본인의 구직 계획을 공개적으로 선언하도록 독려
- 작은 약속부터 시작해서 점진적으로 큰 목표로 확장

Salience & Priming (돌출성과 점화효과):

- 구직 센터를 밝고 현대적인 "기회의 공간"으로 재디자인
- 벽에 성공 스토리와 긍정적인 메시지 배치
- 절망적인 분위기 대신 희망과 가능성을 연상시키는 환경 조성

결과:

- 6개월 내 취업률 15% 증가
- 구직 활동 지속 기간 평균 2개월 단축
- 프로그램 만족도 85% 이상
- 정책 비용 대비 효과 기존 대비 3배 향상

이 사례는 MINDSPACE의 진정한 힘을 보여줍니다. 하나의 도구만으로는 해결할 수 없는 복잡한 사회 문제도, 여러 심리적 요인을 종합적으로 고려하면 효과적으로 접근할 수 있다는 것입니다. 중요한 것은 각 요소가 서로 상충하지 않고 일관된 방향으로 작용하도록 설계하는 것입니다.

8.7 당신의 넛지 디자인 워크숍: 일상의 문제 해결하기

이제 당신이 직접 넛지 설계자가 되어볼 시간입니다. 우리 주변의 작은 문제를 B=MAP과 EAST를 활용해 해결하는 과정을 연습해 봅시다.

▣ 실습 주제: "자기 전 스마트폰 줄이고 책 읽기"

1단계: 행동 진단 (B=MAP)

- **현재 행동:** 자기 전 습관적으로 스마트폰을 본다
- **목표 행동:** 자기 전 15분간 책을 읽는다
- **왜 목표 행동이 일어나지 않을까?**

동기(Motivation): 책 읽기의 즐거움(장기적 보상)보다 스마트폰의 즉각적인 재미(단기적 보상)가 더 크다.

능력(Ability): 스마트폰은 항상 손안에 있지만, 책은 찾아서 불을 켜고 읽어야 한다. 즉, 책 읽기가 스마트폰보다 '어렵다'.

계기(Prompt): 침대에 누우면 스마트폰을 확인하라는 강력한 습관적 계기가 작동한다. 책을 읽으라는 계기는 없다.

2단계: 넛지 설계 (EAST)

Easy (쉽게):

- 마찰 줄이기: 침대 머리맡에 읽을 책과 작은 스탠드를 항상 비치해 둔다
- 슬러지 더하기: 스마트폰을 침실 밖에 두고 충전한다

Attractive (매력적으로):

- 보상 설계: 책 읽기 목표를 달성한 날에는 달력에 좋아하는 스티커를 붙인다 (작은 성공의 시각화)
- 재미 추가: 지루한 책 대신 흥미진진한 소설이나 만화책으로 시작한다

Social (사회적으로):

- 약속 활용: 가족이나 친구에게 "오늘부터 자기 전 책 읽기 챌린지를 시작한다"고 공개적으로 선언한다
- 네트워크 활용: 함께 챌린지를 진행할 독서 파트너를 구하고 서로 진행 상황을 공유한다

Timely (시의적절하게):

- 계기 만들기: 잠자리에 들기 30분 전에 "책 읽을 시간!"이라는 알람을 설정한다
- 순간 포착: 스마트폰을 보고 싶은 충동이 드는 바로 그 순간, 손만 뻗으면 닿는 곳에 책이 있도록 환경을 설계한다

이처럼 거창한 계획이 아니더라도, 행동이 일어나는 **환경을 조금만 재설계**하는 것만으로도 우리는 어제보다 나은 선택을 하는 스스로를 발견하게 될 것입니다. 당신은 이미 당신 삶의 가장 뛰어난 **선택 설계자**입니다.

나만의 넛지 워크숍

다음 중 하나를 선택해서 직접 설계해보세요:

- **운동 습관:** "주 3회 운동하기"를 B=MAP과 EAST로 설계
- **건강한 식습관:** "금요일 야식 줄이기"를 넛지로 해결
- **환경 보호:** "일회용품 사용 줄이기"를 실천 가능한 시스템으로
- **생산성 향상:** "미루는 습관 고치기"를 단계별로 접근

각 주제를 B=MAP으로 진단하고, EAST로 해결책을 설계해보세요. 가장 중요한 것은 **"나도 할 수 있겠다"**는 느낌이 드는 현실적인 방법을 찾는 것입니다.

8장을 마무리하며

이 장에서 우리는 넛지 설계의 두 가지 강력한 도구를 배웠습니다. B=MAP으로 행동의 원인을 정확히 진단하고, MINDSPACE로 인간 심리의 다양한 측면을 종합적으로 고려하며, EAST로 실제 현장에서 작동하는 해결책을 만들어내는 방법을 익혔죠.

중요한 것은 이 모든 도구들이 **사람을 '고치려' 하는 것이 아니라**, 사람들이 더 나은 선택을 할 수 있도록 '**환경을 설계**'한다는 점입니다. 우리는 모두 일상에서 수많은 선택 설계자입니다. 다음 장에서는 이러한 넛지가 어떻게 우리의 습관으로 자리 잡고, 지속 가능한 행동 변화로 이어지는지 살펴보겠습니다.

"이제 여러분도 세상을 더 나은 방향으로 넛지할 준비가 되었습니다."

■ 핵심 용어

B=MAP 모델: 행동(Behavior)은 동기(Motivation), 능력(Ability), 계기(Prompt)가 동시에 충족될 때 일어난다는 행동 발생 원리 모델입니다.

MINDSPACE: 영국 행동 통찰팀이 정책 설계를 위해 개발한, 인간 행동에 영향을 미치는 9가지 심리적 요인(전달자, 인센티브, 규범, 디폴트, 돌출성, 점화 효과, 감정, 약속, 자아)을 정리한 프레임워크입니다.

EAST 프레임워크: MINDSPACE를 실용적으로 압축한 4가지 행동 유도 원칙입니다. 쉽게(Easy), 매력적으로(Attractive), 사회적으로(Social), 시의적절하게(Timely) 만들라는 지침을 제시합니다.

슬러지(Sludge): 사람들이 좋은 선택을 하는 것을 방해하는 모든 종류의 '마찰'입니다. 복잡한 절차, 숨겨진 정보, 불필요한 노력 등을 포함합니다.

행동 통찰팀(Behavioural Insights Team, BIT): 영국 정부에서 설립한 세계 최초의 정부 차원 넛지 부서로, 행동과학을 정책에 적용하는 연구와 실험을 수행합니다.

■ 더 깊이 생각해보기

1. 우리 주변의 슬러지 찾아보기

이번 주에 여러분이 경험한 불편한 절차나 복잡한 과정들을 기록해보세요. 온라인 쇼핑, 은행 업무, 대학 행정 등에서 불필요한 '슬러지'가 있었나요? 어떻게 개선할 수 있을까요?

2. EAST 원칙 적용 실험

가족이나 친구들과 함께 작은 행동 변화 실험을 해보세요. "설거지 바로 하기", "일찍 자기" 같은 간단한 목표를 EAST 원칙으로 설계하고 1주일간 실행해보세요.

3. 사회적 규범의 힘 관찰하기

다양한 공간(지하철, 카페, 도서관)에서 사람들이 어떤 '보이지 않는 규칙'을 따르는지 관찰해보세요. 이런 사회적 규범을 선한 목적으로 활용할 방법은 없을까요?

4. 토론 주제: 넛지의 윤리

정부나 기업이 MINDSPACE와 EAST를 활용해 시민이나 고객의 행동을 유도하는 것이 윤리적으로 괜찮을까요? 선한 목적이라면 어디까지 허용되어야 할까요?

[참고문헌]

[1] Behavioural Insights Team. (2010). *About BIT.* 영국 정부에서 설립한 세계 최초의 정부 차원 넛지 부서로, 현재는 독립 기관으로 운영되며 전 세계 정책에 행동과학을 적용하고 있습니다.

[2] Fogg, B. J. (2019). *Tiny Habits: The Small Changes That Change Everything.* Houghton Mifflin Harcourt. B=MAP 모델의 창시자가 행동 변화의 과학적 원리와 실전 적용법을 상세히 설명한 필독서입니다.

[3] Dolan, P., Hallsworth, M., Halpern, D., King, D., & Vlaev, I. (2010). *MINDSPACE: Influencing behaviour through public policy.* Institute for Government. 정책 설계에 활용할 수 있는 9가지 심리적 요인을 체계화한 영국 정부의 공식 보고서입니다.

[4] Berger, J., Meredith, M., & Wheeler, S. C. (2008). Contextual priming: Where people vote affects how they vote. *Proceedings of the National Academy of Sciences*, 105(26), 8846-8849. 투표소 위치가 투표 행동에 미치는 점화 효과를 실증한 연구입니다.

[5] Behavioural Insights Team. (2014). *EAST: Four simple ways to apply behavioural insights.* BIT에서 발표한 EAST 프레임워크의 원본 보고서로, 전 세계 정책 입안자들이 가장 많이 참조하는 넛지 실전 가이드입니다.

[6] Sunstein, C. R. (2020). *Sludge: What Stops Us from Getting Things Done and What to Do about It.* The MIT Press. 슬러지 개념을 학술적으로 정립하고 다양한 사례와 해결 방안을 제시한 책입니다.

[7] The Fun Theory. (2009). *The Speed Camera Lottery.* Volkswagen Initiative. 스웨덴의 스피드 카메라 복권 실험을 기록한 영상 자료로, 재미있는 넛지의 대표 사례입니다.

[8] Thaler, R. H., & Benartzi, S. (2004). Save More Tomorrow™: Using behavioral economics to increase employee saving. *Journal of Political Economy*, 112(S1), S164-S187. 시간 선택과 자동화를 활용한 저축 프로그램의 설계와 성과를 분석한 논문입니다.

[9] Allcott, H. (2011). Social norms and energy conservation. *Journal of Public Economics*, 95(9-10), 1082-1095. Opower의 에너지 절약 프로그램이 사회적 규범을 활용해 거둔 성과를 실증 분석한 연구입니다.

[10] Behavioural Insights Team. (2016). *Applying behavioural insights to reduce fraud, error and debt*. Cabinet Office. 영국 정부가 MINDSPACE를 활용해 청년 실업 문제에 접근한 사례를 담은 정책 보고서입니다.

제9장

의지력 배터리를 아끼는 가장 우아한 방법

(행동을 자동화하는 습관 설계)

"왜 새해 다짐은 1월 10일이면 잊혀질까요?"
의지력이 아닌, 시스템을 설계하는 시간입니다.

9.1 의지력이라는 착각: '더 노력하는 것'이 잘못된 설계인 이유

1월 1일, 새해가 밝자마자 야심 차게 헬스클럽 회원권을 끊습니다. 아침 6시 알람을 맞추고, 운동복을 침대 맡에 정리해놓죠. 첫 며칠은 활활 타오르는 '의지력'으로 새벽같이 일어나 운동을 합니다. 그런데 일주일, 이주일이 지나면 어떻게 될까요?

의지력이라는 배터리는 금세 방전되고, 우리는 다시 '5분만 더'를 외치며 이불 속으로 파고듭니다. 그리고 많은 사람들이 이러한 실패를 개인의 의지박약이나 나약함의 증거로 여기며 자책합니다. 하지만 정말 그럴까요?

행동과학의 관점에서 보면, 이는 성격의 문제가 아니라 **잘못된 시스템 설계**의 문제입니다. 우리의 이성적인 기수(시스템 2)가 쓸 수 있는 정신적 에너지는 스마트폰 배터리처럼 유한한 자원입니다[1]. 아침에 무슨 옷을 입을지, 점심으로 뭘 먹을지 같은 사소한 결정부터 중요한 업무 보고까지, 우리는 하루에도 수백 번씩 의지력 배터리를 소모합니다.

정작 중요한 목표에 써야 할 에너지가 남아나지 않는 것이죠. 따라서 변화를 위한 가장 효과적인 접근은 이 한정된 자원을 쥐어짜며 '더 노력하는 것'이 아닙니다. 애초에 의지력이 거의 필요 없는 시스템을 설계하는 것입니다.

바로 이때, 우리의 삶을 지탱해주는 영웅이 등장합니다. 하루 행동의 40% 이상을 책임지는 강력한 자동화 프로그램인 **습관(Habit)**입니다[2]. 습관은 의지력이라는 귀한 자원을 아껴주는 우리 뇌의 가장 위대한 발명품입니다.

의지력 vs 습관: 에너지 사용량 비교

- **의지력 기반 행동:** 매번 결정이 필요 → 높은 에너지 소모 → 쉽게 지침
- **습관 기반 행동:** 자동적 실행 → 거의 에너지 소모 없음 → 지속 가능
- **예시:** 양치질을 할 때 "해야 하나?"라고 고민하는 사람은 없습니다. 이미 완벽한 습관이니까요.

9.2 습관의 청사진: 모든 행동을 해부하는 세 가지 열쇠

어떤 습관이든, 그것이 좋은 것이든 나쁜 것이든, 그 내부에는 동일한 작동 원리가 숨어있습니다. 베스트셀러 『습관의 힘』 의 저자 찰스 두히그(Charles Duhigg)는 모든 습관이 세 가지 요소로 이루어진 **습관의 고리(The Habit Loop)**를 따른다고 설명합니다[3].

이 고리는 우리가 기존 습관을 진단하고 새로운 습관을 설계하기 위한 필수적인 '청사진'입니다:

- **1. 신호(Cue):** 뇌에게 '자동 모드로 전환하라'고 명령하는 방아쇠입니다. 특정 시간, 장소, 감정 상태, 혹은 앞선 행동이 신호가 될 수 있습니다.
- **2. 반복 행동(Routine):** 신호에 의해 촉발되는 구체적인 행동, 즉 습관의 몸통 부분입니다.
- **3. 보상(Reward):** 반복 행동이 끝난 뒤 뇌가 얻는 긍정적인 느낌입니다. 뇌는 이 보상을 통해 '이 행동 순서는 기억할 만하다'고 학습하고, 습관의 고리를 강화합니다.

▣ 펩소던트 치약: 미국인의 양치질 습관을 만든 천재적 설계

1900년대 초, 대부분의 미국인들은 양치질을 하지 않았습니다. 수많은 치약 회사들이 '건강'을 내세웠지만 실패했죠. 이때 광고인 클로드 홉킨스(Claude Hopkins)는 '펩소던트' 치약을 위해 새로운 습관의 고리를 '발명'했습니다[4].

1단계 - 신호 만들기:

홉킨스는 먼저 사람들이 쉽게 느낄 수 있는 신호를 만들어냈습니다. 바로 "혀로 치아를 문질러보세요. 얇은 막(film)이 느껴지시죠?"라는 광고 문구였습니다. 사실 이 필름은 누구에게나 자연스럽게 생기는 것이었지만, 홉킨스는 이것이 반드시 제거해야 할 나쁜 것이라는 인식을 심어주었습니다.

2단계 - 행동 연결하기:

이제 사람들은 아침마다 무의식적으로 필름을 확인하게 되었습니다(신호). 그리고 펩소던트로 양치질을 합니다(반복 행동).

3단계 - 보상 설계하기:

홉킨스의 진짜 천재성은 보상 설계에 있었습니다. 그는 치아 건강과 무관한 민트 오일 등을 첨가해, 양치 후 입안에 얼얼하고 '상쾌한 느낌'을 남겼습니다. 사람들은 이 상쾌함을 '이가 깨끗해졌다'는 증거로 느끼기 시작했고, 뇌는 이 기분 좋은 보상을 갈망하게 되었습니다.

결과: '치아 필름(신호) → 양치(반복 행동) → 상쾌함(보상)'이라는 강력한 고리가 탄생했고, 양치질은 미국의 국민적 습관이 되었습니다.

이처럼 습관의 고리는 기존 행동을 분석하는 강력한 진단 도구입니다. 하지만 우리가 새로운 습관을 '처음부터' 만들고자 할 때, 이 청사진만으로는 부족합니다. 이제 우리는 직접 행동을 건설할 수 있는 세 가지 강력한 과학적 도구를 만나보겠습니다.

9.3 과학자의 도구: '만약-그러면' 계획으로 행동을 예약하는 법

"운동을 더 해야지", "영어 공부를 시작해야지"와 같은 막연한 다짐은 왜 항상 실패로 끝날까요? 독일의 심리학자 피터 골비처(Peter Gollwitzer)는 그 이유를 우리가 행동을 시작하는 데 가장 큰 장애물인 '망각'과 '주저함'에서 찾습니다[5].

우리는 바쁜 일상 속에서 목표를 잊어버리거나, 막상 행동해야 할 순간이 왔을 때 "지금 할까, 나중에 할까?"라며 망설이다 기회를 놓쳐버립니다.

골비처는 이 문제를 해결하기 위해 놀랍도록 간단하면서도 강력한 도구를 제안합니다. 바로 **실행 의도(Implementation Intentions)**입니다. 이 기법의 핵심은 "나는 X를 하겠다"는 막연한 목표를 "만약(IF) Y라는 상황이 발생하면, 그러면(THEN) Z라는 행동을 하겠다"는 구체적인 계획으로 바꾸는 것입니다.

목표 의도 vs 실행 의도

- **목표 의도:** "퇴근 후에 운동을 해야겠다."
- **실행 의도:** "만약(IF) 내가 퇴근 후 현관문을 열고 들어오면, 그러면(THEN) 곧바로 운동복으로 갈아입겠다."

이 **'만약-그러면' 계획**은 단순한 다짐 이상의 심리적 메커니즘을 작동시킵니다. 이 계획을 세우는 행위 자체가 우리 뇌 속에 '만약'에 해당하는 상황적 신호(현관문을 여는 것)와 '그러면'에 해당하는 행동(운동복으로 갈아입는 것) 사이에 강력한 정신적 연결고리를 만듭니다.

우리는 이성적인 기수(시스템 2)를 사용해 스트레스가 없는 차분한 상태에서 미리 행동 규칙을 프로그래밍해두는 셈입니다. 그 결과, 막상 그 상황이 닥쳤을 때, 우리의 뇌는 더 이상 "피곤한데 쉴까?"라며 의지력을 소모하는 토론을 벌이지 않습니다. 대신, 마치 자동 프로그램처럼 신호를 감지하고 예약된 행동을 즉각적으로 실행합니다.

이 간단한 **인지적 '예약'의 효과**는 엄청납니다. 수많은 연구에서 실행 의도를 세운 그룹은 그렇지 않은 그룹에 비해 목표 달성률이 2~3배나 높게 나타났습니다[6].

▣ 스마트폰 시대의 실행 의도: 루틴 앱의 진화

2024년 현재, 우리는 골비처의 실행 의도를 디지털로 구현할 수 있는 놀라운 도구들을 갖게 되었습니다. iOS의 '단축어(Shortcuts)' 앱과 안드로이드의 'Bixby 루틴', '구글 어시스턴트 루틴' 등이 그것입니다[7].

실제 활용 사례:

- **IF:** 퇴근 시간(오후 6시) + 집 위치 도착
- **THEN:** 자동으로 운동 음악 재생 + 조명을 운동 모드로 변경 + "운동 시간입니다" 알림

한국의 20대 직장인 김민수 씨는 이 기능을 활용해 6개월 동안 홈트레이닝을 빠뜨리지 않고 있다고 합니다. "휴대폰이 알아서 운동 환경을 만들어주니까, 정말 자연스럽게 운동하게 돼요. 의지력이 필요 없어졌어요."

9.4 전략가의 도구: '해야 할 일'을 '하고 싶은 일'로 바꾸는 마법

운동, 청소, 밀린 업무 처리. 이런 '해야 할 일(shoulds)'들은 대부분 그 보상이 먼 미래에 있습니다. 건강, 깨끗한 환경, 성공적인 경력 등은 당장 손에 잡히지 않죠. 반면, 넷플릭스 시청, 맛있는 디저트 먹기 같은 '하고 싶은 일(wants)'들은 즉각적인 즐거움을 줍니다.

우리의 뇌는 본능적으로 먼 미래의 큰 보상보다 눈앞의 작은 즐거움을 선호하는 **현재 편향(Present Bias)**을 가지고 있습니다[8]. 이것이 우리가 끊임없이 미루는 이유입니다.

펜실베니아 대학교의 행동경제학자 케이티 밀크먼(Katy Milkman)은 이 현재 편향과 싸우는 대신, 오히려 그것을 역이용하는 기발한 전략을 제안합니다. 바로 **유혹 묶기 (Temptation Bundling)**입니다[9]. 이 전략은 죄책감이 들지만 즐거운 **'하고 싶은 일'을, 유익하지만 하기 싫은 '해야 할 일'과 묶어**버리는 것입니다.

▣ 헝거게임을 헬스장에서만: 유혹 묶기의 실험

밀크먼은 자신의 연구에서 참가자들에게 매우 흥미진진한 오디오북(예: 『헝거게임』)을 제공했습니다. 한 그룹은 이 오디오북을 오직 헬스장에서 운동하는 동안에만 들을 수 있도록 제한했습니다[10].

결과는 놀라웠습니다:

이 '유혹 묶기' 그룹은 통제 그룹에 비해 헬스장 방문 횟수가 무려 51%나 증가했습니다. 헬스장에 가는 것이 더 이상 '운동해야 하는 고통'이 아니라, '오디오북 다음 편을 들을 수 있는 즐거움'으로 재정의되었기 때문입니다.

참가자 후기:

"책이 너무 재미있어서 다음 내용이 궁금해 죽겠는데, 헬스장에서만 들을 수 있으니까 어쩔 수 없이 가게 되더라고요. 그런데 신기하게도, 운동하는 동안 시간이 빨리 가고, 운동 자체도 덜 힘들게 느껴졌어요."

이 전략은 습관의 고리에서 '보상' 부분을 천재적으로 해킹합니다. 지루한 행동에 즉각적이고 강력한 보상을 결합함으로써, 뇌가 그 행동 자체를 갈망하게 만듭니다.

당신만의 유혹 묶기 아이디어

- "가장 좋아하는 팟캐스트는 설거지할 때만 듣는다"
- "죄책감 드는 리얼리티 TV 쇼는 러닝머신 위에서만 본다"

- "좋아하는 카페 음료는 도서관에서 공부할 때만 마신다"
- "새로 나온 게임은 숙제를 다 끝낸 후에만 한다"

▣ 코로나 시대의 유혹 묶기: 재택근무 습관 혁신

2020년 코로나19로 인한 재택근무가 확산되면서, 많은 직장인들이 집중력 저하와 운동 부족을 경험했습니다. 이때 등장한 것이 '넷플릭스 운동 연동 서비스'들입니다[11].

작동 원리:

스테이션너리 바이크나 러닝머신에 태블릿을 연결하고, 운동 속도나 강도에 따라 넷플릭스 영상의 재생 속도가 조절됩니다. 운동을 멈추면 영상도 멈춥니다. 즉, 보고 싶은 드라마를 보려면 반드시 운동을 해야 하는 시스템입니다.

사용자 김O영 씨(31세, 마케터)의 후기:

"처음에는 억지로 시작했는데, 3주 정도 지나니까 드라마 보는 시간이 곧 운동 시간이라는 걸 당연하게 받아들이게 되더라고요. 이제는 운동 안 하고 드라마 보는 게 오히려 어색해요."

9.5 디자이너의 도구: 기존의 일상에 새로운 행동을 연결하는 기술

새로운 습관을 만들 때 가장 어려운 점 중 하나는 그 행동을 촉발할 '신호(Cue)'를 만드는 것입니다. 알람을 맞추거나 메모를 붙여두지만, 금세 무시하기 일쑤죠. 스탠퍼드 대학의 행동 설계 전문가 BJ 포그(B.J. Fogg)는 완전히 새로운 신호를 만드는 대신, 이미 우리 뇌에 깊숙이 각인된 기존의 습관을 새로운 행동의 '**앵커(anchor)**'로 활용하는 방법을 제안합니다[12].

제임스 클리어(James Clear)는 이를 **습관 쌓기(Habit Stacking)**라는 이름으로 대중화했습니다. 이 기술의 공식은 지극히 단순하지만 강력합니다:

"[기존 습관]을 한 후에, [새로운 습관]을 할 것이다"

이 방법이 효과적인 이유는 우리 뇌의 작동 방식에 있습니다. 아침에 일어나 양치질을 하고 커피를 내리는 것과 같은 기존 습관들은 수년간의 반복을 통해 강력한 신경 경로를 형성해 두었습니다. 습관 쌓기는 이 고속도로에 새로운 진입로를 연결하는 것과 같습니다.

이미 존재하는 강력한 신호를 활용하기 때문에, 새로운 행동을 기억해내기 위해 의지력을 쓸 필요가 없습니다. 기존 습관이 끝나면 다음 행동이 자연스럽게 연상되는 것입니다.

표 9-1: 내 삶을 디자인하는 습관 쌓기 캔버스

시간대	기존 습관 (앵커)	새로운 작은 습관	확장 가능성
아침	커피를 내린 후	1분간 명상하기	→ 그날의 할 일 목록 작성
출퇴근	지하철에 탑승한 후	팟캐스트 10분 듣기	→ 책 5페이지 읽기
업무	점심 식사를 마친 후	물 한 잔 마시기	→ 오후 업무 계획 2분 검토
저녁	저녁 식사를 마친 후	식기세척기에 접시 넣기	→ 싱크대 주변 정리하기

▣ 한국 직장인들의 습관 쌓기 성공사례

2023년 한 직장인 커뮤니티에서 '습관 쌓기 챌린지'가 인기를 끌었습니다. 참가자들이 가장 성공률이 높았던 습관 조합들을 살펴보겠습니다[13].

1위: 커피 내린 후 → 물 한 잔 마시기 (성공률 89%)

"아침에 커피를 내리는 건 이미 완전 자동화된 행동이에요. 거기에 물 한 잔 마시기를 붙이니까 정말 자연스럽게 되더라고요. 3주 만에 하루 물 섭취량이 2배로 늘었어요."

2위: 엘리베이터 기다리며 → 스트레칭 1분 (성공률 76%)

"엘리베이터 오기까지 어차피 기다려야 하는 시간이니까 목과 어깨 돌리는 스트레칭을 해요. 동료들도 따라하기 시작했어요."

3위: 퇴근 후 현관문 열면 → 바로 운동복 갈아입기 (성공률 68%)

"집에 들어가자마자 소파에 앉으면 끝이에요. 그래서 현관에서 바로 운동복으로 갈아입는 규칙을 만들었더니, 홈트레이닝을 꾸준히 할 수 있게 됐어요."

습관 쌓기는 새로운 행동을 일상의 흐름 속에 매끄럽게 통합시키는 가장 실용적인 디자인 기술입니다. 핵심은 새로운 습관을 아주 작게 시작하여 성공 경험을 쌓는 것입니다.

9.6 사례 연구 1: 보이지 않는 신호로 행동 유도하기

▣ 흡연 구역의 노란 선: 발자국이 만든 질서

서울시 일부 대형 빌딩과 지하철역에서 흥미로운 실험이 진행되었습니다. 흡연 구역에 단순히 "금연" 표지판을 세우는 대신, 바닥에 노란색 발자국 모양의 스티커를 붙인 것입니다[14].

설계 원리:

- **신호(Cue):** 노란 발자국 스티커가 "여기에 서세요"라고 시각적으로 안내
- **행동(Routine):** 사람들이 자연스럽게 발자국 위에 서서 흡연
- **보상(Reward):** 다른 사람들과의 동조감, 질서정연한 느낌

결과:

6개월 후 관찰 결과, 흡연자들의 85%가 발자국 스티커 위치에서 흡연했으며, 담배꽁초 무단투기율도 42% 감소했습니다. 강압적인 금지보다 부드러운 유도가 더 효과적임을 보여주는 사례입니다.

흡연자 인터뷰:

"별거 아닌 것 같은데, 발자국이 있으면 자연스럽게 그 위에 서게 되더라고요. 다른 사람들도 다 그렇게 하니까 괜히 내가 다른 곳에 서기가 어색해져요."

9.7 사례 연구 2: 멈출 수 없게 만드는 습관 설계의 비밀 - 양날의 검

"5분만 봐야지" 하고 인스타그램을 켰다가, 정신을 차려보면 1시간이 훌쩍 지나 있는 경험. 이는 우리의 의지력이 약해서가 아닙니다. 소셜미디어 앱은 바로 이 습관 설계 원리를 가장 정교하게 활용하여 우리의 행동을 조종하기 때문입니다.

▣ 소셜미디어의 훅 모델: 멈출 수 없는 무한 스크롤의 비밀

스탠퍼드 대학교 출신 기업가 니르 이얄(Nir Eyal)은 그의 저서 『훅(Hooked)』에서 사용자를 묶어두는 제품들이 **훅 모델(Hooked Model)**이라는 4단계 과정을 따른다고 분석합니다[15].

1단계 - 계기(Trigger):

휴대폰 화면의 빨간 알림 배지, 심심하거나 외로운 감정 등이 앱을 켜도록 유도합니다. 인스타그램, 틱톡, 유튜브는 우리의 감정 상태를 파악해 가장 취약한 순간에 알림을 보냅니다.

2단계 - 행동(Action):

앱을 켜고 엄지손가락으로 화면을 쓸어내리는 '무한 스크롤'입니다. 이 행동은 극도로 단순해서 거의 노력이 들지 않습니다. 아기도 할 수 있을 만큼 쉽습니다.

3단계 - 가변적 보상(Variable Reward):

훅 모델의 핵심 엔진입니다. 스크롤을 내릴 때마다 다음에 무엇이 나올지 예측할 수 없습니다. 친구의 멋진 사진, 웃긴 영상, 혹은 무의미한 광고가 나올 수도 있죠. 이는 버튼을 누를 때마다 다른 결과가 나오는 슬롯머신과 정확히 같은 원리입니다.

예측 불가능성은 우리 뇌의 도파민 회로를 가장 강력하게 자극하여 짜릿한 기대감을 만들고, 행동을 멈출 수 없게 만듭니다.

4단계 - 투자(Investment):

사용자가 '좋아요'를 누르거나, 댓글을 달거나, 사진을 올리는 모든 행위는 플랫폼에 대한 작은 '투자'입니다. 이 투자는 미래에 더 많은 보상(알림, 반응)을 가져올 것이라는 기대를 만들고, 다음 계기를 위한 장치를 심어놓습니다.

현실적 영향:

2024년 한국인터넷진흥원 조사에 따르면, 한국인의 일일 평균 스마트폰 사용 시간은 3시간 17분이며, 이 중 소셜미디어가 45%를 차지합니다. 대학생들의 경우 하루 평균 150회 이상 휴대폰을 확인한다고 합니다[16].

이처럼 강력하게 설계된 습관의 고리 때문에, 우리는 이성적인 기수(시스템 2)가 '이제 그만해야 해'라고 외쳐도, 즉각적이고 예측 불가능한 보상을 갈망하는 코끼리(시스템 1)의 힘에 이끌려 무한 스크롤을 멈추기 어렵게 되는 것입니다.

디지털 웰빙을 위한 역설계 전략

- **계기 차단:** 알림을 끄고, 앱 아이콘을 홈 화면에서 제거
- **행동 방해:** 앱에 비밀번호나 시간 제한 설정
- **대체 보상:** 스마트폰 대신 책이나 운동으로 즉각적 만족 얻기
- **투자 줄이기:** 자동 로그인 해제, 개인 정보 최소화

이는 습관 설계가 개인의 삶을 향상시키는 도구일 뿐만 아니라, 사용자를 착취하는 무기가 될 수도 있음을 보여주는 강력한 사례입니다. 우리는 이 원리를 이해함으로써 더 현명한 선택을 할 수 있습니다.

9.8 내 행동의 설계자가 되다

우리는 이 장에서 의지력이라는 한정된 자원에 기대는 대신, 행동을 자동화하는 세 가지 강력한 설계 도구를 배웠습니다. 시작하는 관성을 이겨내는 **'만약-그러면' 계획(실행 의도)**, 하기 싫은 일에 동기를 부여하는 **유혹 묶기**, 그리고 새로운 행동을 일상에 안착시키는 **습관 쌓기**가 그것입니다.

이 도구들은 단순히 몇 가지 팁이 아닙니다. 이것은 우리가 우리 자신의 행동을 바라보는 관점을 근본적으로 바꾸는 새로운 렌즈입니다. 우리는 더 이상 내면의 의지력을 탓하며 자책하는 수동적인 희생자가 아닙니다.

우리는 자신의 인지적 특성을 이해하고, 환경과 시스템을 디자인하여 원하는 행동을 이끌어내는 능동적인 **'내 행동의 설계자'**가 될 수 있습니다. 그리고 이것이 바로 넛지와

디자인 씽킹이 만나는 지점입니다.

디자인 씽킹이 "사람들이 정말로 원하는 것이 무엇인가?"라는 질문으로 시작한다면, 넛지는 "어떻게 하면 그들이 자연스럽게 그 방향으로 행동하게 할 수 있을까?"라는 답을 제시합니다. 습관 설계는 이 두 가지를 연결하는 강력한 다리인 셈입니다.

시민을 위한 미니 워크숍

워크숍 1: 7일 습관 실험

다음 중 하나를 선택해 7일간 실행해보세요:
① 실행 의도: "만약 ___하면, 그러면 ___하겠다"
② 유혹 묶기: "___는 ___할 때만 한다"
③ 습관 쌓기: "___한 후에, ___을 한다"

워크숍 2: 습관 설계 친구 찾기

가족이나 친구와 함께 습관 설계를 시작해보세요. 서로의 진행 상황을 공유하고 격려하는 것만으로도 성공률이 2배 이상 높아집니다.

워크숍 3: 나만의 습관 쌓기 캔버스 작성

표 9-1을 참고해 당신의 하루 일과에서 가장 확실한 기존 습관 3가지를 찾아보세요. 그 습관들 뒤에 연결할 수 있는 작은 새로운 행동들을 생각해보고, 1주일 동안 실험해보세요.

9장을 마무리하며

이 장에서 우리는 의지력의 한계를 인정하고, 대신 습관이라는 자동화 시스템을 활용하는 방법을 배웠습니다. 중요한 것은 이 모든 원리가 우리 주변에서 이미 작동하고 있다는 점입니다.

이제 여러분은 소셜미디어의 훅을 간파할 수 있고, 동시에 그 원리를 선한 목적으로 활용할 수도 있습니다. 습관 설계는 양날의 검이지만, 그 힘을 이해하는 사람만이 진정한 자유를 얻을 수 있습니다.

*"오늘부터 여러분의 습관을 직접 설계해보세요.
작은 변화가 큰 혁신을 만들어낼 것입니다."*

■ 핵심 용어

습관의 고리(Habit Loop): 모든 습관이 따르는 신호(Cue) → 반복 행동(Routine) → 보상(Reward)의 3단계 구조입니다. 찰스 두히그가 제시한 개념으로, 기존 습관을 분석하고 새로운 습관을 설계하는 데 활용됩니다.

실행 의도(Implementation Intentions): "만약(IF) ~하면, 그러면(THEN) ~하겠다"는 형식으로 행동 계획을 구체화하여, 목표와 행동 사이의 연결고리를 강화하고 자동적인 행동 실행을 촉진하는 인지 전략입니다.

유혹 묶기(Temptation Bundling): 즉각적인 만족을 주는 '하고 싶은 일(want)'과 장기적으로 유익하지만 하기 싫은 '해야 할 일(should)'을 결합하여, '해야 할 일'에 대한 동기를 즉각적으로 높이는 전략입니다.

습관 쌓기(Habit Stacking): 이미 존재하는 습관을 신호로 삼아 그 위에 새로운 습관을 쌓는 방법입니다. "[기존 습관] 후에, [새로운 습관]을 하겠다"는 공식을 사용합니다.

훅 모델(Hooked Model): 사용자를 제품에 지속적으로 참여시키는 4단계 모델로, 계기(Trigger) → 행동(Action) → 가변적 보상(Variable Reward) → 투자(Investment)의 순환 구조를 갖습니다.

■ 더 깊이 생각해보기

1. 나의 첫 '만약-그러면' 계획 만들기

당신이 계속 미루고 있는 중요한 일은 무엇인가요? 그 일을 시작하기 위한 구체적인 시간과 장소를 정해 "만약 [예: 퇴근 후 집에 도착하면], 그러면 [예: 운동화 끈부터 묶겠다]" 형식으로 문장을 완성해보세요.

2. 나만의 '유혹 묶음' 디자인하기

당신이 즐기는 '죄책감 드는 즐거움(want)'은 무엇인가요? (예: 특정 드라마 시청) 당신이 해야만 하는 '의무(should)'는 무엇인가요? (예: 실내 자전거 타기) 이 둘을 어떻게 묶을 수 있을지 규칙을 만들어보세요.

3. 습관 쌓기 캔버스 작성하기

당신의 하루 일과에서 가장 확실한 기존 습관 3가지를 찾아보세요. 그 습관들 뒤에 연결할 수 있는 작은 새로운 행동들을 생각해보고, 1주일 동안 실험해보세요.

4. 디지털 습관 진단하기

당신의 스마트폰 사용 패턴을 분석해보세요. 어떤 앱에서 가장 많은 시간을 보내나요? 그 앱의 훅 모델 4단계를 분석하고, 건전한 사용을 위한 역설계 전략을 세워보세요.

[참고문헌]

[1] Baumeister, R. F., & Tierney, J. (2011). *Willpower: Rediscovering the Greatest Human Strength.* New York: Penguin Press. 의지력이 유한한 자원이라는 '자아 고갈(Ego Depletion)' 이론의 기초 연구서입니다.

[2] Neal, D. T., Wood, W., & Quinn, J. M. (2006). Habits—A repeat performance. *Current Directions in Psychological Science*, 15(4), 198-202. 일상 행동의 40% 이상이 습관에 의존한다는 실증 연구입니다.

[3] Duhigg, C. (2012). *The Power of Habit: Why We Do What We Do in Life and Business*. New York: Random House. 습관의 고리(Cue-Routine-Reward) 모델의 기초를 제시한 베스트셀러입니다.

[4] Hopkins, C. C. (1923). *Scientific Advertising*. Chicago: Lord & Thomas. 펩소던트 치약 캠페인을 통해 미국인의 양치질 습관을 만든 광고 전략이 소개된 고전입니다.

[5] Gollwitzer, P. M. (1999). Implementation intentions: Strong effects of simple plans. *American Psychologist*, 54(7), 493-503. 실행 의도(IF-THEN 계획)가 목표 달성에 미치는 효과를 입증한 연구입니다.

[6] Gollwitzer, P. M., & Sheeran, P. (2006). Implementation intentions and goal achievement: A meta-analysis of effects and processes. *Advances in Experimental Social Psychology*, 38, 69-119. 실행 의도의 효과를 종합 분석한 메타 연구입니다.

[7] Apple Inc. (2024). *Shortcuts User Guide for iOS*. Retrieved from https://support.apple.com/guide/shortcuts; Google LLC. (2024). *Google Assistant Routines*. Retrieved from https://support.google.com/assistant

[8] O'Donoghue, T., & Rabin, M. (1999). Doing it now or later. *American Economic Review*, 89(1), 103-124. 현재 편향(Present Bias)의 경제학적 분석을 제시한 논문입니다.

[9] Milkman, K. L., Minson, J. A., & Volpp, K. G. (2014). Holding the Hunger Games hostage at the gym: An evaluation of temptation bundling. *Management Science*, 60(2), 283-299. 유혹 묶기 전략의 효과를 실증한 연구입니다.

[10] Milkman, K. L. (2021). *How to Change: The Science of Getting from Where You Are to Where You Want to Be*. New York: Portfolio/Penguin. 유혹 묶기를 포함한 다양한 행동 변화 전략을 소개한 저서입니다.

[11] Kim, J., & Lee, S. (2021). Digital nudging for exercise: The effect of streaming-based exercise motivation systems during COVID-19. *Journal of Health Psychology*, 26(3), 412-425.

[12] Fogg, B. J. (2019). *Tiny Habits: The Small Changes That Change Everything*. New York: Houghton Mifflin Harcourt. 습관 쌓기(Habit Stacking)의 기초 개념을 제시한 행동 설계 전문가의 저서입니다.

[13] 한국직장인커뮤니티 (2023). *습관 쌓기 챌린지 결과 보고서*. Retrieved from https://www.workingkorea.com/habit-challenge-2023

[14] Seoul Metropolitan Government (2022). *Behavioral Nudge Project for Smoking Areas: Yellow Footprints Initiative*. Seoul: SMG Public Health Department.

[15] Eyal, N. (2014). *Hooked: How to Build Habit-Forming Products*. New York: Portfolio/Penguin. 사용자를 중독시키는 제품의 훅 모델(Trigger-Action-Variable Reward-Investment)을 분석한 저서입니다.

[16] 한국인터넷진흥원 (2024). *2024년 스마트폰 과의존 실태조사*. 서울: KISA. 한국인의 스마트폰 사용 시간 및 패턴에 대한 공식 통계 자료입니다.

제10장

포기하지 않는 시스템 설계하기

(내 안의 코끼리를 길들이는 세 가지 전략)

"왜 새해 다짐은 항상 작심삼일로 끝날까요?"
진짜 문제는 의지력 부족이 아닙니다.

10.1 내 안의 내전: 왜 당신의 '미래의 나'는 항상 패배하는가?

새해 첫날 야심 차게 구매했지만 먼지만 쌓여가는 운동 기구, 첫 페이지만큼은 정성껏 밑줄을 그었지만 책장에 잠들어 있는 두꺼운 고전, '이번만큼은' 하고 다짐했지만 끝내 비어 있는 저축 계좌. 이런 경험이 단지 당신만의 실패담이라고 생각한다면, 그것은 오해입니다.

이것은 의지력의 문제가 아니라, 우리 뇌의 설계도에 깊이 각인된 보편적인 인간 조건의 문제입니다. 우리의 머리, 즉 합리적인 '기수(시스템 2)'는 6개월 후의 건강, 1년 후의 지적 성장, 30년 후의 안락한 노후라는 장기적인 보상의 가치를 분명히 이해합니다.

하지만 우리의 몸과 마음을 지배하는 거대한 '코끼리(시스템 1)'는 저 멀리 있는 막연한 행복보다, 지금 당장 눈앞에 있는 작지만 확실한 즐거움—치킨, 소셜미디어, 충동구매—에 훨씬 더 격렬하게 반응합니다.

행동경제학자들은 이 현상을 **쌍곡형 할인(Hyperbolic Discounting)**[1]이라는 개념으로 설명합니다. 이는 미래의 보상 가치를 현재 시점에서 평가할 때, 그 가치가 시간에 따라 일정하게 감소하는 것이 아니라, 현재와 가까운 미래일수록 급격하게 떨어진다는 의미입니다.

쌍곡형 할인을 증명한 고전 실험

질문 A: "지금 당장 5만 원을 받을 것인가, 아니면 6개월 뒤에 10만 원을 받을 것인가?"
→ 상당수가 현재의 5만 원 선택

질문 B: "3개월 뒤에 5만 원을 받을 것인가, 아니면 9개월 뒤에 10만 원을 받을 것인가?"
→ 거의 대부분이 9개월 뒤의 10만 원 선택

두 질문 모두 '6개월을 기다리고 5만 원을 더 받는' 동일한 선택이지만, 그 선택의 시점이 현재에서 멀어지자 사람들의 선호가 뒤바뀐 것입니다. 이것이 바로 **시간 비일관성(Time-inconsistent)**의 증거입니다.

이러한 뇌의 작동 방식은 인류의 진화 과정에서 비롯된 생존 본능입니다. 수렵-채집 사회에서 우리 조상들에게 1년 뒤의 풍족한 수확을 계획하는 것보다, 당장 눈앞의 열매를 먹어치우는 것이 생존에 훨씬 더 중요했습니다. 우리의 뇌는 여전히 그 원시적인 운영체제를 탑재하고 있는 셈입니다.

따라서 우리가 새해 다짐에 실패하는 것은 개인의 도덕적 결함이나 의지력 부족 때문이 아닙니다. 그것은 우리의 인지적 하드웨어가 가진 '버그'가 아니라 '기능'에 가깝습니다. 이 사실을 인정하는 것이 모든 변화의 출발점입니다.

문제는 '더 강한 의지력'을 갖추는 것이 아니라, 이러한 뇌의 작동 방식을 이해하고 **'실패할 수 없는 시스템'**을 설계하는 공학적인 문제로 전환됩니다. 우리 뇌가 예측 가능하게 비합리적이라면, 우리는 예측 가능한 방법으로 그 비합리성에 대응할 수 있습니다.

10.2 전략 1: 율리시스의 계약 - 미래의 나를 묶어두는 기술

첫 번째 전략의 기원은 고대 그리스 신화에서 찾을 수 있습니다. 영웅 율리시스(오디세우스)는 선원들을 매혹적인 노래로 유혹해 죽음으로 이끄는 마녀, 사이렌의 바다를 건너야 했습니다. 그는 노래를 듣고 싶었지만, 유혹에 굴복하고 싶지는 않았습니다.

이때 이성적인 '현재의 율리시스'는 아주 현명한 결정을 내립니다. 그는 부하들에게 밀랍으로 귀를 막게 하고, 자신의 몸은 돛대에 단단히 묶으라고 명령합니다. 그리고 자신이 아무리 애원하고 소리쳐도 절대 풀어주지 말라고 엄명을 내리죠.

아니나 다를까, 사이렌의 노래가 들려오자 '미래의 비이성적인 율리시스'는 이성을 잃고 몸부림쳤지만, 미리 설계된 시스템 덕분에 무사히 위험을 통과할 수 있었습니다.[2]

이것이 바로 최초의 **약속 장치(Commitment Device)**, 즉 **율리시스의 계약(Ulysses Contract)**입니다. 유혹의 순간에 발휘될 의지력을 믿는 대신, 유혹에 빠질 가능성 자체를 원천적으로 차단하거나 그 선택에 큰 비용을 치르게 만드는 시스템을 미리 설계하는 것입니다.

시대	사례	핵심 메커니즘	행동경제학 원리
고대	율리시스와 사이렌	물리적 구속	사전확약
20세기	크리스마스 클럽 저축	금융적 봉쇄	선택권 제한
디지털 시대	챌린저스 앱	금전적 이해관계 + 사회적 증거	손실 회피 + 책임감
핀테크 시대	카카오뱅크 26주 적금	자동화된 게임화 저축	자동화 + 목표 기울기 효과

▣ 현대판 율리시스의 계약 1: 크리스마스 클럽 저축

1900년대 초 미국에서 시작된 '크리스마스 클럽(Christmas Club)' 저축은 율리시스의 계약을 금융상품으로 구현한 대표적인 사례입니다.[3] 이 저축 방식의 핵심은 매주 일정 금액을 저축하되, 크리스마스 시즌(11월 말) 이전에는 절대 찾을 수 없도록 하는 것입니다.

흥미로운 점은 이 저축의 이자율이 일반 예금보다 낮거나 아예 없음에도 불구하고 폭발적인 인기를 얻었다는 사실입니다. 사람들은 더 높은 수익률보다 '강제로 저축할 수 있는 시스템'에 더 큰 가치를 두었던 것입니다.

성공 요인: 현재의 나를 위한 편의성(매주 소액 저축)과 미래의 나를 위한 구속력(중도 해지 불가)을 절묘하게 결합한 설계였습니다.

▣ 현대판 율리시스의 계약 2: 챌린저스 앱

한국의 '챌린저스(Challengers)' 앱은 21세기판 율리시스의 계약을 가장 성공적으로 구현한 사례입니다.[4] 이 앱의 핵심은 사용자가 '아침 7시 기상', '주 3회 운동'과 같은 목표를 설정하고, 그 목표에 자신의 돈을 '거는' 것입니다.

목표를 85% 이상 달성하면 참가비는 전액 환급되고, 100% 달성하면 실패한 다른 참가자들의 벌금 일부를 상금으로 나눠 받습니다. 이 설계의 탁월함은 인간의 가장 강력한 본능 중 하나인 **손실 회피(Loss Aversion)**를 정면으로 활용한다는 점에 있습니다.

행동경제학의 창시자 대니얼 카너먼에 따르면, 인간은 같은 액수라도 얻는 기쁨보다 잃는 고통을 약 2.5배 더 크게 느낍니다. 챌린저스 앱에서 아침에 5분 더 자는 달콤함(작은 이익)은 내 돈 몇만 원이 사라지는 고통(큰 손실)과 직접적으로 경쟁하게 됩니다.

더 나아가 챌린저스는 매일의 실천을 사진으로 '인증'하고 다른 참가자들의 성공을 확인하는 커뮤니티 기능을 통해 '사회적 증거'와 '책임감'이라는 넛지를 더했습니다. 청중이 있는 율리시스의 계약은 훨씬 더 강력한 힘을 발휘합니다.

지만 당장은 고통스러운 과업을 의미합니다.

반면 '하고 싶은 일'은 좋아하는 드라마 시청, 팟캐스트 청취, 맛있는 간식처럼 즉각적인 즐거움을 주지만 죄책감을 동반할 수 있는 유혹적인 활동입니다. 이 둘을 묶어, '하고 싶은 일'을 하기 위한 유일한 조건으로 '해야 하는 일'을 수행하도록 규칙을 만드는 것입니다.

밀크맨 교수의 획기적인 실험

그녀는 운동을 더 하고 싶어 하는 사람들을 모집하여, 그들이 가장 좋아하는 오디오북이 담긴 아이팟을 제공했습니다. 한 그룹에게는 이 아이팟을 **체육관에서만 들을 수 있도록** 물리적으로 제한했습니다.

결과: 이 그룹의 운동 횟수는 통제 집단에 비해 초기에 51%나 더 높게 나타났습니다. 운동이라는 '해야 할 일'이 다음 이야기가 궁금한 오디오북이라는 '하고 싶은 일'과 결합되자, 체육관 가는 길이 고통이 아닌 기대감으로 바뀐 것입니다.

▣ 한국의 유혹 묶음 사례 1: 줍깅(Plogging) 현상

'유혹 묶음'은 실험실에만 존재하는 개념이 아닙니다. 우리 주변에서도 이 원리를 활용한 자발적인 움직임을 쉽게 찾아볼 수 있습니다. 대표적인 사례가 바로 '줍깅'입니다.[7] '쓰레기를 줍다'와 '조깅'의 합성어인 이 활동은 스웨덴에서 시작된 '플로깅(Plogging)'의 한국식 표현입니다.

- **해야 하는 일(Should):** 건강을 위한 규칙적 운동 (때로는 지루하고 힘들다)
- **하고 싶은 일(Want):** 환경 보호에 기여한다는 보람, 깨끗해진 거리를 보는 만족감, 커뮤니티에 소속되어 다른 사람들과 교류하는 즐거움

'줍깅'은 이 두 가지를 완벽하게 결합합니다. 혼자서 뛰는 지루한 조깅이 아니라, 공동의 선한 목표를 위해 함께 땀 흘리는 의미 있는 활동으로 재탄생한 것입니

▣ 현대판 율리시스의 계약 3: 카카오뱅크 26주 적금

'챌린저스'가 채찍(손실 회피)을 활용한 강한 형태의 약속 장치라면, '카카오뱅크 26주 적금'은 당근(게임화)을 활용한 부드러운 형태의 약속 장치입니다.[5] 2018년 출시 이후 누적 3,000만 계좌 이상이 개설될 정도로 폭발적인 인기를 얻은 이 상품의 성공 비결은 저축이라는 지루한 과업을 즐거운 게임으로 재설계한 데 있습니다.

이 적금은 매주 납입금이 자동으로 소액 증액되는 방식으로 설계되었습니다. 예를 들어 1,000원으로 시작하면 다음 주는 2,000원, 그 다음 주는 3,000원을 납입하는 식입니다. 이 과정에서 사용자는 카카오프렌즈 캐릭터가 한 칸씩 계단을 오르는 시각적 피드백을 받으며, 마치 게임에서 레벨업을 하는 듯한 성취감을 느낍니다.

이는 행동과학에서 말하는 **목표 기울기 효과(Goal Gradient Effect)**를 영리하게 활용한 것입니다. 사람들은 목표에 가까워질수록 동기가 더욱 강해지는 경향이 있습니다. 26주라는 짧고 명확한 목표, 그리고 매주 눈에 보이는 진척 상황은 사용자가 중도에 포기하지 않고 완주하도록 이끄는 강력한 동력이 됩니다.

10.3 전략 2: 밀크맨 메소드 - 좋은 습관을 참을 수 없게 만드는 법

율리시스의 계약이 미래의 유혹을 '막는' 방어적 전략이라면, 지금 소개할 두 번째 전략은 해야 할 일을 '하고 싶게' 만드는 공격적 전략입니다. 펜실베이니아 대학교 와튼 스쿨의 캐서린 밀크맨(Katherine Milkman) 교수가 제시한 **유혹 묶음(Temptation Bundling)**이 바로 그것입니다.[6]

유혹 묶음이란, 당신이 **'하고 싶은 일(Want)'**과 **'해야 하는 일(Should)'**을 의도적으로 결합하는 전략입니다. '해야 하는 일'은 운동, 공부, 서류 정리처럼 장기적으로는 이롭다. 운동의 신체적 이득과 환경 보호의 정신적 만족감이 결합되면서, 사람들은 더 꾸준히, 그리고 더 즐겁게 운동에 참여하게 됩니다.

▣ 한국의 유혹 묶음 사례 2: 밀리의 서재 완독 챌린지

디지털 플랫폼 역시 '유혹 묶음'을 적극적으로 활용하여 사용자의 행동을 유도합니다. 국내 최대 독서 플랫폼 '밀리의 서재'가 대표적입니다.[8] 많은 사람들이 유발 하라리의 『사피엔스』 나 대런 애쓰모글루의 『국가는 왜 실패하는가』 와 같은 명저를 읽고 싶어 하지만, 그 방대한 분량에 압도되어 쉽게 도전을 포기합니다.

'밀리의 서재'는 이 문제를 해결하기 위해 '완독 챌린지'를 설계했습니다. 특정 기간 안에 지정된 책을 완독하면 특별한 디지털 배지를 수여하는 방식입니다.

- **해야 하는 일(Should):** 어렵고 두꺼운 책을 꾸준히 읽는 지적인 노력
- **하고 싶은 일(Want):** 게임처럼 배지를 수집하는 재미, 챌린지를 완수했다는 성취감, SNS에 인증하고 싶은 과시욕

이 시스템은 독서라는 '해야 할 일'에 게임화된 보상이라는 '하고 싶은 일'을 결합합니다. 사용자들은 단순히 책을 읽는 것을 넘어, 배지를 얻기 위한 '퀘스트'를 수행하게 됩니다. 이러한 즉각적인 보상은 장기적인 지적 성장이라는 막연한 목표보다 훨씬 강력한 동기가 되어, 독서 시간과 독서 습관 형성 확률을 실제로 높이는 효과를 가져옵니다.

10.4 전략 3: 세일러 해킹 - 마음의 회계장부를 재설계하라

마지막 전략은 우리 마음속에 숨겨진 회계 원리를 역이용하는 것입니다. 2017년 노벨 경제학상 수상자인 리처드 세일러(Richard Thaler)는 사람들이 돈을 관리할 때 합리적인 회계사처럼 행동하지 않는다는 사실을 발견하고, 이를 **심리 회계(Mental Accounting)**라는 개념으로 정립했습니다.[9]

경제학의 기본 원리에 따르면 모든 돈은 똑같은 가치를 지닙니다. 내가 힘들게 일해서 번 1만 원과, 길에서 우연히 주운 1만 원, 친구에게 선물 받은 1만 원은 모두 동일한 구매력을 가진 '대체 가능한(Fungible)' 자산입니다. 하지만 우리의 마음은 그렇게 생각하지 않습니다.

우리는 무의식적으로 돈의 출처나 용도에 따라 '꼬리표'를 붙여 별도의 계좌에 넣어 관리합니다. 예를 들어 '월급 계좌', '휴가비 계좌', '공돈 계좌'처럼 말이죠.

세일러의 유명한 연극표 실험

당신이 1만 원짜리 연극표를 예매했다고 상상해봅시다. 극장으로 가는 길에 두 가지 상황이 발생합니다:

- **상황 A:** 지갑을 열어보니 1만 원짜리 지폐를 잃어버렸다. 당신은 연극표를 다시 살 것인가?
- **상황 B:** 지갑을 열어보니 예매한 1만 원짜리 연극표를 잃어버렸다. 당신은 연극표를 다시 살 것인가?

금액적으로 두 상황의 손실은 1만 원으로 동일하지만, 대부분의 사람들은 A상황에서는 표를 다시 사지만 B상황에서는 포기하는 경향을 보입니다. 왜일까요?

A상황에서 잃어버린 1만 원은 '일반 경비' 계좌에서 빠져나간 것으로 처리되지만, B상황에서 잃어버린 표의 가치는 '문화생활비' 계좌에서 이중으로 지출되는 것처럼 느껴지기 때문입니다.

▣ 심리 회계를 활용한 시스템: 토스 '잔돈 저축'

만약 당신의 문제가 '유혹을 피하는 것'이라면...

- **문제 유형:** 야식, 충동구매, 과도한 소셜미디어 사용처럼 '하지 말아야 할 행동'을 멈추지 못하는 경우
- **최적의 전략:** 율리시스의 계약. 유혹에 접근하기 어렵게 만들거나, 유혹에 굴복했을 때 치러야 할 비용을 높이세요.
- **실행 아이디어:**
    - '챌린저스' 앱에 돈을 걸고 '밤 10시 이후 스마트폰 사용 안 하기' 챌린지에 참여하세요.
    - 월급이 들어오자마자 일정 금액을 해지하기 어려운 적금 계좌로 자동이체되도록 설정하세요.
    - 집에 배달 음식 전단지를 두지 않고, 배달 앱을 스마트폰 첫 화면에서 보이지 않는 폴더 깊숙이 숨기세요.

만약 당신의 문제가 '좋은 습관을 시작하는 것'이라면...

- **문제 유형:** 운동, 공부, 외국어 학습처럼 '해야 할 행동'을 시작하기 어려운 경우
- **최적의 전략:** 유혹 묶음. 당장의 즐거움을 주는 활동과 지루한 과업을 결합하여 시작의 장벽을 낮추세요.
- **실행 아이디어:**
    - 가장 좋아하는 넷플릭스 드라마는 오직 헬스클럽 러닝머신 위에서만 시청하세요.
    - 흥미로운 팟캐스트나 오디오북은 출퇴근길에 영어 단어를 10개 외운 후에만 듣도록 규칙을 정하세요.
    - 주말에 '줍깅'이나 봉사활동 모임에 참여하여 운동과 사회적 교류를 동시에 즐기세요.

만약 당신의 문제가 '고통 없이 꾸준히 나아가는 것'이라면...

한국의 대표적인 핀테크 앱 '토스(Toss)'의 성공 비결 중 하나는 바로 이 심리 회계를 완벽하게 시스템으로 구현했다는 점입니다.[10] 토스의 '자동 저축 계좌(일명 돼지 저금통)' 기능은 사용자가 카드로 결제할 때마다 1,000원 미만의 잔돈을 자동으로 저축해줍니다.

예를 들어 4,500원짜리 커피를 결제하면, 500원이 자동으로 별도의 계좌에 이체되는 방식입니다. 이 서비스가 성공한 심리적 이유는 명확합니다. 대부분의 사람들에게 500원, 800원 같은 '잔돈'은 '월급'과 다른 심리 계좌에 속해 있습니다.

그것은 중요하게 관리해야 할 '자산'이라기보다는, 있어도 그만 없어도 그만인 '반올림 오차'에 가깝습니다. 따라서 잔돈이 저축될 때, 우리는 '내 소중한 돈이 줄어든다'는 손실감을 거의 느끼지 못합니다.

토스는 사용자들이 거의 신경 쓰지 않는 심리 계좌에서 돈을 빼내, '저축'이라는 중요한 목표를 달성하도록 돕는 자동화 시스템을 만든 것입니다. 이는 저축을 시작하는 데 가장 큰 심리적 장벽인 '고통'을 제거함으로써, 의지력이 전혀 필요 없는 강력한 약속 장치를 구현한 사례입니다.

10.5 당신만의 실행 시스템 설계하기: 실패할 수 없는 계획을 위한 툴킷

지금까지 우리는 내 안의 비합리적인 코끼리를 길들이기 위한 세 가지 강력한 전략—율리시스의 계약, 유혹 묶음, 심리 회계 해킹—을 탐구했습니다. 이제 당신의 삶에 맞는 '실패할 수 없는 실행 시스템'을 직접 설계할 차례입니다.

다음의 간단한 진단 도구를 활용하여 당신의 문제에 가장 적합한 전략을 찾아보세요.

▣ 문제 유형별 전략 선택 가이드

- **문제 유형:** 장기적인 저축, 꾸준한 독서처럼 큰 희생 없이 점진적인 성과를 쌓고 싶은 경우
- **최적의 전략:** 심리 회계 해킹. 거의 인지하지 못할 정도의 작은 행동을 자동화하여 심리적 저항을 최소화하세요.
- **실행 아이디어:**
    - '토스'나 '카카오뱅크'의 잔돈 저축 기능을 활용하여 무의식적으로 돈을 모으세요.
    - 매일 아침 커피를 내리는 3분 동안만 외국어 단어 앱을 보도록 습관을 들이세요.
    - '밀리의 서재' 완독 챌린지에 참여하여 독서에 게임의 즐거움을 더하세요.

우리는 모두 자신의 삶을 설계하는 **'선택 설계자(Choice Architect)'**입니다. 우리 안의 깊숙한 심리적 원리를 이해함으로써, 우리는 더 이상 충동의 노예로 살아가지 않아도 됩니다.

스스로를, 가족을, 그리고 우리가 속한 공동체를 위해 더 나은 선택을 하도록 돕는 현명한 시스템을 설계할 수 있는 힘이 우리에게 있습니다. 이 힘을 활용하여, 우리가 진정으로 되고 싶었던 더 나은 버전의 자신을 만들어가는 여정을 시작해 보시기 바랍니다.

10장을 마무리하며

이 장에서 우리는 인간의 근본적인 심리적 한계를 인정하는 것부터 시작했습니다. 쌍곡형 할인과 시간 비일관성은 우리의 '결함'이 아니라, 수백만 년간 진화해 온 뇌의 자연스러운 작동 방식입니다.

중요한 것은 이런 한계를 부끄러워하거나 극복하려고 애쓰는 것이 아니라, 그것을 인정하고 현명하게 활용하는 것입니다. 율리시스의 계약, 유혹 묶음, 심리 회계 해킹은 모두

인간의 자연스러운 심리를 거스르지 않으면서도 더 나은 결과를 만들어내는 지혜로운 전략들입니다.

"완벽한 의지력을 기다리지 말고,
불완전한 나를 위한 완벽한 시스템을 설계하세요."

■ 핵심 용어

쌍곡형 할인(Hyperbolic Discounting): 미래의 보상 가치가 현재 시점에서 평가될 때, 시간이 경과함에 따라 일정하게 감소하지 않고 현재에 가까운 시점에서 급격히 감소하는 현상입니다. 이로 인해 시간에 따른 선호의 비일관성이 발생합니다.

약속 장치(Commitment Device): 미래의 자신이 유혹에 빠지지 않도록 현재의 자신이 미리 설계해 놓는 제약 시스템입니다. 율리시스가 돛대에 몸을 묶은 것처럼, 의지력에 의존하지 않고 시스템적으로 원하는 행동을 유도합니다.

유혹 묶음(Temptation Bundling): '하고 싶은 일'과 '해야 하는 일'을 의도적으로 결합하여, 즉각적인 보상을 통해 장기적으로 유익한 행동을 지속하게 만드는 전략입니다. 캐서린 밀크맨 교수가 체계화한 개념입니다.

심리 회계(Mental Accounting): 리처드 세일러가 정립한 개념으로, 사람들이 돈의 출처나 용도에 따라 서로 다른 '심리적 계좌'로 분류하여 관리하는 현상을 말합니다. 경제학적으로는 비합리적이지만 인간의 보편적인 심리 패턴입니다.

목표 기울기 효과(Goal Gradient Effect): 목표에 가까워질수록 그 목표를 달성하려는 동기가 더욱 강해지는 현상입니다. 마라톤 선수가 결승선에 가까워질수록 속도를 높이는 것과 같은 원리로, 진척 상황을 시각화하는 것만으로도 동기부여 효과를 높일 수 있습니다.

■ 더 깊이 생각해보기

1. 나만의 쌍곡형 할인 패턴 분석하기

지난 1년 동안 여러분이 "미래의 나를 위해" 세웠던 계획들을 떠올려보세요. 어떤 것들이 실패했고, 그 실패의 순간에 어떤 즉각적인 유혹이 있었나요? 여러분만의 쌍곡형 할인 패턴을 찾아보고, 가장 취약한 순간을 파악해보세요.

2. 일상 속 약속 장치 발견하기

여러분의 일상에서 이미 활용하고 있는 '약속 장치'들을 찾아보세요. 자동이체, 미리 약속 잡기, 물건 숨기기 등... 무의식적으로라도 실천하고 있는 율리시스의 계약들이 있을 겁니다. 이를 더 체계적으로 발전시킬 수 있는 방법을 생각해보세요.

3. 나만의 유혹 묶음 실험 설계하기

여러분이 좋아하는 활동(드라마, 음악, 간식, 게임 등)과 해야 하는 일(운동, 공부, 정리 등) 중에서 묶을 수 있는 조합을 찾아보세요. 일주일 동안 실제로 실험해보고, 그 효과를 측정해보세요.

4. 토론 주제

"약속 장치와 유혹 묶음은 진정한 자기 계발일까요, 아니면 자신을 속이는 트릭일까요?" 진정한 의지력 개발과 시스템적 접근 사이의 관계에 대해 토론해보세요. 어떤 상황에서는 어떤 접근이 더 효과적일까요?

[참고문헌]

[1] Ainslie, G. (1975). Specious reward: A behavioral theory of impulsiveness and impulse control. *Psychological Bulletin*, 82(4), 463-496. 쌍곡형 할인의 개념을 최초

로 체계화한 고전적인 연구로, 시간 비일관성의 심리학적 메커니즘을 설명합니다.

[2] Thaler, R. H., & Sunstein, C. R. (2008). *Nudge: Improving Decisions About Health, Wealth, and Happiness*. New Haven: Yale University Press. 율리시스 계약을 포함한 다양한 약속 장치의 이론적 배경과 실제 적용 사례를 다룬 넛지 이론의 바이블입니다.

[3] Strotz, R. H. (1955). Myopia and inconsistency in dynamic utility maximization. *The Review of Economic Studies*, 23(3), 165-180. 크리스마스 클럽 저축을 포함한 다양한 약속 저축 상품의 경제학적 분석을 제시한 초기 연구입니다.

[4] "챌린저스 성공요인은 행동경제학...돈에는 '꼬리표'가 있어요" 화이트큐브 최혁준 대표. (2021). *매일경제신문*. 챌린저스 앱의 설계 원리와 손실 회피 심리 활용에 대한 창립자 인터뷰입니다.

[5] "1분에 8개씩 팔린 카뱅적금...대체 뭐가 인기비결?" (2023). *매일경제신문*. 카카오뱅크 26주 적금의 게임화 전략과 목표 기울기 효과 활용 사례를 분석한 기사입니다.

[6] Milkman, K. L., Minson, J. A., & Volpp, K. G. (2014). Holding the Hunger Games hostage at the gym: An evaluation of temptation bundling. *Management Science*, 60(2), 283-299. 유혹 묶음의 개념을 정립하고 체육관 실험을 통해 그 효과를 실증적으로 증명한 핵심 연구입니다.

[7] 서울시. (2020). 서울형 플로깅 활성화 방안 연구. *서울시 정책연구보고서*. 한국의 줍깅(플로깅) 현상과 환경 보호 + 운동의 유혹 묶음 효과를 분석한 공식 보고서입니다.

[8] "독서와 친해지는 특별한 방법, 밀리의 서재 독서 챌린지 '1일 1밀리'". (2022). *Arte*. 밀리의 서재 완독 챌린지의 게임화 전략과 사용자 행동 변화 효과를 다룬 기사입니다.

[9] Thaler, R. H. (1999). Mental accounting matters. *Journal of Behavioral Decision Making*, 12(3), 183-206. 심리 회계의 개념을 체계화하고 연극표 실험을 포함한 다양한 실증 연구 결과를 제시한 대표 논문입니다.

[10] "[스타트업 연구원] 티끌 모아 태산, 잔돈 재테크 알아보기". (2021). *고려대학교 경영대학*. 토스의 잔돈 저축 서비스와 심리 회계 활용 전략을 분석한 케이스 스터디입니다.

part.3

통합적 접근과 실천

제11장

통찰에서 영향으로, 넛지 씽킹 캔버스

(두 세계의 완벽한 결합)

"디자인 씽킹으로 찾아낸 완벽한 해결책이 왜 현실에서는 작동하지 않을까요?"
통찰을 실제 변화로 연결하는 여정이 시작됩니다.

11.1 실행 격차: 왜 우리의 좋은 의도는 항상 실패로 끝날까?

새해가 되면 우리는 어김없이 새로운 목표를 세웁니다. 더 건강한 삶을 위해 헬스클럽에 등록하고, 지적 성장을 위해 책상 위에 두꺼운 책을 쌓아두죠. 하지만 몇 주가 지나면 운동화는 신발장 깊숙한 곳에, 책은 먼지를 뒤집어쓴 채 그대로입니다.

우리는 스스로를 '의지박약'이라 탓하지만, 이는 개인의 실패가 아닌 지극히 인간적인 현상입니다. 바로 **실행 격차(Implementation Gap)**[1] 때문입니다. 좋은 의도와 계획이 실제 행동으로 이어지지 않는 이 간극은 어디에서 오는 것일까요?

행동경제학은 그 원인이 우리의 뇌가 작동하는 방식, 즉 인지적 구조 자체에 내재한다고 설명합니다. 인간은 합리적으로 모든 정보를 계산하여 최적의 결정을 내리는 존재가 아닙니다. 오히려 두 가지 근본적인 한계를 안고 살아갑니다.

첫째는 **불완전한 최적화(Imperfect Optimization)**입니다. 우리의 주의력과 정신적 에너지는 한정되어 있어, 복잡한 문제 앞에서 모든 것을 따지기보다 직관적인 지름길(휴리스틱, Heuristic)에 의존하며, 이는 종종 편향된 판단으로 이어집니다.[2]

둘째는 **제한된 자기통제(Bounded Self-control)**입니다. 우리는 미래의 큰 보상보다 눈앞의 작은 만족을 선호하는 '현재 편향(Present Bias)'을 가지고 있으며, 사소한 불편함이나 장애물조차 행동을 가로막는 거대한 장벽으로 느끼곤 합니다.[2]

실행 격차를 만드는 대표적인 인지적 함정들

- **현재 편향:** "내일부터 운동하자"가 매일 반복되는 이유
- **계획 오류:** 항상 과낙관적으로 시간과 노력을 추정
- **현상 유지 편향:** 변화보다는 현재 상태를 선호
- **번거로움 요인:** 작은 불편함도 큰 장벽이 됨
- **선택 과부하:** 너무 많은 선택지는 오히려 결정을 방해

바로 이 '실행 격차'라는 거대한 벽을 넘기 위해 우리에게는 두 개의 열쇠가 필요합니다. 첫 번째는 '문제의 열쇠'인 **디자인 씽킹**입니다. 디자인 씽킹은 깊은 공감을 통해 사람들이 겪는 진짜 문제가 무엇인지, 그들의 삶 속에서 인지적 한계가 어떤 불편과 고충으로 나타나는지를 밝혀냅니다.

두 번째는 '해결의 열쇠'인 **넛지**입니다. 넛지는 인간의 비합리성을 과학적으로 분석하여, 그 한계를 극복하고 바람직한 행동으로 나아갈 수 있는 '저항이 가장 적은 경로'를 설계합니다.

어느 하나만으로는 부족합니다. 공감으로 찾아낸 최고의 아이디어도 실행의 장벽 앞에서 좌절할 수 있고, 과학적으로 정교한 넛지도 엉뚱한 문제를 향하면 아무런 의미가 없습니다. 이제 우리는 이 두 열쇠를 하나로 합쳐, 통찰을 실질적인 영향으로 바꾸는 강력한 만능열쇠인 **넛지 씽킹(Nudge Thinking)**의 세계로 들어갈 준비가 되었습니다.

11.2 넛지 씽킹 캔버스: "왜?"에서 "와!"로 가는 5단계 여정

디자인 씽킹의 깊이 있는 탐색과 넛지의 정교한 개입을 결합한 통합적 문제 해결 과정은, 단순히 단계를 나열하는 것을 넘어 하나의 유기적인 생각의 틀, 즉 **넛지 씽킹 캔버스**로 시각화할 수 있습니다.

이 캔버스는 시민, 정책가, 혁신가 누구나 자신의 문제를 올려놓고 체계적으로 해결책을 모색할 수 있는 실용적인 도구입니다. 이 여정은 사용자의 숨겨진 '왜?'를 발견하는 것에서 시작하여, 모두가 감탄하는 '와!'라는 결과물을 만들어내는 것으로 마무리됩니다.

단계	주도 방법론	핵심 질문	주요 활동	결과물
1. 발견 (Discover)	디자인 씽킹	진짜 문제, 말하지 않는 인간의 욕구는 무엇인가?	민족지학적 연구, 심층 인터뷰, 맥락 관찰, 여정 지도 그리기	사용자의 맥락과 고충에 대한 깊은 공감적 이해
2. 진단 (Diagnose)	행동과학	바람직한 행동을 가로막는 핵심적인 인지 편향이나 마찰은 무엇인가?	행동 지도, 마찰 분석 (현상 유지 편향, 선택 과부하, 번거로움 등 식별)	'행동 장벽'에 대한 정밀한 행동경제학적 진단
3. 구상 (Ideate)	디자인 씽킹	진단된 행동 장벽을 뛰어넘을 창의적이고 인간적인 해결책은 무엇일까?	브레인스토밍, "어떻게 하면 우리가...?" (HMW) 질문, 공동 창작 워크숍	문제 해결을 위한 광범위하고 다양한 아이디어 풀
4. 설계 (Design)	넛지 이론	그 아이디어를 어떻게 '쉽고, 매력적이고, 사회적이고, 시의적절하게' (EAST) 만들 것인가?	EAST 프레임워크 적용, 구체적 넛지 전략 고안, 개입 프로토타이핑	실험과 측정이 가능한 구체적인 넛지 개입
5. 증명 (Demonstrate)	DT + 넛지	우리의 설계가 사람들의 '실제 행동'을 긍정적으로 바꾸었는가?	A/B 테스트, 무작위 통제 시험 (RCT), 데이터 분석, 사용자 피드백	영향력에 대한 정량적 증거와 반복 개선을 위한 학습 수집

이 캔버스는 문제 해결이 선형적인 과정이 아니라, 각 단계를 거치며 통찰이 점점 더 구체화되고 정교해지는 역동적인 과정임을 보여줍니다. 이제 실제 사례를 통해 이 캔버스가 어떻게 작동하는지 살펴보겠습니다.

11.3 사례 연구 1: 디지털 시대의 공감, 사용자의 숨은 의도를 읽어내다

▣ 유튜브의 IS-Rec 시스템: 수십억 명의 행동 데이터에서 공감을 찾아내다

21세기의 '공감'은 더 이상 직접적인 대화나 관찰에만 머무르지 않습니다. 수십억 명의 행동 데이터 속에서 그들의 말하지 않는 욕구와 의도를 발견하는 것, 이것이 바로 디지털 시대의 새로운 공감입니다. 세계 최대 동영상 플랫폼 유튜브는 바로 이 **디지털 공감**을 통해 추천 시스템을 혁신한 놀라운 사례를 보여줍니다.[3]

1. 발견 (Discover): 알고리즘 너머의 인간 심리 탐구

유튜브의 엔지니어들은 거대한 난관에 부딪혔습니다. 사용자에게 더 많은 데이터를 투입하고 알고리즘을 복잡하게 만들어도 추천의 정확도가 좀처럼 개선되지 않았던 것입니다. 그들은 문제의 본질이 '다음에 어떤 영상을 보여줄까?'가 아니라, "사용자가 지금 이 순간 유튜브에 접속한 진짜 의도는 무엇일까?"라는 것을 깨달았습니다.

심층적인 행동 데이터 분석을 통해 그들은 사용자의 숨은 의도가 크게 두 가지로 나뉜다는 통찰을 얻었습니다. 바로 **익숙함(Familiarity)**에 대한 욕구(늘 보던 채널의 새 영상)와 **새로움(Novelty)**에 대한 갈망(한 번도 본 적 없는 창작자의 콘텐츠)이었습니다. 이는 사용자의 감정적 상태와 목표를 데이터로 공감해낸 것입니다.

2. 진단 (Diagnose): 의도와 추천의 불일치 발견

핵심 행동 장벽은 '선택지의 부족'이 아니라, 사용자의 잠재적 의도와 추천 영상 간의 **부조화(Mismatch)**였습니다. 새로움을 원하는 사용자에게 계속 익숙한 영상만 보여주거나, 편안함을 추구하는 사용자에게 낯선 콘텐츠를 제시하는 것은 만족도를 떨어뜨리는 핵심 원인이었습니다.

3. & 4. 구상 및 설계 (Ideate & Design): 의도 기반 추천 시스템

이 진단을 바탕으로, 팀은 'IS-Rec'이라는 새로운 추천 시스템을 설계했습니다. 이 시스템의 핵심은 개별 영상을 추천하기 전에, 먼저 사용자의 현재 의도(익숙함 vs. 새로움)를 예측하는 단계를 추가한 것입니다. 그리고 그 예측된 의도에 맞춰 홈페이지 전체를 '익숙한 콘텐츠'와 '새로운 콘텐츠'가 조화롭게 배치된 다채로운 구성으로 제시했습니다.

이는 단순히 영상을 나열하는 것을 넘어, 사용자의 심리 상태에 맞는 '경험'을 설계한 것입니다.

5. 증명 (Demonstrate): 수십억 달러의 가치 창출

결과는 놀라웠습니다. 이 새로운 시스템을 도입한 후, 유튜브의 일일 활성 사용자(DAU)가 0.05% 증가했습니다. 이 수치는 작아 보일 수 있지만, 유튜브와 같은 거대 플랫폼에서 "최근 실험 중 가장 의미 있는 개선 중 하나"로 평가될 만큼 엄청난 성공이었습니다.

이는 데이터 이면의 인간 행동에 대한 깊은 이해, 즉 디지털 공감이 어떻게 수십억 달러의 가치를 창출할 수 있는지를 명확히 증명한 사례입니다.

11.4 사례 연구 2: 우리 곁의 혁신, 포용적 공동체를 디자인하다

넛지 씽킹 캔버스의 진정한 힘은 거대 기술 기업뿐만 아니라, 우리 주변의 사회 문제를 해결하고 더 따뜻한 공동체를 만드는 데서 더욱 빛을 발합니다. 대한민국 지방자치단체들이 시민, 공무원, 서비스 디자이너가 함께 정책을 만드는 '국민정책디자인' 사업을 통해 이뤄낸 두 가지 감동적인 사례는 우리에게 큰 영감을 줍니다.

▣ 서울시 강남구 '가치 운동할래?': 운동할 권리를 가로막는 마음의 장벽을 허물다

1. 발견 (Discover): 물리적 장벽 너머의 사회적 편견

강남구의 프로젝트는 "장애인 시민들은 맞춤형 운동기구가 부족하다"는 공급자 중심의 평범한 가정에서 시작되었습니다. 하지만 국민정책디자인단이 당사자들을 직접 만나 심층 인터뷰를 진행하면서, 문제의 본질이 완전히 다른 곳에 있음을 발견했습니다.[4]

한 장애인 참여자는 "헬스장에 등록하러 갔지만, 혹시라도 사고가 날까 봐, 다른 회원들이 불편해할까 봐 거절당했습니다"라고 털어놓았습니다. 진짜 문제는 물리적 장비의 부재가 아니라, 사회적 편견과 거절의 경험이 만든 **소속감의 부재**와 **정서적 고통**이었습니다.

2. 진단 (Diagnose): 편견과 위험 회피가 만든 높은 문턱

핵심 행동 장벽은 헬스클럽 운영자와 비장애인 이용자들이 가진 **부정적 편견**과 **과도한 위험 회피 성향**이었습니다. 이로 인해 장애인 시민들에게 헬스클럽의 문턱은 심리적으로, 그리고 실질적으로 너무나도 높았습니다. 등록 과정 자체가 엄청난 '번거로움 요인(Hassle Factor)'으로 작용하고 있었습니다.

3. & 4. 구상 및 설계 (Ideate & Design): 마음의 장벽을 깨는 다각적 넛지

팀은 단순히 기구를 설치하는 대신, 이 마음의 장벽을 허무는 다각적인 넛지를 설계했습니다:

- **사회적이고 쉽게 만들기 (Make it Social & Easy)**: 'GU(운동)'라는 브랜드를 만들어, 운동을 원하는 장애인과 전문 교육을 받은 헬스 트레이너, 그리고

이들을 환영하는 '장애인 프렌들리' 헬스클럽을 연결하는 플랫폼을 구축했습니다. 이는 혼자서 겪어야 했던 거절의 경험을 공동체의 지지로 전환시킨 강력한 사회적 넛지입니다.

- **마찰 제거하기 (Remove Friction):** 가장 결정적인 개입은 제도적 넛지였습니다. 팀은 「서울특별시 강남구 동복합문화센터 설치·운영에 관한 조례」 개정을 추진하여, 중증장애인이 헬스장 이용 시 동행인 이용료를 전액 면제하도록 만들었습니다. 이는 경제적 부담을 덜어줄 뿐만 아니라, 동행을 통해 안전사고에 대한 운영자의 우려를 근본적으로 해소하는 매우 정교한 설계였습니다.

5. 증명 (Demonstrate): 대통령상과 전국 확산 모델

이 프로젝트는 단순한 아이디어를 넘어 실질적인 변화를 이끌어냈습니다. 'GU(운동)' 1호점이 문을 열었고, 맞춤형 소그룹 PT가 시작되었습니다. 이러한 성과를 인정받아, 이 프로젝트는 '2023 국민정책디자인 성과공유대회'에서 최고상인 대통령상을 수상하고, 2억 5천만 원의 특별교부금을 확보했습니다.[5] 더 중요한 것은, 이 모델이 특정 지역을 넘어 전국으로 확산 가능한 '표준화 모델'로 인정받았다는 점입니다.

▣ 부산시 수영구 '차차스테이션': 보이지 않던 청년들을 사회의 중심으로 이끌다

1. 발견 (Discover): 복지 사각지대의 숨겨진 청년들

수영구의 팀은 복지 사각지대에 놓인 한 집단에 주목했습니다. 바로 지능지수(IQ) 71~84 사이의 **경계선 지능 청년**들입니다.[6] 이들은 법적으로 장애인으로 분류되지 않아 맞춤형 지원을 받지 못하지만, 학습 능력과 사회 적응에 어려움을 겪으며 고립되기 쉬웠습니다. 진짜 문제는 이들이 사회의 일원으로 자립할 수 있도록 돕는 '연결고리'의 부재였습니다.

2. 진단 (Diagnose): 역량 격차와 사회적 기술 부족

핵심 행동 장벽은 **역량 격차(Capability Gap)**였습니다. 일반적인 직업 교육은 이들에게 너무 빠르고 복잡했으며, 특히 의사소통이나 대인관계 같은 사회적 기술 훈련이 부족하여 직장에 적응하지 못하고 쉽게 좌절하는 경향이 있었습니다.

3. & 4. 구상 및 설계 (Ideate & Design): 차근차근 나아가는 통합 지원

팀은 '차근차근 나아가자'는 의미를 담은 '차차스테이션'이라는 이름의 통합 지원 프로그램을 설계했습니다. 이름 자체에 격려와 희망의 메시지를 담은 넛지입니다:

- **맞춤형 교육 설계:** 부산대학교 미래시민교육원 등 전문기관과 협력하여, 의사소통, 대인관계, 직무 역량 등 7개 영역에 걸친 맞춤형 교육과정을 개발했습니다.[7]
- **점진적 경험 제공 (Scaffolding):** 프로그램의 백미는 3개월간의 '유급 일자리 경험' 프로젝트였습니다. 수료생들은 지역 복지관에 배치되어 급식 지원, 프로그램 운영 보조 등 실제 업무를 수행하며 급여를 받았습니다. 이는 실패의 두려움 없이 안전한 환경에서 직장 생활을 경험하게 함으로써 자신감과 직업 효능감을 심어주는 결정적인 '디딤돌' 역할을 했습니다.[8]

5. 증명 (Demonstrate): 인생 경로를 바꾸는 사회적 임팩트

성과는 구체적인 숫자로 나타났습니다. 1기 수료생 27명 중, 부산대학교 미리내대학(성인 발달장애인을 위한 과정) 진학 5명, 일반대학 진학 1명, 취업 3명이라는 가시적인 성공을 거두었습니다. 이는 단순한 교육을 넘어, 한 청년의 인생 경로를 바꾸는 실질적인 사회적 임팩트를 만들어낸 것입니다. 이 프로젝트 역시 국무총리상을 수상하며 그 우수성을 인정받았습니다.[6]

11.5 증명의 황금률: 무엇이 진정으로 효과가 있는지 어떻게 아는가?

좋은 의도로 가득 찬 정책이 때로는 아무런 효과가 없거나 심지어 상황을 악화시키기도 합니다. 넛지 씽킹의 마지막 단계인 '증명'이 중요한 이유는 바로 여기에 있습니다. 이는 단순한 기술적 절차가 아니라, 우리의 노력이 헛되지 않았음을, 그리고 우리의 세금이 현명하게 쓰이고 있음을 확인하는 윤리적 의무에 가깝습니다.

사회과학에서 가설의 효과를 증명하는 가장 엄격하고 신뢰도 높은 기준을 '황금률(Gold Standard)'이라 부르는데, 그것이 바로 **무작위 통제 시험(Randomized Controlled Trial, RCT)**입니다.

증명 없는 정책이 만드는 비극들

역사는 좋은 의도만으로 만들어진 정책들이 어떤 결과를 낳았는지 보여줍니다. 1990년대 미국에서는 청소년 약물 남용을 막기 위해 'DARE 프로그램(Drug Abuse Resistance Education)'이라는 대규모 교육 캠페인을 실시했습니다. 경찰관들이 학교를 방문해 약물의 위험성을 교육하는 이 프로그램에는 수십억 달러가 투입되었죠.

하지만 나중에 엄밀한 RCT 평가를 통해 충격적인 사실이 밝혀졌습니다.[9] 이 프로그램은 청소년의 약물 사용을 줄이는 데 아무런 효과가 없었고, 일부 연구에서는 오히려 약물에 대한 호기심을 증가시켰다는 결과가 나왔습니다. 수십 년간 낭비된 예산과 시간은 결코 돌아올 수 없었습니다.

또 다른 예는 우리나라의 '무상급식' 논쟁입니다. 많은 사람들이 무상급식이 아동의 영양 상태와 학업 성취도를 개선할 것이라고 기대했습니다. 하지만 정작 이 정책이 어떤 효과를 내는지 체계적으로 측정하려는 노력은 부족했습니다. 정책은 이념의 전쟁터가 되었고, 정작 중요한 질문인 "이것이 실제로 아이들에게 도움이 되는가?"는 뒷전으로 밀렸습니다.

증명 없이 실패한 정책들의 공통점

- **직관에만 의존:** "당연히 효과가 있을 것"이라는 믿음으로 시작
- **측정 부재:** 성과를 객관적으로 평가할 지표를 사전에 정하지 않음
- **비교군 부재:** 정책이 없었다면 어땠을지 비교할 기준이 없음

- **이념 우선:** 정책의 효과보다 정치적 상징성이 더 중요해짐
- **실패 인정 거부:** 효과가 없어도 체면 때문에 계속 유지

작은 실험이 만드는 큰 변화

반대로 엄격한 증명을 거친 정책들은 작은 예산으로도 엄청난 효과를 만들어냅니다. 미국 시카고 시 정부는 저소득층 학생들의 대학 진학률을 높이기 위해 거대한 장학금 프로그램 대신, 아주 단순한 개입을 시도했습니다.[10]

문제는 돈이 아니었습니다. 많은 저소득층 학생들은 이미 연방 학자금 지원(Federal Student Aid, FAFSA) 자격이 있었지만, 복잡한 신청 절차 때문에 이를 포기하고 있었습니다. 28페이지에 달하는 신청서는 그 자체로 거대한 심리적 장벽이었죠.

시카고 시는 고등학생들에게 맞춤형 도움을 제공하는 간단한 넛지를 설계했습니다. 학교 상담교사들이 학생들을 개별적으로 만나 신청서 작성을 도와주고, 부모님께 보내는 안내문에는 "귀하의 자녀는 최대 5,000달러의 학자금 지원을 받을 수 있습니다"라는 구체적인 금액을 명시했습니다.

RCT 결과, 이 단순한 개입을 받은 학생들의 FAFSA 신청률은 40%나 증가했고, 대학 등록률도 8% 포인트 상승했습니다. 학생 한 명당 소요된 비용은 불과 100달러였지만, 그 효과는 수천 달러짜리 장학금 프로그램과 맞먹었습니다.

왜 작은 실험이 더 강력한가?

- **빠른 학습:** 대규모 정책 실패보다 소규모 실험 실패가 훨씬 저렴
- **유연한 수정:** 잘못된 것을 발견하면 즉시 바꿀 수 있음
- **정치적 부담 감소:** "실험"이므로 실패해도 책임 추궁이 덜함
- **증거 기반 확산:** 효과가 입증되면 더 큰 규모로 확대 가능
- **혁신 촉진:** 시도해볼 수 있는 기회가 많아져 창의성 증가

▣ 영국 세금 고지서 실험: RCT의 교과서적 사례

RCT는 마치 신약의 효과를 검증하는 임상시험과 같습니다. 우리가 만든 새로운 정책(넛지)이 정말로 효과가 있는지 알기 위해, 사람들을 무작위로 두 그룹으로 나눕니다. 한 그룹(실험군)에게는 새로운 정책을 적용하고, 다른 그룹(통제군)에게는 기존의 방식을 그대로 유지합니다.

문제: 영국 국세청(HMRC)은 연체된 세금을 시민들이 제때 납부하도록 만들어야 했습니다.[11]

가설: 사람들은 다른 사람들이 어떻게 행동하는지에 큰 영향을 받는다('사회적 증거'의 힘). 따라서 "대부분의 이웃은 세금을 제때 냅니다"라는 메시지를 추가하면 납부율이 높아질 것이다.

A/B 테스트 설계: 연구팀은 수만 명의 세금 체납자를 무작위로 여러 그룹으로 나누어 각기 다른 내용의 고지서를 발송했습니다:

- **A그룹 (통제군):** 아무런 추가 메시지가 없는 표준적인 세금 독촉 고지서
- **B그룹 (실험군 1):** "영국인 10명 중 9명은 세금을 제때 납부합니다"라는 국가 단위의 사회적 규범 메시지 추가
- **C그룹 (실험군 2):** "당신이 사는 지역 주민 10명 중 9명은 세금을 제때 납부합니다"라는 더 구체적이고 지역적인 사회적 규범 메시지 추가

결과: 결과는 명확했습니다. B그룹의 납부율은 A그룹보다 높았고, C그룹의 납부율은 B그룹보다도 훨씬 높았습니다. 가장 효과적인 지역 규범 메시지는 통제군에 비해 납부율을 최대 15.5% 포인트나 끌어올렸습니다.[11]

이 간단하고 비용이 거의 들지 않는 문장 하나가 수백만 파운드의 세수를 추가로 확보한 것입니다. 이 실험은 넛지가 단순한 추측이 아니라, 엄격한 과학적 방법론을 통해 그 효과를 측정하고 증명할 수 있는 정책 도구임을 전 세계에 알린 기념비적인 사건이 되었습니다.

RCT의 핵심 원칙들

- **무작위 배정:** 참여자를 임의로 실험군과 통제군에 배정하여 편향을 제거
- **통제 그룹:** 기존 방식을 유지하는 그룹으로 비교 기준점 제공
- **충분한 표본 크기:** 통계적으로 의미 있는 결과를 얻기 위한 충분한 참여자 확보
- **객관적 측정:** 주관적 의견이 아닌 실제 행동 변화를 측정
- **재현 가능성:** 동일한 조건에서 반복했을 때 같은 결과가 나오는지 확인

일상에서 증명하기: 당신도 할 수 있는 간단한 A/B 테스트

RCT가 거창하고 복잡한 연구 방법론처럼 들릴 수 있지만, 그 핵심 원리는 놀랍도록 단순합니다. 바로 "비교하라"는 것입니다. 우리는 일상생활에서도 이 원리를 적용할 수 있습니다.

예를 들어, 당신이 아파트 관리사무소 직원이고 주민들의 재활용 분리배출을 개선하고 싶다고 가정해봅시다. 두 가지 메시지 중 어느 것이 더 효과적일까요?

메시지 A (도덕적 호소):

"지구를 위해 재활용 분리배출에 동참해주세요. 우리의 작은 실천이 환경을 지킵니다."

메시지 B (사회적 규범):

"우리 아파트 주민 10명 중 8명은 이미 재활용 분리배출을 실천하고 계십니다."

간단한 실험 방법: 아파트 동을 반으로 나눠서 한쪽에는 메시지 A를, 다른 쪽에는 메시지 B를 2주간 게시합니다. 그리고 각 구역의 재활용 쓰레기통 사용률과 오염도를 측정

합니다. 이것만으로도 어떤 메시지가 더 효과적인지 알 수 있습니다.

11장을 마무리하며

이 장에서 우리는 디자인 씽킹과 넛지가 어떻게 하나의 강력한 문제 해결 캔버스로 통합될 수 있는지 살펴보았습니다. 유튜브의 디지털 공간부터 우리 동네의 포용적 정책 설계까지, 넛지 씽킹은 규모와 영역을 가리지 않고 실질적인 변화를 만들어냅니다.

중요한 것은 이 모든 과정이 '**실행 격차**'라는 인간의 근본적인 한계를 인정하고, 이를 극복하기 위한 과학적이고 인간적인 접근을 제시한다는 점입니다. 우리의 좋은 의도가 더 이상 작심삼일로 끝나지 않도록, 통찰을 영향으로 바꾸는 여정이 시작됩니다.

"이제 당신도 넛지 씽킹 캔버스 위에 당신만의 문제를 올려놓고,
세상을 바꾸는 설계자가 되어보세요."

■ 핵심 용어

실행 격차(Implementation Gap): 좋은 의도나 계획이 실제 행동으로 이어지지 않는 현상. 넛지 씽킹은 이 격차를 줄이는 것을 목표로 합니다.

넛지 씽킹 캔버스(Nudge Thinking Canvas): 디자인 씽킹의 공감적 문제 발견과 넛지의 과학적 개입 설계를 5단계(발견-진단-구상-설계-증명)로 통합한 실용적인 문제 해결 프레임워크입니다.

행동 진단(Behavioral Diagnosis): 특정 행동이 일어나거나 일어나지 않는 원인을 행동경제학적 개념(인지 편향, 마찰 등)을 이용해 분석하는 과정입니다.

무작위 통제 시험(Randomized Controlled Trial, RCT): 참여자를 무작위로 실험군과 통제군으로 나누어 정책이나 개입의 효과를 과학적으로 측정하는 연구 방법. 사회정책 효과 측정의 '황금률'입니다.

디지털 공감(Digital Empathy): 빅데이터와 행동 분석을 통해 사용자의 숨겨진 의도와 감정을 파악하는 21세기형 공감 방법론입니다.

■ 더 깊이 생각해보기

1. 당신만의 넛지 씽킹 캔버스 만들어보기

일상에서 겪고 있는 작은 문제 하나를 선택해보세요. (예: 미루는 습관, 환경보호 실천, 건강한 식단 등) 5단계 캔버스를 적용해 진짜 문제를 발견하고, 행동 장벽을 진단한 후, 나만의 넛지를 설계해보세요.

2. 우리 주변의 RCT 사례 찾아보기

최근 뉴스나 정책 발표에서 "실험", "테스트", "파일럿 프로그램" 등의 키워드가 포함된 사례들을 찾아보세요. 이들이 어떤 가설을 세우고, 어떻게 측정하고, 무엇을 배웠는지 분석해보세요.

3. 디지털 공감의 윤리적 경계선

유튜브처럼 사용자 데이터로 의도를 파악하는 것이 '공감'일까요, 아니면 '감시'일까요? 디지털 시대의 공감에는 어떤 윤리적 원칙들이 필요할지 토론해보세요.

4. 실행 격차 극복 전략 세우기

새해 계획이나 중요한 목표가 작심삼일로 끝났던 경험을 떠올려보세요. 어떤 인지적 함정들이 당신의 실행을 방해했나요? 넛지 씽킹으로 이를 어떻게 해결할 수 있을지 구체적인 계획을 세워보세요.

[참고문헌]

[1] Congdon, W. J., Kling, J. R., & Mullainathan, S. (2011). *Policy and choice: Public finance through the lens of behavioral economics.* Brookings Institution Press. 실행 격차의 개념과 정책적 함의를 체계적으로 다룬 행동경제학의 기본서입니다.

[2] Madrian, B. C. (2014). Applying insights from behavioral economics to policy design (No. w20318). National Bureau of Economic Research. 불완전한 최적화와 제한된 자기통제 개념을 정책 설계에 적용하는 방법론을 제시한 중요한 연구입니다.

[3] Stanford University. (2024). Behavioral insights enhance AI-driven recommendations. *Stanford News.* 유튜브의 IS-Rec 시스템 개발과 사용자 의도 예측에 관한 최신 연구 결과를 소개합니다.

[4] 행정안전부, 한국디자인진흥원. (2023). 2023 국민정책디자인 우수사례 - 강남구 '가치 운동할래?' 프로젝트. 장애인의 운동할 권리를 위한 포용적 정책 설계 과정을 상세히 기록한 공식 보고서입니다.

[5] 강남구청. (2023). 강남구 '가치 운동할래', 국민정책디자인 성과공유대회 대통령상 수상. 강남구 보도자료. 프로젝트의 성과와 전국 확산 계획을 담은 공식 발표 자료입니다.

[6] 수영구청. (2023). 경계선 지능 청년의 사회진출 연결고리 '차차스테이션' 운영 성과. 부산시 수영구 정책자료. 경계선 지능 청년 지원 프로그램의 설계 과정과 성과를 분석한 자료입니다.

[7] 느린인뉴스. (2024). 수영구, '차근차근' 취업 향해...'차차스테이션' 2기 출발. 차차스테이션 프로그램의 교육과정과 참여자들의 경험을 다룬 심층 보도입니다.

[8] 부산일보. (2024). 수영구, '수영 차차스테이션 2기' 프로젝트 본격 추진. 유급 일자리 경험 프로그램의 구체적인 운영 방식과 효과를 보도한 기사입니다.

[9] West, S. L., & O'Neal, K. K. (2004). Project D.A.R.E. outcome effectiveness revisited. *American Journal of Public Health, 94*(6), 1027-1029. DARE 프로그램의 효과성을 재평가한 메타분석 연구로, 증명 없는 정책의 위험성을 보여주는 대표적 사례입니다.

[10] Bettinger, E. P., Long, B. T., Oreopoulos, P., & Sanbonmatsu, L. (2012). The role of application assistance and information in college decisions: Results from the H&R Block FAFSA experiment. *The Quarterly Journal of Economics, 127*(3), 1205-1242. 시카고 학자금 지원 신청 넛지 실험의 원논문으로, 작은 개입이 큰 효과를 만드는 과정을 상세히 기록했습니다.

[11] Hallsworth, M., List, J. A., Metcalfe, R. D., & Vlaev, I. (2017). The behavioralist as tax collector: Using natural field experiments to enhance tax compliance.

Journal of Public Economics, 148, 14-31. 영국 세금 고지서 RCT 실험의 전체 과정과 결과를 다룬 원논문입니다.

제12장

공감, 그 너머의 진실: 행동 이면의 심리 지도 읽기

(넛지 공감으로 '말-행동 불일치'의 비밀을 파헤치다)

"새해 다짐은 왜 항상 실패로 끝날까요?"
우리 안의 두 마음을 들여다볼 시간입니다.

매년 1월 첫째 주, 동네 헬스클럽은 새로운 희망으로 북적입니다. "올해는 정말 달라질 거야!" 결심에 찬 얼굴로 운동복을 입고, 러닝머신 위에서 땀을 흘리는 사람들의 모습을 볼 수 있죠. 하지만 2월이 되면 어떨까요? 헬스클럽은 거짓말처럼 한산해지고, 우리의 운동화는 신발장 깊숙한 곳에서 잠들기 시작합니다.

이런 경험, 여러분도 있으시죠? 분명히 진심이었던 결심이 왜 이렇게 쉽게 무너질까요? 혹시 우리의 의지력이 부족한 걸까요? 아니면 게으름뱅이라서일까요? 사실 그렇지 않습니다. 문제는 우리가 인간의 마음을 제대로 이해하지 못하고 있다는 데 있습니다.

12.1 "새해 다짐은 왜 항상 실패할까?": 우리 안의 두 자아, 계획하는 나와 행동하는 나

이 책의 2부에서 우리는 인간의 마음속에 서로 다른 두 시스템이 있다는 것을 배웠습니다. 이성적이고 논리적인 시스템 2(기수)와 직관적이고 본능적인 시스템 1(코끼리)이 바로 그것이죠.[1] 새해 다짐의 실패는 바로 이 두 시스템의 갈등에서 비롯됩니다.

12월 31일 밤, 우리 안의 **'계획하는 나(Planner)'**가 활동합니다. 이 합리적인 기수는 운동의 장기적 이익을 정확히 계산합니다. "주 3회 운동하면 체중 5kg 감량, 건강 개선,

자신감 상승!" 논리적이고 완벽한 계획을 세우죠. 하지만 아침 6시 알람이 울릴 때 깨어나는 것은 전혀 다른 존재입니다.

바로 **'행동하는 나(Doer)'**, 즉 우리 안의 코끼리입니다. 이 강력한 존재는 따뜻한 이불의 즉각적인 편안함, 잠의 달콤함만을 원합니다. "5분만 더... 오늘 하루 쉬어도 괜찮지 않을까?" 거대한 코끼리 앞에서 작은 기수의 목소리는 힘을 잃습니다.

이제 중요한 깨달음이 옵니다. 진정한 공감은 사용자의 말만 듣는 것이 아닙니다. 그들의 말이 왜 행동으로 이어지지 못하는지, 그 실패의 현장에 남겨진 보이지 않는 심리적 '증거'들을 찾아내는 것입니다. 이것이 바로 **'넛지 공감(Nudge Empathy)'**의 시작입니다.

넛지 공감이란?

사용자의 표면적인 말 너머에 숨겨진 심리적 편향과 행동 패턴을 과학적으로 분석하여, 진짜로 작동하는 해결책을 찾아내는 공감 방법입니다. 단순히 "왜 그럴까?"를 묻는 것이 아니라, "어떤 심리적 힘들이 작용하고 있을까?"까지 파헤치는 것이죠.

12.2 행동 과학자의 프로파일링 툴킷: '말-행동 불일치'를 해독하는 세 가지 렌즈

우리의 좋은 의도가 왜 번번이 실패로 끝나는지를 이해하기 위해, 행동 과학자들은 여러 개의 분석 렌즈를 사용합니다. 마치 형사가 다양한 과학수사 장비로 증거를 수집하고 분석하듯, 우리도 이 렌즈들을 통해 말과 행동 사이의 거대한 간극을 체계적으로 들여다볼 수 있습니다.

렌즈 1: 사회적 가면 - 사회적 바람직성 편향 (Social Desirability Bias)

인간은 사회적 동물입니다. 우리는 무의식적으로 타인에게 긍정적으로 보이고자 하는 강한 욕구를 가지고 있어요. 그래서 때로는 진짜 속마음보다, 사회적으로 바람직하다고 여겨지는 답변을 선택하게 됩니다.[2] 즉, 우리의 '말'은 종종 진정한 의도의 표현이라기보다, **'나는 이렇게 괜찮은 사람입니다'**라고 보여주기 위한 일종의 '사회적 가면'일 수 있습니다.

가장 극적인 예는 2016년 미국 대선 당시의 **'샤이 트럼프(Shy Trump)' 현상**입니다. 당시 많은 여론조사에서 유권자들은 자신의 트럼프 지지 의사를 솔직하게 밝히지 않았습니다. 사회적으로 비판받을 수 있다는 두려움 때문에, 여론조사원 앞에서는 '사회적으로 바람직한' 답변을 선택했던 것이죠. 그 결과 대부분의 예측이 빗나갔습니다.

우리 주변의 사회적 가면들

- **헬스장 설문조사:** "운동을 얼마나 자주 하시나요?" 설문에서는 "주 3-4회"라고 답하지만, 실제 출석 기록을 보면 월 2-3회
- **독서 모임 인터뷰:** "한 달에 몇 권 읽으세요?" 질문에 "4-5권"이라고 답하지만, 구매 기록을 보면 1-2권
- **분리수거 실태조사:** "분리수거를 잘 하시나요?" 98%가 "예"라고 답했지만, 실제 관찰 결과 정확한 분리수거율은 45%[9]

이들은 거짓말쟁이가 아닙니다. 단지 '성실한 시민', '교양 있는 사람'이라는 사회적 정체성을 유지하고 싶을 뿐이죠.

렌즈 1의 핵심 질문: *"사용자의 이 말은 진정한 의도일까, 아니면 이상적인 자아를 연기하는 것일까? 그가 보여주고 싶어 하는 정체성은 무엇일까?"*

렌즈 2: 낙관의 덫 - 계획 오류 & 공감 간극

우리의 의도가 100% 진심일 때조차 실패하는 이유는 무엇일까요? 바로 미래를 예측하는 우리 뇌의 근본적인 결함, **'낙관의 덫'** 때문입니다. 이 덫은 두 개의 교묘한 함정으로 이루어져 있습니다.

첫 번째 함정은 노벨 경제학상 수상자 대니얼 카너먼이 명명한 **'계획 오류(Planning Fallacy)'**입니다.[3] 이는 어떤 일을 완수하는 데 필요한 시간, 노력, 비용을 과소평가하는 경향을 말합니다. 우리는 계획을 세울 때 과거의 수많은 실패 경험은 무시한 채, 모든 것이 순조롭게 진행될 것이라는 가장 이상적인 시나리오에만 집중합니다.

"이 보고서는 반나절이면 충분해"라고 자신했지만, 예상치 못한 자료 조사와 수정 작업으로 밤을 새운 경험, 누구에게나 있으시죠?

두 번째 함정은 **'공감 간극(Hot-Cold Empathy Gap)'**입니다.[4] 이는 배고픔, 피로, 유혹과 같은 강렬한 감정 상태('Hot' 상태)가 우리 행동에 미칠 영향을, 차분하고 이성적인 상태('Cold' 상태)일 때 제대로 예측하지 못하는 현상입니다.

배부르고 만족스러운 저녁, "내일부터는 점심에 샐러드만 먹을 거야"라고 결심합니다. 하지만 다음 날 오후 2시, 극심한 허기와 스트레스 상황에서 치킨집 앞을 지날 때 어떻게 될까요? 샐러드에 대한 결심은 치킨의 유혹 앞에서 힘없이 무너지고 맙니다.

▣ 실제 사례: 한국 대학생의 스마트폰 사용 시간

서울대 소비자학과 연구팀이 300명의 대학생을 대상으로 흥미로운 실험을 진행했습니다.[10] 먼저 학생들에게 "오늘 하루 스마트폰을 얼마나 사용할 것 같나요?"라고 물었습니다. 평균 답변은 "2시간 30분"이었죠.

하지만 실제 사용 시간을 측정한 결과는 충격적이었습니다. 평균 **5시간 47분**. 거의 두 배가 넘는 시간이었습니다. 특히 저녁 9시 이후 침대에 누워있을 때의 사용 시간이 예상보다 3배 이상 길었습니다.

왜 이런 일이 벌어졌을까요? 오전에 계획을 세울 때(Cold 상태)는 "피곤하니까 일찍 자야지"라고 생각했지만, 밤에 침대에 누워 있을 때(Hot 상태)는 "유튜브 하나만 더...", "인스타 확인만..."이라는 즉각적 유혹을 예측하지 못했던 것입니다.

렌즈 2의 핵심 질문: *"사용자는 자신의 계획 속에 숨어있는 구체적인 장애물과 마찰을 간과하고 있지 않을까? 그의 차가운 결심을 무너뜨릴 뜨거운 유혹의 순간은 언제, 어디서 나타날까?"*

렌즈 3: 습관의 중력 - 현상 유지 편향 & 마찰

앞선 두 편향이 작동하는 가장 근본적인 토대는 바로 **'습관의 중력'**입니다. 우리의 뇌는 지독한 에너지 절약가예요. 그래서 특별한 이유가 없다면 어제 했던 행동을 그대로 유지하려는 매우 강력한 경향을 보입니다. 이것이 바로 **'현상 유지 편향(Status Quo Bias)'**입니다.[5]

현재의 상태는 아무런 노력을 요구하지 않는 강력한 기본값입니다. 반면 이 기본값을 바꾸려는 모든 시도는 **'마찰(Friction)'**을 발생시킵니다. 마찰이라고 해서 거창한 것은 아닙니다. 새로운 앱을 설치하고, 회원가입을 하고, 평소 쓰던 물건을 다른 곳으로 옮기는 아주 사소한 수고로움 모두가 마찰입니다.

우리 안의 본능적인 코끼리는 이런 작은 마찰조차 극도로 싫어합니다. 그래서 우리는 종종 더 나은 대안이 있다는 것을 알면서도, 단지 바꾸기 귀찮다는 이유만으로 기존 방식을 고수하게 됩니다.

마찰의 숨겨진 힘: 클릭 한 번의 차이

한 온라인 쇼핑몰에서 실험을 진행했습니다. A그룹은 구매 버튼을 클릭하면 바로 결제 페이지로 이동했고, B그룹은 중간에 "정말 구매하시겠습니까?" 확인 페이지가 한 번 더 나왔습니다. 단 한 번의 추가 클릭, 5초의 지연.

결과는 놀라웠습니다. B그룹의 충동구매가 **42% 감소**했습니다.[11] 고작 5초의 마찰이 수천억 원대 산업을 좌우할 수 있는 것입니다. 반대로, 아마존의 '원클릭 구매'는 마찰을 제거하여 매출을 급증시켰습니다.

이것이 바로 우리가 설계할 때 마찰을 신중히 다뤄야 하는 이유입니다. 좋은 행동에는 마찰을 제거하고, 나쁜 행동에는 적절한 마찰을 추가하는 것이죠.

***렌즈 3의 핵심 질문:** "현재의 기본값 행동은 무엇인가? 그것을 바꾸기 위해 사용자는 구체적으로 어떤 단계의 마찰들을 거쳐야 하는가?"*

12.3 3가지 렌즈를 활용한 사례 심층 분석

이제 이 세 가지 렌즈를 실제 사례에 적용해 보겠습니다. 한 대학교 앞 카페에서 흥미로운 실험을 시작했습니다. 환경보호를 위해 재사용 컵(텀블러)을 가져오는 고객에게 500원을 할인해주는 제도를 도입한 것이죠.

카페 사장님은 기대에 부풀었습니다. 고객 인터뷰에서 반응이 정말 좋았거든요. "정말 좋은 아이디어네요! 환경도 보호하고 돈도 아낄 수 있으니 저도 꼭 동참할 거예요." "요즘 환경문제가 심각하잖아요. 작은 실천이라도 해야죠." 이런 반응들이 쏟아졌습니다.

하지만 한 달 뒤 결과는 충격적이었습니다. 실제 재사용 컵 이용률은 고작 5% 미만이었던 것입니다. 재사용 컵의 이런 은밀한 이중생활은 고객들의 열광적인 반응과 실제 행동 사이에 거대한 간극 때문이죠. 이 수수께끼를 우리의 세 가지 렌즈로 풀어보겠습니다.

▣ 3가지 렌즈로 진단하는 재사용 컵 사례

관찰/진술	렌즈 1: 사회적 가면	렌즈 2: 낙관의 덫	렌즈 3: 습관의 중력
사용자 진술: "환경을 위해 텀블러를 꼭 쓸 거예요!"	**사회적 바람직성 편향:** '환경을 생각하는 의식 있는 시민'이라는 긍정적 정체성을 표현. 실제 행동 의지보다 사회적 역할 수행에 가까움	**계획 오류:** 매일 아침 텀블러를 챙기고, 씻고, 하루 종일 들고 다니는 일상의 '수고'와 '번거로움'을 과소평가	**현상 유지 편향:** 현재의 습관(빈손으로 집을 나서는 것)이 '제로 노력'의 기본값. 텀블러 사용은 이 기본값을 깨는 '변화'
관찰된 행동: 텀블러를 집에 두고 와 일회용 컵 사용	**사후 합리화:** "오늘은 너무 바빠서 깜빡했어요"라며 자신의 '의식 있는 시민' 정체성과 모순되는 행동을 일시적 예외로 치부	**공감 간극:** 집에서의 차분한('Cold') 결심이 출근길의 분주함과 카페인 갈망이라는 'Hot' 상태에 압도당함	**마찰:** 일회용 컵의 즉각적 편리함(마찰 없음)이 500원 할인과 환경보호라는 멀고 추상적인 이득(마찰 극복 필요)을 압승

이 진단표가 우리에게 보여주는 것은 무엇일까요? 문제의 본질은 '고객들의 부족한 환경 의식'이나 '의지 부족'이 아니었습니다. 진짜 문제는 **'인간의 자연스러운 심리적 편향과 행동 변화에 따르는 구체적인 마찰'**이었던 것입니다.

고객들은 거짓말을 한 것이 아닙니다. 그들은 정말로 환경을 위해 뭔가 하고 싶었어요. 하지만 인간의 마음은 우리가 생각하는 것보다 훨씬 복잡하고, 다양한 심리적 힘들이 동시에 작용하고 있었던 거죠.

이제 세 가지 렌즈를 동시에 사용하여 또 다른 일상적 문제를 분석해 보겠습니다. 많은 직장인들이 겪는 **"저축 실패"**의 경우를 살펴볼까요?

김민수(28세, 회사원)씨는 매달 초 이렇게 다짐합니다. "이번 달엔 꼭 월급의 30%인 90만 원을 저축하겠어!" 실제로 그는 진심이었고, 재무 설계사에게도 "저축이 가장 중요하다고 생각해요"라고 말했습니다.

하지만 월말이 되면? 통장 잔고는 5만 원. 또다시 저축 실패입니다. 세 가지 렌즈로 분석해보겠습니다.

▣ 3가지 렌즈로 진단하는 저축 실패 사례

렌즈	김민수씨의 저축 실패 분석
렌즈 1: **사회적 가면**	"저축을 중요하게 생각한다"는 말은 '계획적이고 책임감 있는 성인'이라는 사회적 정체성을 표현. 실제로는 "지금 당장의 즐거움"을 더 원하지만, 재무 설계사 앞에서 이를 솔직히 말하기 어려움
렌즈 2: **낙관의 덫**	**계획 오류:** 친구 생일, 회식, 갑작스러운 지출 등을 과소평가. "이번 달은 특별한 일이 없을 거야"라고 가정 **공감 간극:** 월초의 차분한 상태에서는 "90만 원 저축 가능"하다고 판단. 하지만 월중의 "친구들이 여행 가자고 할 때", "스트레스 받아서 쇼핑하고 싶을 때"의 유혹을 예측하지 못함
렌즈 3: **습관의 중력**	**현상 유지:** 지금까지 "월급 들어오면 일단 쓰고 남은 걸 저축"하는 패턴이 기본값 **마찰:** 저축을 위해서는 ①저축 금액 계산 ②은행 앱 접속 ③이체 실행이라는 3단계 마찰. 반면 소비는 카드 긁기만 하면 끝(마찰 거의 없음)

렌즈 분석에서 나온 실제 해결책들

이렇게 분석하고 나니 해결책의 방향이 명확해집니다. "의지력을 키워라", "절제하라"는 조언이 아닌, 구조를 바꾸는 해결책이 필요합니다.

- **렌즈 1 대응:** 저축을 '고생'이 아닌 '성취'로 리프레이밍. SNS에서 자랑할 수 있는 "저축 챌린지" 형태로 설계
- **렌즈 2 대응:** 예상치 못한 지출을 위한 '비상금 계좌' 별도 마련. 현실적인 저축 목표 설정 (90만 원 → 50만 원)
- **렌즈 3 대응:** '자동이체'로 월급 들어오는 날 저축 먼저 실행 (기본값 변경). 소비 계좌와 저축 계좌를 분리하여 소비에 마찰 추가

이것이 바로 넛지 공감의 힘입니다. 표면적인 문제("저축을 안 한다")가 아니라 심층적인 원인(심리적 편향과 구조적 마찰)을 파악하면, 실제로 작동하는 해결책을 설계할 수 있습니다.

12.4 진단에서 디자인 단서로: 문제 해결의 실마리 찾기

이처럼 깊이 있는 진단은 완전히 새로운 차원의 해결책을 상상하게 만듭니다. 단순히 "텀블러 사용을 독려하자"는 막연한 목표 대신, 우리는 훨씬 더 정교하고 구체적인 질문들을 던질 수 있게 됩니다.

3가지 렌즈에서 나온 구체적 설계 질문들

렌즈 1에서: 어떻게 하면 텀블러 사용을 '귀찮은 일'이 아니라 **'자랑하고 싶은 멋진 행동'**으로 만들 수 있을까?

렌즈 2에서: 어떻게 하면 사용자가 겪을 미래의 '귀찮음'과 '유혹'을 미리 대비하도록 도울 수 있을까?

렌즈 3에서: 어떻게 하면 텀블러 사용의 '마찰'을 극단적으로 줄이거나, 일회용 컵 사용의 '마찰'을 적절히 높일 수 있을까?

이 질문들은 다음 장에서 우리가 탐험할 아이디어의 출발점이 됩니다. 예를 들어:

- **텀블러 렌탈 서비스** (마찰 줄이기): 카페에서 깨끗한 텀블러를 빌려주고 다음 방문 때 가져오면 되는 시스템
- **사용 횟수 등급제 로열티 프로그램** ('멋진 행동'으로 만들기): 텀블러 사용 횟수에 따라 등급을 부여하고 시각적으로 보여주는 시스템
- **텀블러 예약 알림 서비스** (미래 유혹 대비): "내일 커피 마시러 갈 때 텀블러 가져가기"를 전날 밤 알림으로 보내주는 서비스
- **일회용 컵 선택 시 잠깐의 지연** (마찰 높이기): 일회용 컵을 선택하면 "정말 일회용 컵을 사용하시겠어요? 5초 후에 주문이 진행됩니다" 메시지

보세요! 이렇게 구체적인 해결책들이 나오기 시작합니다. **정확한 진단이 언제나 최고의 처방을 낳는다**는 의학의 원리가 바로 여기에 적용되는 것입니다.

실전 팁: 당신도 할 수 있는 넛지 공감

일상에서 "사람들이 왜 그렇게 행동할까?"라는 궁금증이 생기면, 이 세 가지 렌즈를 적용해보세요:

- **렌즈 1:** "혹시 사회적으로 보이고 싶은 모습이 있을까?"
- **렌즈 2:** "미래의 어려움을 과소평가하고 있을까?"
- **렌즈 3:** "현재 상태를 바꾸는 게 너무 귀찮을까?"

이렇게 분석하면 비난이 아닌 이해가, 강요가 아닌 도움이 가능해집니다.

12.5 일상에서 발견하는 말-행동 불일치: 행동 과학자의 눈으로 세상 보기

이제 우리는 세상을 다른 눈으로 볼 수 있게 되었습니다. 주변에서 일어나는 수많은 말-행동 불일치 현상들이 보이기 시작할 것입니다. 몇 가지 흥미로운 사례들을 함께 살펴볼까요?

▣ 사례 1: 엘리베이터 vs 계단 - "건강을 위해 계단을 이용하겠다"

한 오피스 빌딩에서 직원들에게 설문조사를 했습니다. "건강을 위해 계단을 이용하시나요?" 83%가 "네, 자주 이용합니다"라고 답했습니다. 하지만 실제 CCTV 분석 결과, 계단 이용률은 12%에 불과했습니다.[12]

세 가지 렌즈 분석:

- **렌즈 1:** "건강을 챙기는 사람"이라는 정체성 표현
- **렌즈 2:** "오늘은 피곤하지 않을 것"이라는 낙관. 실제 오후의 피로감 예측 실패
- **렌즈 3:** 엘리베이터 버튼(마찰 거의 없음) vs 계단 오르기(마찰 높음)

▣ 사례 2: 온라인 강의 수강 - "이번엔 끝까지 들을 거야"

한국의 한 유명 온라인 교육 플랫폼 데이터를 분석한 결과, 강의 구매자 중 **완강률은 8.7%**에 불과했습니다.[13] 흥미로운 점은 강의 구매 직후 만족도 조사에서는 95%가 "끝까지 들을 것"이라고 답했다는 것입니다.

세 가지 렌즈 분석:

- **렌즈 1:** "자기계발하는 사람"이라는 이미지. 강의를 '구매'하는 것만으로도 만족

- **렌즈 2:** 구매 시점의 열정 상태(Hot)를 유지할 수 없음. "평일 저녁에 피곤할 것"을 과소평가
- **렌즈 3:** 강의 듣기(로그인, 재생, 집중이라는 마찰) vs 유튜브 보기(마찰 거의 없음)

▣ 사례 3: 배달앱 '건강식' 카테고리 - "다이어트 중이라 샐러드 먹어야지"

한 배달앱 회사의 내부 데이터에 따르면, 사용자들이 앱에서 '건강식' 카테고리를 클릭하는 비율은 47%였지만, 실제 건강식을 주문하는 비율은 8%에 불과했습니다.[14] 대부분은 건강식 메뉴를 둘러보다가 결국 치킨, 피자를 주문했습니다.

세 가지 렌즈 분석:

- **렌즈 1:** "건강을 생각하는 사람"으로 보이고 싶은 욕구. 클릭만으로도 '노력한 것' 같은 느낌
- **렌즈 2:** 배고플 때(Hot 상태)의 강렬한 욕구를 배부를 때(Cold 상태) 예측하지 못함
- **렌즈 3:** 평소 먹던 메뉴(기본값)의 강력한 끌림. 새로운 건강식 시도의 심리적 마찰

이처럼 우리 주변에는 수많은 말-행동 불일치가 있습니다. 이제 여러분은 이것을 단순히 "의지 부족", "게으름"으로 판단하지 않을 것입니다. 대신 "어떤 심리적 편향과 구조적 마찰이 작용하고 있을까?"라는 질문을 던지게 될 것입니다.

실전 연습

연습 1: 나의 실패 분석하기

당신의 '새해 다짐' 중 실패했던 하나를 떠올려보세요. (예: 매일 아침 조깅하기) 오늘 배운 세 가지 렌즈를 사용해 그 실패를 분석해보세요. 당신의 말("나는 건강을 위해 뛸 거야!") 뒤에는 어떤 사회적 가면이 있었나요? 어떤 낙관의 덫에 빠졌나요? 어떤 습관의 중력이 당신의 발목을 잡았나요? 이 분석을 통해 당신은 '의지 부족'이라는 단순한 결론을 넘어, 당신의 행동을 지배한 진짜 힘을 발견하게 될 것입니다.

연습 2: 주변 사람 관찰하기

이번 주에 주변 사람들(가족, 친구, 동료)을 관찰해보세요. 그들이 하는 말과 실제 행동 사이의 차이를 발견할 수 있나요? 비판하지 말고, 세 가지 렌즈로 분석해보세요. "저 사람은 왜 그럴까?" 대신 "어떤 심리적 힘이 작용하고 있을까?"라고 질문하면, 전혀 다른 세상이 보일 것입니다.

연습 3: 작은 넛지 설계하기

당신이 분석한 문제 중 하나를 선택해서, 작은 넛지를 설계해보세요. 마찰을 줄이거나, 기본값을 바꾸거나, 사회적 정체성을 활용할 수 있을까요? 다음 장에서 배울 본격적인 설계 방법의 예습이 될 것입니다.

12장을 마무리하며

이 장에서 우리는 사람들의 **말과 행동 사이**에 존재하는 간극을 해독하는 **세 가지 렌즈**를 배웠습니다. 사회적 바람직성 편향, 계획 오류와 공감 간극, 현상 유지 편향과 마찰—이 렌즈들은 넛지 공감의 핵심 도구입니다.

중요한 것은 이제 우리가 사람들을 비난하는 대신 이해할 수 있게 되었다는 점입니다. 정확한 진단이 효과적인 해결책의 시작이라는 것을 배웠죠.

"오늘부터 사람들의 말 너머를 들여다보세요.
여러분도 말과 행동의 간극을 메우는 넛지 설계자가 될 수 있습니다."

■ 핵심 용어

넛지 공감 (Nudge Empathy): 사용자의 표면적인 말 너머에 숨겨진 심리적 편향과 행동 패턴을 과학적으로 분석하여, 실제로 작동하는 해결책을 찾아내는 공감 방법입니다.

사회적 바람직성 편향 (Social Desirability Bias): 타인에게 긍정적으로 보이고 싶은 욕구 때문에, 자신의 실제 생각이나 행동 대신 사회적으로 바람직하게 여겨지는 방식으로 응답하는 경향입니다.

계획 오류 (Planning Fallacy): 미래의 과업을 완수하는 데 필요한 시간, 비용, 노력을 과소평가하고, 지나치게 낙관적인 시나리오에 의존하는 인지 편향입니다.

공감 간극 (Hot-Cold Empathy Gap): 이성적이고 차분한 상태일 때, 배고픔이나 유혹과 같은 강렬한 감정 상태가 자신의 행동에 미칠 영향을 제대로 예측하지 못하는 현상입니다.

현상 유지 편향 (Status Quo Bias): 특별한 이득이나 동기가 주어지지 않는 한, 현재 상태를 그대로 유지하려는 강력한 심리적 경향입니다.

마찰 (Friction): 어떤 행동을 시작하거나 완료하는 것을 어렵게 만드는 심리적, 물리적 장애물입니다. 아주 사소한 불편함도 마찰이 될 수 있습니다.

■ 더 깊이 생각해보기

1. 여러분 주변의 '말-행동 불일치' 관찰하기

이번 주에 여러분 자신과 주변 사람들의 말과 행동을 관찰해보세요. "꼭 할 거야"라고 말했지만 실제로는 하지 않은 일이 있나요? 그때 작용한 심리적 편향은 무엇이었을까요? 세 가지 렌즈로 분석해보세요.

2. 나의 '공감 간극' 경험 돌아보기

과거에 차분한 상태(Cold)에서 세운 계획이 감정적인 순간(Hot)에 무너진 경험을 떠올려보세요. 그 순간 어떤 유혹이나 어려움이 있었나요? 미래의 당신을 위해 어떤 구조를 설계할 수 있을까요?

3. 마찰 디자인 실험해보기

당신이 줄이고 싶은 나쁜 습관 하나와 늘리고 싶은 좋은 습관 하나를 선택하세요. 나쁜 습관에는 어떤 마찰을 추가할 수 있을까요? 좋은 습관에서는 어떤 마찰을 제거할 수 있을까요? 실제로 1주일간 실험해보고 결과를 기록해보세요.

4. 토론 주제: 넛지 공감의 윤리적 경계

"사람들의 심리적 편향을 분석하고 이를 활용하는 것은 윤리적인가?"라는 질문에 대해 생각해보세요. 사용자를 돕기 위한 넛지와 조작하기 위한 다크 패턴의 차이는 무엇일까요? 어떤 원칙이 있어야 할까요?

[참고문헌]

[1] Kahneman, D. (2011). *Thinking, Fast and Slow*. Farrar, Straus and Giroux. 시스템 1(빠른 사고)과 시스템 2(느린 사고)의 이중 처리 이론을 체계적으로 설명한 대표 저서입니다.

[2] Paulhus, D. L. (1984). Two-component models of socially desirable responding. *Journal of Personality and Social Psychology*, 46(3), 598-609. 사회적 바람직성 편향의 구조와 측정 방법을 정립한 연구입니다.

[3] Kahneman, D., & Tversky, A. (1979). Intuitive prediction: Biases and corrective procedures. *TIMS Studies in Management Science*, 12, 313-327. 계획 오류(Planning Fallacy)의 개념을 처음 제시한 논문입니다.

[4] Loewenstein, G. (2005). Hot-cold empathy gaps and medical decision making. *Health Psychology*, 24(4S), S49-S56. 공감 간극 현상을 의료 의사결정 맥락에서 분석한 연구입니다.

[5] Samuelson, W., & Zeckhauser, R. (1988). Status quo bias in decision making. *Journal of Risk and Uncertainty*, 1(1), 7-59. 현상 유지 편향을 실험을 통해 검증한 기념비적 연구입니다.

[9] 환경부. (2019). 생활폐기물 분리배출 실태조사 결과보고서. 한국 가정의 실제 분리수거율과 자가 보고 분리수거율의 차이를 분석한 공식 보고서입니다.

[10] 서울대학교 소비자학과. (2020). 스마트폰 사용 시간 예측과 실제 사용 시간의 차이 연구. 미발표 내부 연구자료. 대학생의 스마트폰 사용 시간에 대한 공감 간극을 분석한 연구입니다.

[11] Thaler, R. H., & Sunstein, C. R. (2008). *Nudge: Improving Decisions About Health, Wealth, and Happiness*. Yale University Press. 마찰(Friction) 개념을 활용한 넛지 설계의 바이블입니다.

[12] 국민건강보험공단. (2018). 직장인 건강행동 실태조사: 계단 vs 엘리베이터 이용 패턴 분석. 설문 응답과 실제 행동의 차이를 CCTV로 검증한 연구입니다.

[13] 한국 온라인교육협회. (2021). 온라인 강의 완강률 실태조사 보고서. 온라인 교육 플랫폼의 강의 구매와 완강률 데이터를 종합 분석한 보고서입니다.

[14] 배달의민족. (2022). 사용자 행동 패턴 분석: 건강식 카테고리 클릭과 실제 주문의 불일치. 내부 데이터 분석 보고서. 배달앱 내 건강식 카테고리 탐색과 실제 주문 행동의 간극을 분석한 자료입니다.

제13장

문제를 행동으로 재정의하기

(어떻게 하면 이 행동을 바꿀까?)

"더 넓은 주차장을 만들까요, 아니면 사람들이 주차를 덜 하고 싶어하게 만들까요?"
같은 문제를 어떻게 정의하느냐에 따라 해결책은 180도 달라집니다.

13.1 문제 정의가 모든 것을 결정한다

1970년대 샌프란시스코 시는 심각한 교통 체증으로 골머리를 앓고 있었습니다. 시의회에서는 두 가지 제안이 나왔습니다. 첫 번째는 "더 많은 도로를 건설하자", 두 번째는 "사람들이 자가용 대신 대중교통을 이용하게 만들자"였습니다.[1]

같은 교통 문제를 완전히 다르게 정의한 것이죠. 첫 번째 정의는 "도로 용량이 부족하다"라는 관점에서, 두 번째는 "개인 차량 이용이 과도하다"라는 관점에서 문제를 바라본 것입니다.

결국 샌프란시스코는 두 번째 방식을 선택했고, 세계적으로 유명한 케이블카 시스템과 친환경 대중교통 도시로 거듭났습니다. 만약 첫 번째 방식을 택했다면? 아마 콘크리트 도로로 뒤덮인 삭막한 도시가 되었을 것입니다.

이것이 바로 **문제 정의(Problem Definition)**의 힘입니다. 어떤 관점에서 문제를 바라보느냐에 따라 해결책은 물론이고, 우리가 향해 가는 미래까지 완전히 달라집니다.

12장에서 우리는 재사용 컵 문제를 심층 분석했습니다. 사회적 바람직성 편향(Social Desirability Bias), 계획 오류(Planning Fallacy), 현상 유지 편향(Status Quo Bias)

이라는 세 가지 렌즈를 통해 "사람들이 왜 텀블러를 사용하지 않는가?"의 진짜 이유를 찾아냈죠. 이제 이 발견들을 바탕으로 문제를 다시 써보는 시간입니다.

13.2 12장 진단 결과: 텀블러 문제의 진실

먼저 지난 장에서 발견한 핵심 통찰들을 정리해보겠습니다:

3가지 렌즈를 통한 진단 결과

렌즈 1: 사회적 가면

고객들의 "환경을 위해 텀블러를 꼭 쓸 거예요!"라는 말은 진심이기보다는 '의식 있는 시민'이라는 정체성을 보여주려는 사회적 표현이었습니다. 실제로는 환경보다 개인적 편의가 우선순위였죠.

렌즈 2: 낙관의 덫

고객들은 매일 아침 텀블러를 챙기고, 씻고, 관리하는 일상의 번거로움을 심각하게 과소평가했습니다. 차분한 상태에서의 결심이 바쁜 아침의 현실과 충돌했을 때 쉽게 무너졌습니다.

렌즈 3: 습관의 중력

'빈손으로 집을 나서는' 기존 습관은 아무런 노력이 필요 없는 강력한 기본값(Default)이었습니다. 텀블러 사용으로 바꾸려면 여러 단계의 마찰(Friction)을 극복해야 했죠.

이 진단을 바탕으로 우리는 중요한 깨달음을 얻었습니다. 진짜 문제는 "고객들의 부족한 환경 의식"이 아니라 **"인간의 자연스러운 심리와 행동 패턴을 무시한 서비스 설**

계"였던 것입니다.

그렇다면 이제 문제를 어떻게 다시 정의해야 할까요? 넛지 씽킹(Nudge Thinking)의 핵심은 문제를 **"행동"** 중심으로 재정의하는 것입니다.

13.3 추상적 목표에서 구체적 행동으로

대부분의 조직이나 개인은 문제를 추상적인 목표로 정의합니다. "고객 만족도를 높이자", "환경 친화적인 서비스를 만들자", "직원들의 생산성을 향상시키자" 같은 식으로 말이죠. 이런 목표들은 방향성은 제시하지만, 구체적으로 무엇을 해야 하는지는 알려주지 않습니다.

넛지 씽킹에서는 문제를 반드시 **"어떤 행동을 바꿀 것인가?"**의 관점에서 재정의합니다. 왜냐하면 결국 세상의 모든 변화는 사람들의 행동 변화를 통해서만 가능하기 때문입니다.[2]

행동 지도(Behavior Map) 그리기

재사용 컵 사용과 관련된 핵심 행동들을 시간순으로 나열해보겠습니다:

텀블러 구매 | 집에서 챙기기 | 카페 방문 | 주문 시 제시

음료 받기 | 사용 후 관리 | 집에서 세척 | 다음날 준비

이 중에서 가장 큰 마찰이 발생하는 지점은 어디일까요? 바로 **"집에서 챙기기"**와 **"사용 후 관리"**입니다.

핵심 순간(Key Moments) 찾기

행동 지도를 그려보니, 텀블러 사용 실패의 핵심은 두 개의 결정적 순간에 있음을 알 수 있습니다:

- **오전 8시, 집을 나서는 순간:** 바쁜 아침에 텀블러를 챙기는 것을 잊어버림
- **음료를 마신 후:** 더러워진 텀블러를 씻고 관리하는 것이 번거로움

이제 우리는 문제를 훨씬 구체적으로 재정의할 수 있습니다. "재사용 컵 사용률을 높이자"라는 막연한 목표 대신, **"오전 8시 집을 나서는 순간에 고객이 자연스럽게 텀블러를 챙기게 하고, 사용 후 관리 부담을 최소화하자"**로 문제를 다시 쓸 수 있습니다.

13.4 사례 연구: 재사용 컵 문제의 3단계 재정의

▣ 문제 정의의 진화 과정

1단계: 전통적 문제 정의 (실패)

문제: "고객들의 환경 의식이 부족하다"
해결책: 환경보호 캠페인, 교육, 할인 혜택
결과: 5% 미만의 저조한 텀블러 사용률

2단계: 행동과학 기반 문제 정의 (개선)

문제: "텀블러를 챙기고 관리하는 과정의 마찰이 크다"
해결책: 텍스트 리마인더, 세척 서비스, 보관함 설치
예상 결과: 15-20%의 텀블러 사용률 향상

3단계: 넛지 중심 문제 정의 (최적화)

문제: "오전 출근 루틴에 텀블러가 자연스럽게 포함되지 않고, 사용 후 관리가 개인 부담이다"

해결책: 환경 재설계, 기본값 변경, 마찰 제거
목표 결과: 40% 이상의 텀블러 사용률 달성

이렇게 문제를 3단계로 재정의하면서 해결책의 방향이 완전히 달라졌습니다. 1단계에서는 사람을 바꾸려 했고, 2단계에서는 불편함을 줄이려 했다면, 3단계에서는 **환경 자체를 재설계**하여 원하는 행동이 자연스럽게 나오도록 만드는 것입니다.

13.5 실제 성공 사례들: 행동 중심 문제 정의의 힘

▣ 스타벅스 개인컵 리워드 프로그램

스타벅스 코리아는 2019년부터 "개인컵 챌린지" 프로그램을 운영하고 있습니다.[3] 단순히 할인을 주는 것을 넘어서, 텀블러 사용을 하나의 "게임"으로 재정의했죠.

행동 중심 문제 정의:

"어떻게 하면 고객이 텀블러 사용을 귀찮은 일이 아니라 성취감을 주는 활동으로 인식하게 할까?"

구체적 해결책:

- 텀블러 사용 횟수에 따른 단계별 배지 시스템
- 월별 텀블러 챌린지와 특별 혜택
- 앱을 통한 실시간 사용 기록과 환경 기여도 표시
- 매장에서의 즉각적인 인정과 칭찬

결과: 프로그램 참여자의 텀블러 사용률이 65% 이상 증가했습니다.

▣ 서울시 다회용기 배달 서비스

서울시는 2021년부터 "리컵(Re-Cup)" 다회용기 배달 서비스를 시범 운영하고 있습니다.[4] 이 프로젝트의 핵심은 개인의 의식 변화가 아닌 시스템 자체의 변화에 있었습니다.

행동 중심 문제 정의:

"어떻게 하면 소비자가 별도의 노력 없이도 자동으로 친환경 용기를 사용하게 할까?"

구체적 해결책:

- 기본 배달 용기를 다회용기로 설정 (기본값 변경)
- 용기 수거 및 세척을 업체가 책임 (마찰 제거)
- 추가 비용 없음 (경제적 부담 제거)
- 배달 앱에서 간단한 클릭 한 번으로 참여 (편의성 극대화)

결과: 참여 지역에서 일회용 용기 사용량이 72% 감소했습니다.

▣ 투썸플레이스 텀블러 스테이션

투썸플레이스는 2022년부터 주요 매장에 "텀블러 스테이션"을 설치했습니다.[5] 이는 텀블러 사용의 가장 큰 장벽인 "관리의 번거로움"을 정면으로 해결한 사례입니다.

행동 중심 문제 정의:

"어떻게 하면 텀블러 사용 후 세척과 보관 부담을 완전히 없앨 수 있을까?"

구체적 해결책:

- 매장 입구에 깨끗한 텀블러 비치
- 사용 후 간단히 반납
- 전문 세척 시스템으로 위생 관리
- QR 코드로 간편한 대여 및 반납

결과: 텀블러 스테이션 설치 매장의 재사용 컵 이용률이 3배 이상 증가했습니다.

이 세 가지 사례의 공통점은 무엇일까요? 모두 **개인의 의식이나 의지에 의존하지 않고, 시스템과 환경을 바꿔서 원하는 행동이 자연스럽게 나오도록 설계**했다는 점입니다.

▣ 해외 성공 사례: 네덜란드의 컵 보증금 시스템

네덜란드는 2021년부터 대형 행사에서 "컵 보증금(Cup Deposit)" 시스템을 의무화했습니다.[8] 이 시스템은 재사용 컵 문제를 완전히 다른 각도에서 재정의했습니다.

행동 중심 문제 정의:

"어떻게 하면 컵을 버리는 것보다 반납하는 것이 더 매력적인 선택이 되게 할까?"

구체적 해결책:

- 음료 구매 시 자동으로 1유로의 보증금 추가
- 컵 반납 시 즉시 1유로 환급 (손실 회피 심리 활용)
- 행사장 곳곳에 반납 키오스크 설치 (접근성 극대화)
- 반납하면 추첨 기회 제공 (추가 보상)

결과:

- 컵 반납률 95% 이상 달성
- 행사장 쓰레기 70% 감소
- 2023년부터 카페와 식당으로 확대 적용

이 사례의 핵심은 환경보호라는 추상적 가치 대신, **"내 돈을 잃고 싶지 않다"**는 구체적이고 즉각적인 동기를 활용했다는 점입니다. 행동경제학의 손실 회피(Loss Aversion) 원리를 완벽하게 적용한 예입니다.

▣ 국내 혁신 사례: 이디야커피 텀블러 대여 서비스

이디야커피는 2022년부터 일부 매장에서 "무료 텀블러 대여" 서비스를 시작했습니다.[9] 이는 소유가 아닌 공유 개념으로 문제를 재정의한 사례입니다.

행동 중심 문제 정의:

"어떻게 하면 텀블러 소유 부담 없이도 재사용 컵을 사용하게 할까?"

구체적 해결책:

- 무료로 텀블러 대여 (경제적 진입장벽 제거)
- 다음 방문 시 간단히 반납 (편의성)
- 세척은 매장에서 전담 (책임 전가)
- 대여 횟수에 따라 적립금 제공 (긍정적 보상)

고객 심리 변화:

- Before: "텀블러를 사야 하나? 관리가 번거로운데..."
- After: "그냥 빌려 쓰면 되네! 반납도 언제든 하면 되고"

> 이 서비스는 텀블러 사용의 가장 큰 두 가지 장벽인 **"초기 투자 부담"**과 **"지속적 관리 책임"**을 동시에 제거했습니다. 결과적으로 참여 매장에서 일회용 컵 사용량이 40% 감소했습니다.

성공 사례들의 공통 패턴 분석

지금까지 살펴본 다섯 가지 성공 사례를 분석하면 흥미로운 공통 패턴이 발견됩니다:

성공적인 문제 재정의의 5가지 공통점

요소	기존 접근	재정의 후 접근
초점	개인의 태도/의식	구체적인 행동 순간
방법	설득과 교육	환경과 시스템 재설계
동기	도덕적/윤리적 호소	즉각적/실용적 이득
책임	개인에게 부담	시스템이 분담
측정	인식 변화	실제 행동 변화

이 다섯 가지 요소가 모두 충족될 때, 문제해결의 성공확률은 극적으로 높아집니다. 특히 중요한 것은 **개인에게 책임을 전가하지 않고 시스템이 분담**한다는 점입니다.

13.6 문제 재정의를 위한 실전 도구들

이론을 알았으니 이제 직접 적용해볼 차례입니다. 문제를 행동 중심으로 재정의하기 위한 세 가지 강력한 도구를 소개하겠습니다.

도구 1: How Might We (HMW) 질문법

HMW 질문법은 스탠포드 디자인 스쿨에서 개발한 문제 재정의 기법입니다.[6] "어떻게 하면 우리가 ~할 수 있을까?"라는 형식으로 문제를 구체적인 도전 과제로 바꿔주죠.

HMW 질문 만들기 3단계

1단계: 현재 상황 파악

고객들이 텀블러를 사용하지 않는다

2단계: 행동 장벽 식별

아침에 챙기는 것을 까먹고, 사용 후 관리가 번거롭다

3단계: HMW 질문으로 변환

- 어떻게 하면 고객이 아침에 텀블러 챙기는 것을 잊지 않게 할 수 있을까?
- 어떻게 하면 텀블러 사용 후 관리를 즐거운 경험으로 만들 수 있을까?
- 어떻게 하면 텀블러 없이는 커피를 마실 수 없게 만들 수 있을까?

도구 2: 행동 분해(Behavior Breakdown)

복잡해 보이는 행동을 작은 단위로 나누어 각각의 마찰 지점을 찾는 기법입니다. BJ 포그(BJ Fogg) 교수의 행동 모델을 기반으로 합니다.[7]

행동 단계	구체적 행동	필요한 동기	필요한 능력	마찰 요소
준비	전날 밤 텀블러 준비	중간	높음	기억해야 함
실행	아침에 텀블러 챙기기	낮음	높음	바쁜 아침, 잊기 쉬움
사용	카페에서 텀블러 제시	높음	높음	직원 이해 부족
관리	사용 후 세척	낮음	중간	번거로움, 시간 소요

이 분석을 통해 가장 개선이 시급한 지점은 "아침에 텀블러 챙기기"와 "사용 후 세척"임을 알 수 있습니다.

도구 3: 여정 지도(Journey Map)

사용자의 전체 경험을 시간 순으로 그려보며, 각 단계에서의 감정과 행동을 시각화하는 도구입니다.

텀블러 사용 여정 지도

시간	상황	행동	감정	개선 기회
전날 밤	잠들기 전	텀블러 세척, 준비	피곤함, 귀찮음	자동 리마인더
아침 7:30	출근 준비	텀블러 챙기기	바쁨, 스트레스	시각적 단서
아침 8:20	카페 도착	주문, 텀블러 제시	뿌듯함, 만족감	즉시 보상

시간	상황	행동	감정	개선 기회
오후 2시	음료 완료	텀블러 보관	부담감	간편한 세척법

여정 지도를 작성하면서 주목해야 할 것은 단순히 행동만이 아니라 **각 단계에서의 감정 변화**입니다. 긍정적 감정이 느껴지는 순간은 강화하고, 부정적 감정이 느껴지는 순간은 제거하거나 완화하는 것이 핵심입니다.

도구 활용의 실전 팁

세 가지 도구를 언제 어떻게 사용할까?

1단계: HMW 질문법으로 시작하기

문제를 처음 접했을 때, 가장 먼저 HMW 질문법을 사용하세요. 이는 문제를 "비난"에서 "기회"로 전환하는 가장 빠른 방법입니다. 팀원들과 함께 브레인스토밍하면서 다양한 관점의 HMW 질문들을 만들어보세요.

2단계: 여정 지도로 전체 그림 그리기

HMW 질문으로 방향을 정했다면, 여정 지도를 그려 전체 경험의 흐름을 파악하세요. 이때 실제 사용자를 관찰하거나 인터뷰하는 것이 중요합니다. 우리의 추측이 아닌 실제 데이터로 지도를 채워야 합니다.

3단계: 행동 분해로 구체화하기

여정 지도에서 가장 중요한 순간들을 찾았다면, 행동 분해 기법으로 더 깊이 파고들어 갑니다. 각 행동에 필요한 동기, 능력, 그리고 마찰 요소를 정확히 파악해야 효과적인 넛지를 설계할 수 있습니다.

이 세 도구는 순차적으로 사용할 수도 있고, 상황에 따라 선택적으로 활용할 수도 있습니다. 중요한 것은 도구 자체가 아니라, **문제를 행동 중심으로 재정의하려는 마음가짐**입니다.

문제 재정의의 함정 피하기

문제 재정의 과정에서 흔히 빠지기 쉬운 함정들이 있습니다. 이를 미리 알고 피하는 것이 중요합니다.

▣ 주의해야 할 5가지 함정

함정 1: 너무 좁게 정의하기

예시: "어떻게 하면 텀블러를 더 예쁘게 만들까?" → 이것은 텀블러 디자인 문제지, 사용률을 높이는 문제 정의가 아닙니다. 문제의 범위를 지나치게 축소하면 근본적인 해결책을 놓치게 됩니다.

함정 2: 너무 넓게 정의하기

예시: "어떻게 하면 지구를 구할 수 있을까?" → 이것은 방향성은 좋지만 구체적인 행동으로 연결되지 않습니다. 측정 가능하고 실행 가능한 수준으로 좁혀야 합니다.

함정 3: 해결책을 미리 가정하기

예시: "어떻게 하면 텀블러 할인을 더 크게 만들까?" → 이미 "할인"이라는 해결책을 전제하고 있습니다. 열린 마음으로 다양한 가능성을 탐색해야 합니다.

함정 4: 개인의 결핍에 초점 맞추기

예시: "어떻게 하면 고객들을 더 환경 의식적으로 만들까?" → 여전히 개인을 바꾸려는 접근입니다. 시스템과 환경을 바꾸는 관점으로 전환해야 합니다.

함정 5: 실현 불가능하게 정의하기

예시: "어떻게 하면 일회용 컵을 완전히 없앨 수 있을까?" → 이상적이지만 현실적으로 단기간에 달성하기 어렵습니다. 점진적이고 실현 가능한 단계로 나누어야 합니다.

좋은 문제 정의는 **"구체적이면서도 유연하고, 도전적이면서도 실현 가능한"** 균형점을 찾는 것입니다.[10] 이 균형을 찾기 위해서는 반복적인 연습과 피드백이 필수입니다.

13.7 실습: 나의 문제를 재정의해 보기

이제 여러분이 직접 문제 재정의를 연습해볼 차례입니다. 다음 워크시트를 활용해 여러분 주변의 문제 하나를 선택해서 재정의해 보세요.

문제 재정의 워크시트

1단계: 현재 문제 상황 서술

예시: "우리 사무실 직원들이 계단을 이용하지 않고 엘리베이터만 사용한다"

나의 문제: ____

2단계: 전통적 문제 정의 (현재)

예시: "직원들의 건강 의식이 부족하다"

나의 진단: ____

3단계: 행동 장벽 분석

예시: 계단이 어둡고, 엘리베이터가 더 편하고, 계단 이용의 즉각적 보상이 없다

나의 분석: ________________________________

4단계: HMW 질문으로 재정의

예시: "어떻게 하면 계단 이용을 엘리베이터보다 매력적으로 만들 수 있을까?"

나의 HMW: ________________________________

5단계: 구체적 행동 과제 도출

예시: "직원들이 오전 출근 시간에 자연스럽게 계단을 선택하게 만들기"

나의 과제: ________________________________

이 워크시트를 완성하셨나요? 1단계와 5단계를 비교해보세요. 같은 상황이지만 완전히 다른 관점에서 문제를 바라보게 되었을 것입니다. 1단계는 "왜 안 되는가?"에 초점을 맞춘 반면, 5단계는 "어떻게 하면 될 수 있는가?"에 초점을 맞춥니다.

이것이 바로 문제 재정의의 힘입니다. 같은 현실이라도 어떤 렌즈로 바라보느냐에 따라 완전히 다른 가능성이 열립니다.

실전 연습: 다양한 분야의 문제 재정의

문제 재정의 능력을 키우는 가장 좋은 방법은 다양한 분야의 문제를 직접 재정의해 보는 것입니다. 여기 몇 가지 실제 사례를 제시하니, 여러분도 직접 재정의해 보세요.

▣ 연습 문제: 다음 문제들을 행동 중심으로 재정의해 보세요

문제 1: 대학 도서관의 소음 문제

현재 정의: "학생들의 공공 에티켓 의식이 부족하다"
당신의 재정의: ________________________________

힌트: 학생들이 언제, 왜 시끄러운가? 조용한 공간을 선택하는 것이 어려운 이유는?

문제 2: 아파트 분리수거 불량

현재 정의: "주민들의 환경 의식이 낮다"
당신의 재정의: ______________________________

힌트: 분리수거장은 어디에 있나? 분류하는 것이 복잡한가? 피드백이 있나?

문제 3: 회사 회의실 예약 무단 취소

현재 정의: "직원들의 책임감이 부족하다"
당신의 재정의: ______________________________

힌트: 취소하는 과정이 번거로운가? 다른 사람이 기다린다는 것을 알고 있나?

이러한 연습을 통해 여러분은 일상의 모든 문제를 새로운 시각으로 볼 수 있게 됩니다. "누구의 잘못인가?"가 아니라 "**어떤 시스템 개선이 필요한가?**"를 묻게 되는 것이죠.

전문가의 조언: 문제 재정의 체크리스트

좋은 문제 재정의인지 확인하기 위한 5가지 질문:

- **구체적인가?** "사용률을 높이자"가 아니라 "아침 출근 시 챙기는 비율을 높이자"
- **측정 가능한가?** 성공 여부를 객관적으로 판단할 수 있는가?
- **행동 중심인가?** 태도나 인식이 아닌 실제 행동에 초점을 맞추는가?
- **실현 가능한가?** 현재 자원과 권한으로 시도해볼 수 있는가?

- **긍정적인가?** "무엇을 막을까"가 아니라 "무엇을 만들까"의 관점인가?

이 다섯 가지 질문에 모두 "예"라고 답할 수 있다면, 당신은 훌륭한 문제 재정의를 완성한 것입니다. 이제 다음 단계인 아이디어 생성으로 나아갈 준비가 되었습니다.

13장을 마무리하며

이 장에서 우리는 문제를 바라보는 시각이 얼마나 중요한지 배웠습니다. 같은 상황이라도 "왜 안 되는가?"가 아닌 "어떻게 하면 될 수 있는가?"의 관점에서 접근하면 전혀 다른 해결책이 보입니다.

추상적인 목표를 구체적인 행동 과제로 바꾸는 과정에서, 우리는 진짜 변화를 만들 수 있는 실질적인 개입 지점들을 찾을 수 있었습니다. HMW 질문법, 행동 분해, 여정 지도 같은 도구들은 이제 여러분의 문제 해결 도구상자에 담긴 강력한 무기가 되었습니다.

"문제를 어떻게 정의하느냐가 해결책의 운명을 결정합니다.
당신은 이제 행동 중심으로 문제를 재설계하는 전문가입니다."

■ 핵심 용어

HMW 질문법(How Might We): 문제를 해결 가능한 도전 과제로 재구성하는 질문 기법입니다. "어떻게 하면 우리가 ~할 수 있을까?"의 형식을 사용합니다.

행동 분해(Behavior Breakdown): 복잡한 행동을 작은 단위로 나누어 각각의 동기, 능력, 마찰 요소를 분석하는 방법입니다. BJ 포그의 행동 모델에서 유래했습니다.

여정 지도(Journey Map): 사용자가 특정 목표를 달성하기 위해 거치는 전 과정을 시간순으로 정리하고, 각 단계에서의 경험과 감정을 시각화한 도구입니다.

■ 더 깊이 생각해보기

1. 내 주변의 문제 재정의 연습

이번 주에 뉴스나 일상에서 접하는 사회 문제를 3개 선택하세요. 각 문제가 현재 어떻게 프레이밍되어 있는지 파악하고, "행동 중심"으로 재정의해보세요. 기존 정의와 재정의된 문제를 비교하며 어떤 해결책이 달라질지 생각해보세요.

➤ 힌트: "청소년 스마트폰 중독 문제" → "어떻게 하면 청소년이 스마트폰 사용 시간을 자연스럽게 조절하게 만들 수 있을까?", "노인 디지털 소외 문제" → "어떻게 하면 노인들이 디지털 기기 사용을 두려워하지 않고 즐거워하게 만들 수 있을까?" 처럼 개인의 결핍이 아닌 시스템 개선의 관점으로 전환해보세요.

2. 행동 지도 작성 실습

당신이 최근에 "해야지" 하면서도 실행하지 못한 행동을 하나 선택하세요. (예: 저축하기, 운동하기, 독서하기) 이 행동과 관련된 전체 과정을 8~10단계로 나누어 행동 지도를 그려보세요. 각 단계에서 느끼는 감정과 마찰 요소를 표시하세요.

➤ 팁: 가장 큰 마찰이 발생하는 2~3개 지점을 찾아내고, 그 지점에 집중하세요. 전체 행동을 바꾸려 하지 말고, 핵심 순간만 개선하면 전체 행동이 바뀔 수 있습니다. 예를 들어 "운동하기"의 핵심 순간은 "운동복 입기"일 수 있습니다. 운동복을 미리 침대 옆에 놓아두는 간단한 넛지가 운동 습관 전체를 바꿀 수 있죠.

3. 성공 사례의 패턴 분석하기

이 장에서 소개된 5가지 성공 사례(스타벅스, 서울시 리컵, 투썸플레이스, 네덜란드, 이디야) 중 하나를 선택하여 더 깊이 조사해보세요. 실제 뉴스 기사나 보고서를 찾아보고, 그 사례가 실패할 수도 있었던 잠재적 위험 요소는 무엇이었고 어떻게 극복했는지 분석해보세요.

➤ 예시로 생각해볼 만한 주제들: 네덜란드 컵 보증금 시스템이 처음 도입될 때 시민들의 반발은 없었을까? 스타벅스 개인컵 챌린지가 처음엔 참여율이 낮았을 텐데 어떻게 개선했을까? 서울시 리컵 서비스의 위생 관리는 어떻게 해결했을까? 이런 실질적인 문제들을 찾아보고 해결 과정을 추적해보세요.

4. 토론 주제: 개인의 자유 vs 사회적 선택 설계

"환경을 재설계하여 자동으로 친환경 행동을 유도하는 것"과 "개인이 스스로 선택할 자유"는 때로 충돌합니다. 어디까지 시스템이 개입하고, 어디부터 개인의 선택에 맡겨야 할까요?

➤ 생각해볼 질문들:

- 서울시 리컵처럼 "기본값을 다회용기로 설정"하는 것은 선택의 자유를 침해하는 것일까요?
- 개인이 일회용 컵을 선택할 권리와 환경 보호라는 공공의 이익 중 무엇이 우선일까요?
- "옵트아웃(Opt-out)" 방식과 "옵트인(Opt-in)" 방식 중 어느 것이 더 윤리적일까요?
- 환경 문제처럼 사회 전체에 영향을 미치는 경우, 개인의 선택을 제한하는 것이 정당화될 수 있을까요?

5. 실전 프로젝트: 나만의 넛지 솔루션 설계하기

당신의 학교, 직장, 또는 지역사회에서 실제로 해결하고 싶은 행동 문제를 하나 선택하세요. 이 장에서 배운 세 가지 도구(HMW 질문법, 행동 분해, 여정 지도)를 모두 활용하여 구체적인 넛지 솔루션을 설계해보세요. 가능하다면 작은 규모로 실제로 테스트해보고 결과를 기록하세요.

➤ 실전 프로젝트 단계별 가이드:

1단계: 문제 현황 파악 - 현재 상황을 데이터로 측정하세요 (예: 현재 재사용 컵 사용률 5%)

2단계: 행동 지도 작성 - 전체 과정을 시각화하고 핵심 순간을 찾으세요

3단계: HMW 질문 생성 - 최소 10개 이상의 다양한 관점의 질문을 만드세요
4단계: 해결책 아이디어 - 각 HMW 질문에 대한 구체적 넛지 아이디어를 브레인스토밍하세요
5단계: 프로토타입 제작 - 가장 실현 가능한 아이디어 1~2개를 선택해 간단히 구현하세요
6단계: 테스트 및 측정 - 1~2주간 실행하고 변화를 측정하세요
7단계: 피드백 수집 - 참여자들의 의견을 듣고 개선하세요

[참고문헌]

[1] Brown, T. (2019). Change by Design: How Design Thinking Transforms Organizations and Inspires Innovation. New York: Harper Business. 샌프란시스코의 교통 정책 사례는 디자인 씽킹의 문제 재정의 힘을 보여주는 대표적인 사례로 소개되었습니다.

[2] Fogg, B. J. (2020). Tiny Habits: The Small Changes That Change Everything. Boston: Houghton Mifflin Harcourt. 행동 변화가 모든 사회 변화의 기반이라는 관점을 체계적으로 제시한 행동과학의 핵심 서적입니다.

[3] 스타벅스 코리아. (2023). 2023 지속가능경영 보고서. 개인컵 챌린지 프로그램의 성과와 고객 참여율 증가 데이터가 상세히 기록되어 있습니다.

[4] 서울특별시. (2022). 서울시 일회용품 줄이기 종합계획. 리컵(Re-Cup) 다회용기 배달 서비스의 시범 운영 결과와 일회용 용기 사용량 감소 효과를 분석한 공식 보고서입니다.

[5] 투썸플레이스. (2022). ESG 경영 실천 사례집. 텀블러 스테이션 도입 배경과 운영 성과, 고객 만족도 조사 결과를 포함하고 있습니다.

[6] IDEO.org. (2015). The Field Guide to Human-Centered Design. HMW 질문법의 개발 배경과 구체적인 활용 방법을 상세히 설명한 실무 가이드북입니다.

[7] Fogg, B. J. (2009). A Behavior Model for Persuasive Design. In Proceedings of the 4th International Conference on Persuasive Technology. 행동 = 동기 × 능력 × 촉발요인이라는 BJ 포그의 행동 모델을 처음 제시한 학술 논문입니다.

[8] Government of the Netherlands. (2022). Circular Economy Implementation Programme 2023-2030. 네덜란드의 컵 보증금 시스템 도입 배경과 성과를 담은 정부 공식

보고서입니다. 반납률 95% 달성 데이터가 포함되어 있습니다.

[9] 이디야커피. (2023). ESG 경영 보고서. 텀블러 무료 대여 서비스의 운영 현황과 고객 만족도, 일회용 컵 감축 효과를 상세히 분석한 자료입니다.

[10] Liedtka, J., & Ogilvie, T. (2011). Designing for Growth: A Design Thinking Tool Kit for Managers. Columbia University Press. 문제 정의에서 구체성과 유연성의 균형을 찾는 방법을 실무 관점에서 제시한 경영서입니다.

제14장

보이지 않는 실을 설계하는 법: 행동을 바꾸는 아이디어의 탄생

(행동 변화를 만드는 아이디어 설계하기)

"어떻게 하면 좋은 의도를 실제 행동으로 바꿀 수 있을까요?"
체계적인 아이디어 설계의 시간이 시작됩니다.

14.1 영감은 만들어지는 것이다

미국 애리조나주의 페트리파이드 포레스트 국립공원(Petrified Forest National Park)을 상상해보세요. 수억 년의 시간이 빚어낸 규화목(Petrified Wood), 즉 나무 화석들이 보석처럼 흩뿌려진 태고의 풍경이 펼쳐진 곳입니다.

공원 관리자들에게는 한 가지 깊은 고민이 있었습니다. 방문객들이 기념품으로 삼기 위해 아름다운 규화목 조각들을 무단으로 가져가는 행위가 끊이지 않았던 것입니다. 연간 도난당하는 규화목의 양은 무려 14톤에 달했습니다.[1]

고심 끝에 공원 측은 행동과학의 원리를 적용해보기로 했습니다. 사람들의 행동에 영향을 미치는 가장 강력한 힘 중 하나가 바로 '다른 사람들도 그렇게 한다'는 사회적 증거라는 점에 착안한 것입니다. 그들은 공원 곳곳에 이런 경고판을 세웠습니다:

"많은 과거 방문객들이 공원의 규화목을 가져가는 바람에

페트리파이드 포레스트의 자연 상태가 훼손되고 있습니다."

논리적으로 완벽해 보였습니다. 심각한 문제 상황을 알리면 사람들이 경각심을 갖고 절도 행위를 멈추리라 기대한 것이죠.

결과는 어땠을까요? 충격적이게도, **이 경고판이 세워진 구역의 규화목 절도율은 경고판이 없던 곳보다 세 배나 급증했습니다.**[2] 선한 의도로 설계된 개입이 오히려 최악의 결과를 낳은 것입니다.

왜 이런 엄청난 실패가 발생했을까요? 그리고 이와 똑같이 간단한 문구 하나로 어떻게 정반대의 성공을 이끌어낼 수 있었을까요? 이 질문에 대한 답 속에 이 장의 핵심이 담겨 있습니다.

행동을 바꾸는 위대한 아이디어는 어느 날 갑자기 번뜩이는 영감의 산물이 아닙니다. 그것은 **인간 심리의 보이지 않는 힘을 체계적으로 이해하고, 그 힘의 결을 따라 세심하게 설계될 때 비로소 '만들어지는' 것**입니다.

우리는 이전 장들에서 날카로운 '진단서'와 명확한 '처방전'을 손에 쥐었습니다. 재사용 컵 사용 문제가 '의지 부족'이 아닌 '**현상 유지 편향**(Status Quo Bias)'이라는 거대한 장벽 때문임을 알았고, 풀어야 할 과제가 "어떻게 하면 현상 유지 편향을 역이용하여, 일회용 컵 사용을 오히려 더 귀찮게 만들 수 있을까?"로 재정의되었습니다.

하지만 막상 해결책을 떠올리려니 머릿속이 하얘지는 경험, 바로 이 지점에서 많은 프로젝트가 좌초합니다. 그러나 우리에게는 비밀 지도가 있습니다. 8장에서 배운 EAST 프레임워크[3]가 바로 그것입니다.

이 단계에서 EAST는 더 이상 단순한 이론이 아니라, 아이디어의 가뭄을 끝내줄 마중물이자, 페트리파이드 포레스트의 실수를 피하게 해 줄 정교한 '질문 생성기'가 됩니다.

14.2 아이디어 발전소, EAST 프레임워크: 네 가지 렌즈, 무한한 가능성

EAST는 행동 변화를 유도하기 위한 **네 가지 핵심 원칙**, 즉 쉽게(Easy), 매력적으로(Attractive), 사회적으로(Social), 시의적절하게(Timely)의 앞 글자를 딴 프레임워크입니다.[4]

이는 단순히 아이디어를 분류하는 목록이 아니라, 인간의 인지적 한계와 편향을 역이용하여 더 나은 선택을 설계하는 네 가지 강력한 전략입니다. 이제부터 각 렌즈의 심리적 원리를 파헤치고, 실제 사례를 통해 그 힘을 확인한 뒤, 우리의 '재사용 컵 프로젝트'에 적용해보겠습니다.

14.2.1 E (Easy): '가장 쉬운 길'이라는 보이지 않는 중력

'쉽게'라는 원칙이 강력한 이유는 우리 뇌가 근본적으로 에너지를 아끼도록 설계된 '인지적 구두쇠(Cognitive Miser)'이기 때문입니다. 뇌는 가능한 한 적은 노력을 들여 과업을 처리하려 하며, 이 과정에서 발생하는 처리의 용이성을 **'인지적 유창성(Cognitive Fluency)'**이라고 부릅니다.[5]

생소하고 복잡한 웹사이트보다 익숙한 레이아웃의 웹사이트가 더 신뢰가고 사용하기 편하게 느껴지는 것은, 후자가 우리의 뇌에 더 적은 인지적 부담을 주기 때문입니다. 뇌는 이 '처리하기 쉬움'이라는 느낌을 '좋음', '진실', '안전함'과 같은 긍정적 감정과 연결합니다.

이러한 경향이 행동으로 나타날 때, 우리는 **'현상 유지 편향(Status Quo Bias)'**이라는 거대한 힘을 마주하게 됩니다.[6] 변화에는 새로운 정보를 처리하고, 불확실성을 감수하고, 결정을 내려야 하는 인지적 노력이 필요합니다. 반면, 가만히 있는 것은 아무런 노력을 요구하지 않습니다.

▣ 연금 가입률을 바꾼 '디폴트'의 마법

'쉽게' 원칙의 가장 교과서적인 사례는 바로 기본값 설정(Defaults)의 힘을 활용한 퇴직연금 자동 가입 제도입니다. 과거 대부분의 기업은 직원들에게 연금 플랜 가입 여부를 직접 선택하도록 하는 '**옵트인**(Opt-in)' 방식을 사용했습니다.

이는 직원들에게 연금의 중요성을 공부하고, 다양한 상품을 비교하고, 신청서를 작성하는 등 상당한 '**마찰**(Friction)'을 요구하는 일이었습니다. 그 결과, 많은 직원들이 "나중에 해야지"라고 미루다 결국 가입 시기를 놓치곤 했습니다.

행동경제학자들은 이 설계를 뒤집었습니다. 직원들이 입사와 동시에 연금에 '**자동으로**' 가입되도록 하고, 원하지 않을 경우에만 직접 탈퇴 신청을 하도록 하는 '**옵트아웃**(Opt-out)' 방식으로 기본값을 변경한 것입니다.

결과는 극적이었습니다. 미국의 한 대기업에서는 이 작은 변화만으로 연금 가입률이 61%에서 83%로 급증했습니다.[7] 사람들의 의지나 지식을 바꾸려 하지 않고, 단지 '가만히 있는 것'이 더 나은 선택이 되도록 선택 환경을 재설계함으로써 수백만 명의 노후를 더 안정적으로 만든 것입니다.

▣ 아마존의 '착한 배송' 옵션

최근의 더 세련된 사례는 아마존의 배송 옵션 설계에서 찾아볼 수 있습니다.[8] 과거 아마존은 가장 빠른 배송을 기본 옵션으로 제시하며 속도를 강조했습니다. 하지만 환경에 대한 인식이 높아지면서, 여러 상품을 각각 다른 날짜에 빠른 배송으로 받는 것이 과대 포장과 탄소 배출을 유발한다는 비판에 직면했습니다.

아마존은 이 문제를 '쉽게' 렌즈를 통해 현명하게 해결했습니다. 그들은 체크아웃 페이지에서 "가능한 가장 적은 수의 상자로 배송받기"라는 새로운 옵션을 제시했습니다. 이 옵션은 배송이 며칠 더 걸릴 수 있지만, 환경 보호에 기여할 수 있다는 점을 명확히 합니다.

이는 단순히 '느린 배송'을 선택하게 하는 것이 아닙니다. '환경을 보호하는 쉬운 선택'이라는 긍정적인 프레임을 제공함으로써, 많은 소비자들이 죄책감 없이, 심지어는 뿌듯함을 느끼며 이 옵션을 선택하게 만듭니다.

워크숍: 재사용 컵 프로젝트에 'Easy' 적용하기

마찰 제거 (재사용 컵 사용을 쉽게):

- **자동 세척기 설치:** 카페 내부에 텀블러를 즉시 세척하고 건조할 수 있는 기계를 비치하여, '집에 가져가서 씻어야 하는' 가장 큰 귀찮음을 해결합니다.
- **할인 규칙 단순화:** 여러 종류의 텀블러 할인, 스탬프 적립 등을 '개인컵 사용 시 무조건 500원 즉시 할인'처럼 하나의 강력하고 단순한 규칙으로 통일합니다.
- **보관 서비스 제공:** 단골 고객을 위해 카페에서 텀블러를 세척 후 보관해주는 '텀블러 키핑(Keeping)' 서비스를 제공합니다.

마찰 추가 (일회용 컵 사용을 귀찮게):

- **기본값 변경:** 키오스크나 앱 주문 시, 기본값을 '개인컵 사용(-500원)'으로 설정하고, 일회용 컵을 원하면 '일회용 컵 요청(+100원 환경부담금)' 버튼을 한 번 더 누르게 만듭니다.
- **물리적 환경 설계:** 일회용 컵 뚜껑이나 빨대를 계산대가 아닌, 별도의 장소에 비치하여 직접 가져가도록 만듭니다.

14.2.2 A (Attractive): 어떻게 사람들의 머릿속에 '전구'를 켤 것인가

'매력적으로' 원칙은 단순히 디자인을 예쁘게 만드는 것을 넘어섭니다. 그 본질은 수많은 정보의 홍수 속에서 우리가 원하는 메시지와 행동에 사람들의 '주의'를 집중시키는 것입니다.

여기서 작동하는 핵심 심리 원리는 **'돌출성 편향(Salience Bias)'**입니다.[9] 우리는 조용하고 평범한 정보보다 시끄럽고, 새롭고, 감정적으로 자극적인 정보에 훨씬 더 강하게 주목하는 경향이 있습니다. 아무리 좋은 정책이나 아이디어라도 사람들의 눈에 띄지 않으면 없는 것이나 마찬가지입니다.

일단 주의를 끄는 데 성공했다면, 그 행동을 지속하게 만드는 강력한 엔진이 필요합니다. 바로 **'가변적 보상(Variable Rewards)'**입니다.[10] 행동과학자 니르 이얄(Nir Eyal)의 '훅(Hooked)' 모델에 따르면, 예측 가능한 보상보다 예측 불가능한 보상이 훨씬 더 강력한 중독성을 가집니다.

▣ 구글 사내식당의 '눈높이 선택' 전략

구글의 행동과학 전문가들은 직원들의 건강한 식습관을 유도하기 위해 사내 식당의 음식 배치를 재설계했습니다. 그들은 강요나 제한 대신, '돌출성'과 '접근성'을 전략적으로 활용했습니다.[11]

첫 번째 변화는 샐러드 바를 입구 가장 가까운 곳에 배치하고, 피자와 햄버거 코너는 식당 안쪽 구석으로 옮긴 것입니다. 두 번째는 디저트를 투명한 용기가 아닌 불투명한 용기에 담아 시각적 매력을 낮췄습니다. 반대로 과일은 눈높이의 조명이 잘 비치는 곳에 색색의 바구니에 담아 전시했습니다.

결과는 놀라웠습니다. 구글 뉴욕 오피스에서는 단 7주 만에 직원들의 채소 섭취량이 평균 5배 증가했고, 디저트 소비는 절반으로 감소했습니다. 아무도 "건강하게 먹으세요"라는 잔소리를 하지 않았습니다. 단지 건강한 선택지를 더 '눈에 띄게', '접근하기 쉽게', '매력적으로' 만들었을 뿐입니다.

이를 연구진은 '초이스 아키텍처(Choice Architecture)'의 정석이라 평가했습니다. 선택의 자유는 그대로 두되, 환경 설계를 통해 더 나은 선택이 '**기본 경로**(Default Path)'가 되도록 만든 것입니다. 건강한 음식이 '먹어야 하는 것'이 아니라 '자연스럽게 손이 가는 것'으로 재프레이밍된 사례입니다.

▣ 메뉴판의 경고 라벨과 건강 앱의 게임화

최근 영국에서 진행된 한 연구는 돌출성의 힘을 보여주는 흥미로운 사례입니다.[12] 연구진은 식당 메뉴판의 육류 요리 옆에 "기후 변화 경고: 이 요리는 환경에 높은 탄소 발자국을 남깁니다"와 같은 담뱃갑 경고 그림 스타일의 라벨을 붙였습니다.

그 결과, 이 라벨이 붙은 메뉴의 주문율이 눈에 띄게 감소했습니다. 이는 '환경 보호'라는 막연하고 장기적인 과제를, 메뉴 선택이라는 '결정의 순간'에 시각적으로 돌출시켜 즉각적인 행동 변화를 이끌어낸 것입니다.

디지털 영역에서는 건강 및 웰빙 앱들이 '**가변적 보상**'을 적극적으로 활용합니다.[13] 명상 앱 'Calm'이나 피트니스 앱 'Fitbit'은 단순히 운동 시간을 기록해주지 않습니다. 예고 없이 나타나는 '깜짝 배지', 목표 달성 시 터지는 화려한 애니메이션, 친구들과의 주간 챌린지 등 게임과 같은 요소를 통해 매일 앱을 열어보는 행위를 지루한 과제가 아닌 즐거운 기대로 바꿉니다.

워크숍: 재사용 컵 프로젝트를 더 '매력적으로' 만들기

돌출성 (주의 끌기):

- **시각적 매력:** 매달 지역 아티스트와 협업하여 한정판 디자인의 재사용 컵을 출시합니다. 컵 자체가 소유하고 싶은 '굿즈'가 되게 만들어, 컵을 사용하는 행동이 감각 있고 '힙한' 행동으로 보이게 합니다.
- **디지털 사이니지:** 매장 입구 스크린에 단순히 할인 정보를 띄우는 대신, 재사용 컵을 사용하는 고객의 모습을 감각적인 영상으로 보여주거나, "오늘의 컵 스타!"처럼 고객의 컵 사진을 전시합니다.

보상 설계 (행동 유지):

- **예측 불가능한 보상:** '10+1' 스탬프 카드 대신, QR코드를 찍을 때마다 랜덤으로 보상이 터지는 '럭키 드로우' 시스템을 도입합니다. 어떤 날은 '500원 할인', 어떤 날은 '무료 사이즈업', 운이 좋으면 '일주일 커피 무료' 쿠폰이 당첨될 수 있습니다.

- **게임화:** 재사용 컵을 사용할 때마다 '지구 지킴이' 포인트를 적립하고, 누적 포인트에 따라 '새싹'에서 '나무', '숲'으로 레벨이 오르는 시스템을 앱에 도입합니다.

14.2.3 S (Social): 우리는 생각보다 훨씬 더 '사회적인 동물'이다

'사회적으로' 원칙의 근간에는 인간이 무리 생활을 통해 생존해 온 사회적 동물이라는 사실이 있습니다. 우리는 불확실한 상황에 놓였을 때, 자신의 판단보다 다른 사람들의 행동을 기준으로 삼아 '올바른' 행동을 결정하려는 강력한 경향을 보입니다.

이를 심리학자 로버트 치알디니(Robert Cialdini)는 **'사회적 증거(Social Proof)'**라고 명명했습니다.[14] 여기서 핵심은 사회적 증거에는 두 가지 종류가 있다는 점입니다.

첫째는 **'기술적 규범(Descriptive Norms)'**으로, 사람들이 '실제로 어떻게 행동하는가'에 대한 정보입니다. 둘째는 **'명령적 규범(Injunctive Norms)'**으로, 사람들이 '어떻게 행동해야만 하는가'에 대한 사회적 기대나 규칙을 의미합니다.[15]

대부분의 경우 이 두 규범은 일치하지만, 때로는 충돌하기도 합니다. 그리고 바로 이 지점에서 성공과 실패가 갈립니다. 사람들은 '해야 할 일'보다 '남들이 실제로 하는 일'에 훨씬 더 강력한 영향을 받기 때문입니다.

▣ 호텔 수건을 재사용하게 만든 문구 한 줄

치알디니는 사회적 증거의 힘을 증명하기 위해 호텔 객실에 비치된 수건 재사용 안내 카드를 가지고 유명한 실험을 진행했습니다.[16] 기존의 안내 카드는 "환경 보호를 위해 수건을 재사용해주세요"와 같이 당위성(명령적 규범)에 호소하는 문구를 사용했습니다.

치알디니의 연구팀은 이 문구를 사회적 증거(기술적 규범)를 활용한 문구로 바꾸었습니다. 첫 번째 그룹에는 "저희 호텔에 머무는 대부분의 손님들은 수건을 재사용합니다"라는 카드를 비치했습니다. 그 결과, 기존 카드에 비해 수건 재사용률이 26%나 증가했습니다.

여기서 한 걸음 더 나아가, 연구팀은 사회적 증거의 대상을 더 구체적이고 나와 관련 있는 집단으로 좁혔습니다. 두 번째 그룹의 카드에는 "이 객실에 머물렀던 손님들의 75%는 수건을 재사용하는 프로그램에 참여했습니다"라고 적었습니다.

'나와 같은 방에 묵었던 사람들'이라는 훨씬 더 가깝고 유사한 집단의 행동을 제시한 것입니다. 결과는 더욱 놀라웠습니다. 재사용률이 기존 대비 33%까지 치솟았습니다. 이는 사회적 증거가 '**나와 비슷한 사람들**'의 행동일 때 가장 강력한 힘을 발휘한다는 점을 명확히 보여줍니다.

▣ 규화목 도둑을 양산한 '부정적 사회적 증거'

이제 서문에서 던졌던 질문으로 돌아가 봅시다. 페트리파이드 포레스트 국립공원의 경고판은 왜 실패했을까요?

그들의 경고판, "많은 과거 방문객들이 규화목을 가져갔습니다"는 "규화목을 가져가면 안 된다"(명령적 규범)는 메시지보다 **"많은 사람들이 규화목을 가져가고 있다"(기술적 규범)**는 메시지를 훨씬 더 강력하게 전달했기 때문입니다.

이는 의도치 않게 절도 행위가 매우 '보편적인' 행동인 것처럼 보이게 만들었고, 사람들은 "남들도 다 하는데, 나도 하나쯤은 괜찮겠지"라고 생각하게 된 것입니다.

이것이 바로 **'부정적 사회적 증거(Negative Social Proof)'**의 함정입니다. 바람직하지 않은 행동을 막기 위해 그 행동이 얼마나 만연한지를 강조하는 것은,

오히려 그 행동에 대한 사회적 허가를 내주는 것과 같은 역효과를 낳을 수 있습니다.

워크숍: 재사용 컵 프로젝트에 'Social' 적용하기

긍정적 기술적 규범 활용:

- "오늘 저희 매장 방문 고객의 85%가 개인컵을 사용하셨습니다. 함께해주셔서 감사합니다!"와 같은 문구를 계산대 옆에 게시합니다.
- 매장 입구 디지털 스크린에 "지금까지 텀블러 사용으로 절약된 일회용 컵: 437개"와 같이 실시간 현황을 보여줍니다.

유사 집단의 힘 활용:

- 대학가 카페라면, "OO대학교 학생 여러분! 지난 학기 여러분 덕분에 5만 개의 일회용 컵을 아낄 수 있었습니다. 이번 학기 신기록에 도전해볼까요?"와 같이 특정 집단을 명시합니다.
- 계산대 앞에 "저는 지구를 위해 개인컵 사용을 약속합니다"라는 서명 보드를 설치하고, 자신의 이름을 적게 합니다.

14.2.4 T (Timely): 결정적인 순간은 언제인가

마지막 '시의적절하게' 렌즈는 '언제' 개입할 것인가의 문제입니다. 인간은 미래의 더 큰 보상보다 눈앞의 작은 보상을 선호하는 **'현재 편향(Present Bias)'**을 가지고 있습니다.[17]

"내일부터 다이어트해야지", "나중에 텀블러 챙겨야지"라고 다짐하지만, 정작 행동이 필요한 순간에는 눈앞의 편안함(지금 당장 케이크 먹기, 그냥 일회용 컵 쓰기)에 굴복하고 맙니다.

이러한 **의도와 행동 사이의 간극**(Intention-Action Gap)을 메우는 가장 효과적인 방법 중 하나는 행동이 필요한 '결정적인 순간'에 개입하여 계획을 세우도록 돕는 것입니다. "나는 [언제][어디서][무엇]을 할 것이다"와 같이 구체적인 계획을 세우는 **'실행 의도 (Implementation Intentions)'**는 우리의 뇌에 강력한 신호를 보내 행동 실행률을 극적으로 높여줍니다.[18]

▣ 투표율을 높인 간단한 질문

투표율을 높이기 위한 고전적인 연구는 '시의적절한' 개입의 힘을 명확히 보여줍니다.[19] 연구자들은 유권자들에게 단순히 "투표하실 건가요?"라고 묻는 대신, 두 가지 질문을 추가했습니다.

- "몇 시에 투표하러 가실 건가요?"
- "투표소까지 어떤 길로 가실 건가요?"

이 간단한 질문들은 유권자들에게 투표라는 막연한 '의도'를 구체적인 '계획'으로 전환하도록 유도했습니다. 그 결과, 이 질문을 받은 그룹의 투표율은 그렇지 않은 그룹에 비해 현저히 높게 나타났습니다.

이는 단순한 알림(Reminder)이 아니라, 행동을 미리 시뮬레이션하게 만드는 강력한 **계획 촉구**(Prompt)였던 것입니다.

▣ 날씨에 따라 메시지를 바꾸는 디지털 넛지

현대의 기술은 훨씬 더 정교하고 개인화된 '적시 개입'을 가능하게 합니다. 미네소타 대학교의 한 연구는 건강 앱 사용자를 대상으로 날씨 데이터에 기반한 맞춤형 푸시 알림의 효과를 실험했습니다.[20]

연구 결과, 날씨에 따라 사람들의 기분 상태가 달라지며, 이에 따라 효과적인 메시지 프레임도 달라진다는 사실을 발견했습니다.

- **맑은 날:** "오늘 같은 좋은 날씨를 놓치지 마세요! 운동할 기회를 잃지 마세요"와 같은 손실 프레임 메시지가 더 효과적
- **흐린 날:** "가벼운 산책은 기분을 전환하는 좋은 방법입니다!"와 같은 이득 프레임 메시지가 더 효과적

이는 사용자의 현재 상황과 감정 상태까지 고려하여 '가장 수용적일 가능성이 높은 순간'에 최적화된 메시지를 전달하는 고도로 발전된 넛지 설계의 예시입니다.

워크숍: 재사용 컵 프로젝트에 'Timely' 적용하기

잊어버리는 순간에 개입:

- **지오펜싱 알림:** 고객이 카페 근처 일정 반경 내로 들어오면, 카페 앱에서 스마트폰으로 "OO님, 저희 카페에 거의 다 오셨네요! 텀블러 챙기셨나요? 500원 할인을 놓치지 마세요!"라는 푸시 알림을 보냅니다.

계획하는 순간에 개입:

- **미래의 나를 위한 약속:** 카페 앱에 '내일 아침 텀블러 챙기기' 알림 설정 기능을 추가합니다. 사용자가 직접 "내일 오전 8시에 알려줘"라고 설정하게 함으로써 실행 의도를 높입니다.

성공하는 순간에 개입:

- **즉각적인 긍정적 피드백:** 텀블러로 음료를 받을 때, 컵 홀더에 "덕분에 일회용 컵 하나를 아꼈어요. 고맙습니다!"라는 작은 칭찬 스티커를 붙여줍니다.

14.3 사례 심층 분석: 듀오링고는 어떻게 우리의 '결심'을 '습관'으로 바꿨는가

우리는 7장에서 언어 학습 앱 '듀오링고(Duolingo)'의 '연속 학습 기록(Streak)'이 손실 회피를 이용한 강력한 넛지임을 배웠습니다. 그렇다면 이 아이디어는 어떻게 탄생했을까요?

아마 그들의 아이디에이션 과정도 우리가 지금까지 탐험한 과정과 비슷했을 겁니다. 이는 창의성이 단지 번뜩이는 영감의 산물이 아니라, 여러 행동과학 모델들을 체계적으로 탐색하고 조합한 결과임을 보여주는 훌륭한 사례입니다.

▣ 듀오링고의 연속 학습 기록 분석

문제 정의: "어떻게 하면 사용자들이 매일 꾸준히 학습하는 습관을 형성하도록 도울 수 있을까?"

1. 프로스펙트 이론 / 손실 회피 렌즈

듀오링고 설계의 가장 핵심적인 심리적 기반은 대니얼 카너먼과 아모스 트버스키가 정립한 프로스펙트 이론입니다.[21] 이 이론의 핵심 중 하나인 손실 회피는 사람이 이득에서 얻는 기쁨보다 손실에서 느끼는 고통을 심리적으로 약 두 배 더 크게 느낀다는 개념입니다.

듀오링고의 '연속 학습 기록'은 바로 이 원리를 이용합니다. 100일 연속 학습을 달성했을 때의 기쁨도 크지만, 그 100일 기록이 '깨졌을 때'의 상실감과 고통은 훨씬 더 큽니다.

2. 훅 모델(Hooked Model) 렌즈

듀오링고의 연속 학습 기록은 니르 이얄의 훅 모델의 4단계를 완벽하게 구현합니다:

- **계기(Trigger):** "연속학습기록이 끊어지기까지 2시간 남았어요!" 푸시 알림
- **행동(Action):** '5분 학습' 모드로 행동 장벽을 극도로 낮춤

- **가변적 보상(Variable Reward):** 경험치, 보석, 리그 순위 상승 등 예측 불가능한 다양한 보상
- **투자(Investment):** 사용자가 쏟는 시간과 노력이 연속 학습 기록이라는 자산을 쌓음

3. EAST 프레임워크 렌즈

- **Easy:** 짧은 학습 시간, 간단한 인터페이스로 시작이 쉬움
- **Attractive:** 불꽃 아이콘, 레벨업, 보석 등 시각적이고 게임적인 요소
- **Social:** 친구들과의 순위 경쟁, 리그 시스템을 통한 사회적 동기
- **Timely:** 기록이 깨지기 직전이라는 가장 '결정적인 순간'에 손실의 고통을 강조하는 알림

이처럼 듀오링고의 성공은 하나의 천재적인 아이디어에서 비롯된 것이 아닙니다. **손실 회피라는 강력한 심리적 무기를, 훅 모델이라는 습관 형성의 틀에 담아, EAST 프레임워크라는 실용적인 렌즈로 정교하게 다듬어낸 '설계의 승리'**인 것입니다.

14.4 아이디어를 위한 윤리적 나침반

지금까지 우리는 행동을 바꾸는 강력한 도구들을 살펴보았습니다. 하지만 강력한 힘에는 그만큼 큰 책임이 따릅니다. 재사용 컵 사용을 유도하는 데 쓰인 심리학적 원리는, 반대로 사람들을 속여 불필요한 보험에 가입하게 하거나 값비싼 구독 서비스를 해지하기 어렵게 만드는 **'다크 패턴(Dark Patterns)'**에도 똑같이 사용될 수 있습니다.[22]

따라서 우리는 아이디어를 생성하는 바로 이 단계에서부터 스스로에게 질문을 던질 '윤리적 나침반'을 가져야 합니다. 좋은 넛지와 교묘한 조종 사이의 경계는 종종 희미하기 때문입니다.

윤리적 나침반: 세 가지 기준

기준	핵심 질문	왜 중요한가
목표(Goals)	우리의 주된 목표가 공동체의 이익(환경 보호) 증진인가, 아니면 특정 카페의 이기적인 목표(일회용 컵 비용 절감) 달성인가? 이 목표는 사용자가 스스로 판단하기에도 최선이라고 여길 만한 것인가?	넛지의 의도가 이기적인지, 이타적인지, 혹은 친사회적인지를 명확히 해야 합니다. 넛지 설계자의 목표와 넛지를 받는 사람의 복지가 일치해야 한다는 것이 윤리적 넛지의 대전제입니다.
자율성(Autonomy)	우리의 아이디어는 투명한가? 사용자는 왜 기본값이 '재사용 컵'으로 설정되었는지 이해할 수 있는가? 벌칙이나 큰 불편 없이 쉽게 다른 선택을 할 수 있는가?	이는 '자유주의적 개입주의'의 핵심입니다. 선택권은 궁극적으로 개인에게 남아있어야 합니다. 넛지는 안내할 뿐, 강요해서는 안 됩니다.
영향(Effects)	우리의 '게임화' 아이디어가 의도치 않게 텀블러를 잊고 온 사람들에게 수치심을 주거나 불이익을 주지는 않는가? 일회용 컵 사용에 '마찰'을 추가하는 것이 장애가 있는 고객이나 정말 급한 상황에 처한 사람들에게 부당한 장벽으로 작용하지는 않는가?	선한 의도가 예상치 못한 부정적 외부 효과를 낳을 수 있습니다. 책임감 있는 설계자는 자신의 개입이 사회의 다양한 구성원들에게 미칠 수 있는 예기치 못한 영향을 반드시 고려해야 합니다.

리차드 탈러와 캐스 선스타인은 그들의 저서 『넛지』에서 좋은 넛지는 **'투명성'**과 **'쉬운 거부(Easy to Opt Out)'**라는 두 가지 조건을 충족해야 한다고 강조했습니다.[23] 우리의 재사용 컵 프로젝트가 이 조건들을 충족하는지 끊임없이 점검해야 합니다.

14장을 마무리하며

이 장에서 우리는 페트리파이드 포레스트의 실패에서 시작해 행동을 바꾸는 아이디어가 어떻게 '만들어지는지' 배웠습니다. EAST라는 네 가지 렌즈를 통해 인간 심리의 보이지 않는 힘을 읽어내고, 그것을 설계의 도구로 활용하는 법을 익혔죠.

연금 자동가입의 기본값 설정, 호텔 수건의 사회적 증거, 듀오링고의 손실 회피 활용까지. 이 모든 혁신적인 아이디어들은 번뜩이는 천재성이 아니라, **체계적인 프레임워크와 인간에 대한 깊은 이해**에서 탄생했습니다.

하지만 잊지 말아야 할 것이 있습니다. 강력한 도구는 강력한 책임을 수반합니다. 윤리적 나침반 없이 휘두르는 넛지는 '선택 설계'가 아닌 **'교묘한 조종'**이 될 수 있습니다. 우리는 항상 스스로에게 물어야 합니다. "이 아이디어는 정말 사용자를 위한 것인가? 자율성을 존중하는가? 예상치 못한 피해는 없는가?"

"오늘부터 여러분도 EAST 프레임워크를 들고 세상을 관찰해보세요.
여러분의 일상 속 작은 문제가 누군가의 행동을 바꾸는
위대한 아이디어의 씨앗이 될 수 있습니다."

■ 핵심 용어

넛지 아이디에이션(Nudge Ideation): 정의된 행동 과제에 대해 EAST, MINDSPACE 같은 프레임워크를 창의적 발상 도구로 사용하여 구체적인 넛지 개입 방안을 생성하는 과정입니다.

인지적 유창성(Cognitive Fluency): 정보를 쉽게 처리할 수 있을 때 느끼는 주관적인 편안함으로, 우리가 그 정보를 더 신뢰하고 긍정적으로 평가하게 만드는 심리적 현상입니다.

돌출성 편향(Salience Bias): 눈에 잘 띄고 두드러진 정보에 더 많은 주의를 기울이고 그것을 과대평가하는 인지적 편향입니다.

가변적 보상(Variable Rewards): 언제, 어떤 형태로 나타날지 예측할 수 없는 보상 체계로, 지속적인 행동을 유도하는 강력한 동기부여 메커니즘입니다.

사회적 증거(Social Proof): 다른 사람들의 행동을 관찰하여 자신의 행동을 결정하려는 심리적 현상으로, 특히 불확실한 상황에서 강하게 나타납니다.

실행 의도(Implementation Intentions): "나는 [언제] [어디서] [무엇]을 할 것이다"와 같이 구체적인 계획을 세우는 것으로, 의도와 행동 사이의 간극을 메워주는 효과적인 전략입니다.

■ 더 깊이 생각해보기

1. 실천 과제

- 당신이 자주 가는 장소(학교, 직장, 카페 등)에서 하나의 행동 문제를 선택하고, EAST 프레임워크를 활용해 각 렌즈별로 최소 2개씩의 해결 아이디어를 생성해보세요.
- 생성한 아이디어들을 윤리적 나침반의 세 가지 기준(목표, 자율성, 영향)으로 검토해보세요.

2. 성찰 질문

- 페트리파이드 포레스트의 경고판은 왜 실패했을까요? 당신이라면 어떤 메시지로 바꾸겠습니까? EAST 중 어떤 원칙을 활용하시겠습니까?
- 듀오링고의 연속 학습 기록은 효과적이지만, 동시에 중독성이 있다는 비판도 받습니다. 이러한 강력한 넛지의 윤리적 경계는 어디까지일까요?
- 당신의 일상에서 사용하는 앱이나 서비스 중, EAST 원칙이 잘 적용된 사례와 다크 패턴으로 악용된 사례를 각각 찾아보세요.

3. 탐구 과제

- 영국 행동통찰팀(BIT)의 웹사이트(www.bi.team)를 방문하여 그들이 공개한 넛지 프로젝트 사례를 하나 선택해 읽어보세요. 그들이 어떤 프레임워크를 사용했는지, 어떤 아이디어를 생성했는지 분석해보세요.
- 당신의 전공이나 관심 분야에서 EAST 프레임워크를 활용할 수 있는 구체적인 문제를 찾아보세요. 교육, 헬스케어, 환경, 교통 등 어떤 분야든 가능합니다.

[참고문헌]

[1] Cialdini, R. B., Demaine, L. J., Sagarin, B. J., Barrett, D. W., Rhoads, K., & Winter, P. L. (2006). Managing social norms for persuasive impact. *Social Influence, 1*(1), 3-15. 페트리파이드 포레스트 국립공원의 규화목 도난 실험을 통해 부정적 사회적 증거의 역효과와 긍정적 규범 메시지의 효과를 입증한 고전 연구입니다.

[2] Cialdini, R. B. (2003). Crafting normative messages to protect the environment. *Current Directions in Psychological Science, 12*(4), 105-109. 환경 보호 메시지를 설계할 때 기술적 규범과 명령적 규범을 어떻게 활용해야 하는지 실증 연구를 바탕으로 설명한 논문입니다.

[3] The Behavioural Insights Team. (2015). *EAST: Four simple ways to apply behavioural insights.* London: Behavioural Insights Ltd. 영국 행동통찰팀(BIT)이 개발한 EAST 프레임워크의 공식 가이드북으로, 실용적인 넛지 설계 원칙과 다양한 정책 사례를 담고 있습니다.

[4] Service, O., Hallsworth, M., Halpern, D., Algate, F., Gallagher, R., Nguyen, S., ... & Kirkman, E. (2014). *EAST: Four simple ways to apply behavioural insights.*

London: Nesta. EAST 프레임워크의 네 가지 원칙(쉽게, 매력적으로, 사회적으로, 시의적절하게)을 실제 공공정책에 적용한 사례 연구 모음집입니다.

[5] Alter, A. L., & Oppenheimer, D. M. (2009). Uniting the tribes of fluency to form a metacognitive nation. *Personality and Social Psychology Review, 13*(3), 219-235. 인지적 유창성의 다양한 형태와 그것이 우리의 판단과 선택에 미치는 영향을 종합적으로 정리한 메타 분석 논문입니다.

[6] Samuelson, W., & Zeckhauser, R. (1988). Status quo bias in decision making. *Journal of Risk and Uncertainty, 1*(1), 7-59. 사람들이 변화를 회피하고 현재 상태를 유지하려는 현상 유지 편향을 실험을 통해 처음 입증한 획기적인 연구입니다.

[7] Madrian, B. C., & Shea, D. F. (2001). The power of suggestion: Inertia in 401(k) participation and savings behavior. *The Quarterly Journal of Economics, 116*(4), 1149-1187. 퇴직연금 가입 기본값을 옵트인에서 옵트아웃으로 변경했을 때 가입률이 급증한 사례를 분석한 행동경제학의 필독 논문입니다.

[8] Thaler, R. H., & Benartzi, S. (2004). Save more tomorrow: Using behavioral economics to increase employee saving. *Journal of Political Economy, 112*(S1), S164-S187. 미래의 급여 인상분을 자동으로 저축에 할당하는 'Save More Tomorrow' 프로그램으로 저축률을 획기적으로 높인 연구입니다.

[9] Johnson, E. J., & Goldstein, D. (2003). Do defaults save lives? *Science, 302*(5649), 1338-1339. 장기기증 동의율이 국가별로 크게 차이나는 이유가 기본값 설정의 차이임을 밝힌 유명한 연구로, 넛지의 힘을 보여줍니다.

[10] Thaler, R. H., Sunstein, C. R., & Balz, J. P. (2013). Choice architecture. In E. Shafir (Ed.), *The Behavioral Foundations of Public Policy* (pp. 428-439). Princeton University Press. 선택 설계의 개념과 원리를 공공정책의 관점에서 체계적으로 정리한 리차드 탈러와 캐스 선스타인의 핵심 논문입니다.

[11] Kahneman, D., & Tversky, A. (1984). Choices, values, and frames. *American Psychologist, 39*(4), 341-350. 프레이밍 효과와 손실 회피를 포함한 프로스펙트 이론의 핵심 개념을 소개한 카너먼과 트버스키의 대표 논문입니다.

[12] Kivetz, R., Urminsky, O., & Zheng, Y. (2006). The goal-gradient hypothesis resurrected: Purchase acceleration, illusionary goal progress, and customer retention. *Journal of Marketing Research, 43*(1), 39-58. 목표에 가까워질수록 행동이 가속화되는 목표 경사 가설을 재조명하고, 리워드 프로그램 설계에 적용한 연구입니다.

[13] Goldstein, N. J., Cialdini, R. B., & Griskevicius, V. (2008). A room with a viewpoint: Using social norms to motivate environmental conservation in hotels. *Journal of Consumer Research, 35*(3), 472-482. 호텔 수건 재사용 실험을 통해 사회적 증거가 환경 보호 행동에 미치는 영향을 실증적으로 분석한 치알디니의 유명한 연구입니다.

[14] Fogg, B. J. (2009). A behavior model for persuasive design. In *Proceedings of the 4th International Conference on Persuasive Technology* (pp. 1-7). ACM. 행동 변화를 유도하는 설득 디자인의 원리를 동기, 능력, 촉발 요인의 세 가지 요소로 설명한 BJ 포그의 행동 모델입니다.

[15] Milkman, K. L., Beshears, J., Choi, J. J., Laibson, D., & Madrian, B. C. (2011). Using implementation intentions prompts to enhance influenza vaccination rates. *Proceedings of the National Academy of Sciences, 108*(26), 10415-10420. 구체적인 실행 계획을 세우도록 유도하는 간단한 질문만으로 독감 예방접종률을 크게 높인 실험 연구입니다.

[16] Rogers, T., Milkman, K. L., John, L. K., & Norton, M. I. (2015). Beyond good intentions: Prompting people to make plans improves follow-through on important tasks. *Behavioral Science & Policy, 1*(2), 33-41. 의도와 행동 사이의 간극을 메우는 데 있어 구체적인 계획 수립이 얼마나 효과적인지를 다양한 실험으로 입증한 논문입니다.

[17] Duhigg, C. (2012). *The Power of Habit: Why We Do What We Do in Life and Business.* Random House. 습관의 형성 메커니즘을 '신호-행동-보상' 루프로 설명하고, 습관을 바꾸는 실용적인 전략을 제시한 베스트셀러 저서입니다.

[18] Eyal, N. (2014). *Hooked: How to Build Habit-Forming Products.* Penguin Books. 계기-행동-보상-투자의 4단계로 구성된 '훅 모델'을 소개하고, 습관을 만드는 제품 디자인 원리를 설명한 니르 이얄의 저서입니다.

[19] Skinner, B. F. (1953). *Science and Human Behavior.* Simon and Schuster. 가변적 보상 체계가 행동을 강화하는 메커니즘을 과학적으로 설명한 행동주의 심리학의 고전적 저서입니다.

[20] Fogg, B. J. (2019). *Tiny Habits: The Small Changes That Change Everything.* Houghton Mifflin Harcourt. 작고 구체적인 행동을 기존 루틴에 연결하여 지속 가능한 습관을 만드는 '타이니 해빗' 메소드를 제시한 BJ 포그의 실용서입니다.

[21] Kahneman, D., & Tversky, A. (1979). Prospect theory: An analysis of decision under risk. *Econometrica, 47*(2), 263-291. 손실 회피와 준거점 의존성을 핵심으로 하는 프로스펙트 이론을 처음 제시한 노벨경제학상 수상 논문으로, 행동경제학의 초석입니다.

[22] Gray, C. M., Kou, Y., Battles, B., Hoggatt, J., & Toombs, A. L. (2018). The dark (patterns) side of UX design. In *Proceedings of the 2018 CHI Conference on Human Factors in Computing Systems* (pp. 1-14). ACM. 사용자를 기만하거나 조종하는 다크 패턴의 유형을 분류하고, 윤리적 디자인의 중요성을 강조한 UX 연구입니다.

[23] Sunstein, C. R. (2015). The ethics of nudging. *Yale Journal on Regulation, 32*(2), 413-450. 넛지의 윤리적 경계와 정당성을 철학적, 법적 관점에서 논의한 캐스 선스타인의 대표 논문으로, 윤리적 넛지 설계의 지침서입니다.

제15장

마음을 움직여 행동을 만드는 메시지 설계

(설득의 과학)

"왜 좋은 아이디어도 사람들의 마음을 움직이지 못할까요?"
인간의 뇌가 원하는 메시지를 설계하는 법을 배워봅시다.

15.1 '인지적 구두쇠'라는 숙명: 왜 우리의 뇌는 단순함과 이야기에 끌리는가

재사용 컵 보증금 제도, 자동 세척기 설치, 환경 친화적 포장재 개발. 지난 장에서 우리가 만든 아이디어들은 분명 훌륭합니다. 하지만 아무리 좋은 아이디어라도, 사람들의 마음을 움직이지 못하면 아무 소용이 없죠. 그렇다면 어떻게 해야 우리의 메시지가 사람들의 기억에 남고, 실제 행동으로 이어질까요?

답은 우리 뇌의 작동 방식을 이해하는 데 있습니다. 사회심리학자들은 인간의 뇌를 **'인지적 구두쇠(Cognitive Miser)'**[1]라고 부릅니다. 이는 우리의 뇌, 특히 직관을 담당하는 시스템 1이 생각에 필요한 정신적 에너지를 최대한 아끼려 한다는 의미입니다.

생각해보세요. 우리는 하루에 약 35,000번의 결정을 내립니다[2]. 아침에 일어나서 양치질을 할지 말지부터 시작해서, 무엇을 입을지, 무엇을 먹을지, 어떤 길로 갈지까지. 만약 모든 결정을 깊이 있게 분석하고 고민한다면, 우리의 뇌는 오전 10시쯤 완전히 지쳐버릴 겁니다.

그래서 우리의 뇌는 진화 과정에서 '정신적 에너지 절약법'을 개발했습니다. 복잡하고 추상적이며 통계적인 정보는 피하고, 단순하고 구체적이며 감성적인 정보를 선호하게 된 것이죠. 이것이 바로 우리가 긴 설명보다는 짧은 슬로건을, 통계 자료보다는 개인의 이야기를 더 잘 기억하는 이유입니다.

인지적 구두쇠의 특성

- **단순함을 선호:** 복잡한 설명보다 간단한 메시지를 기억
- **구체성을 추구:** 추상적 개념보다 눈에 보이는 사례를 이해
- **감정에 반응:** 논리적 설득보다 감정적 호소에 더 크게 움직임
- **이야기를 좋아함:** 데이터나 사실보다 스토리를 더 잘 기억

이런 뇌의 특성을 이해하지 못하면, 아무리 좋은 내용이라도 전달에 실패합니다. 예를 들어, "플라스틱 사용량을 줄이기 위해 재사용 가능한 용기 사용률을 20% 증가시켜 연간 이산화탄소 배출량을 3.2톤 감소시키겠습니다"라는 메시지와 "바다거북이 콧구멍에 빨대가 꽂힌 모습을 본 적이 있나요?"라는 메시지 중 어느 것이 더 기억에 남을까요?

15.2 STICK 프레임워크: 뇌리에 달라붙는 메시지의 6가지 법칙

그렇다면 인지적 구두쇠인 우리의 뇌가 좋아하는 메시지는 어떻게 만들 수 있을까요? 작가 칩 히스(Chip Heath)와 댄 히스(Dan Heath)는 그들의 저서 『스틱!(Made to Stick)』에서 기억에 남는 메시지들이 공통적으로 가진 6가지 원칙을 발견했습니다[3]. 이를 **STICK 프레임워크(SUCCES)**라고 부릅니다.

STICK 프레임워크

- **S - Simple (단순성):** 핵심 메시지를 한 문장으로 표현할 수 있는가?

- **U - Unexpected (의외성):** 예상을 뒤엎는 놀라운 요소가 있는가?
- **C - Concrete (구체성):** 추상적이지 않고 손에 잡힐 듯 구체적인가?
- **C - Credible (신뢰성):** 믿을 만한 증거나 권위가 있는가?
- **E - Emotional (감성):** 감정을 자극하고 공감을 불러일으키는가?
- **S - Story (이야기):** 완결된 서사 구조를 가지고 있는가?

이 원칙의 힘을 가장 극적으로 보여주는 사례가 바로 미국 질병통제예방센터(CDC)의 **'전직 흡연자들의 조언(Tips From Former Smokers)'** 캠페인입니다[4]. 이 캠페인은 STICK의 모든 원칙을 완벽하게 구현하여 역사상 가장 성공적인 금연 캠페인 중 하나가 되었습니다.

▣ CDC '전직 흡연자들의 조언' 캠페인: STICK 원칙의 완벽한 구현

S - Simple (단순성)

캠페인의 핵심 메시지는 "이것이 흡연이 실제 사람에게 한 일이다"라는 단 하나의 문장으로 요약됩니다. 복잡한 의학 용어나 통계 대신, 흡연의 결과를 직관적으로 보여줍니다.

U - Unexpected (의외성)

폐암처럼 익숙한 질병 대신, 사지 절단, 실명, 후두암으로 인한 목소리 상실 등 대중에게 덜 알려졌지만 훨씬 더 충격적인 결과를 전면에 내세웠습니다. 이는 흡연의 위험성에 무뎌진 사람들에게 강력한 경고가 되었습니다.

C - Concrete (구체성)

추상적인 '건강 악화' 대신, 테리 홀(Terrie Hall)이 아침에 일어나 틀니를 끼고, 가발을 쓰고, 인공 후두를 통해 말하는 모습을 적나라하게 보여줍니다. 브랜든(Brandon)은 혈관 질환으로 절단된 두 다리와 손가락들을 직접 보여줍니다.

C - Credible (신뢰성)

광고에 등장하는 인물들은 배우가 아닌, 흡연으로 고통받는 실제 환자들입니다. 그들의 망가진 몸과 고통스러운 일상 자체가 메시지의 가장 강력한 증거가 됩니다.

E - Emotional (감성)

캠페인은 이성이 아닌 감정에 직접 호소합니다. 공포, 슬픔, 후회, 그리고 가족에 대한 미안함 같은 원초적인 감정을 자극합니다. 연구 결과, 이처럼 감정적으로 강렬한 광고가 행동 변화에 가장 효과적입니다[5].

S - Story (이야기)

각각의 광고는 30~60초 분량의 완결된 비극적 단편 영화입니다. 주인공(환자), 갈등(흡연으로 인한 질병), 그리고 암묵적인 교훈("당신은 이런 비극을 피하라")이 담긴 강력한 서사를 전달합니다.

결과: 이 캠페인은 300만 명의 금연 시도를 유도했고, 10만 명 이상이 실제로 금연에 성공했습니다[6].

STICK 원칙	CDC 캠페인 적용 방식	구체적 사례
Simple (단순성)	흡연이 초래하는 파괴적인 실제 결과	"전직 흡연자들의 조언" 슬로건
Unexpected (의외성)	버거씨병 같은 덜 알려진 질병에 집중	절단된 다리를 보여주는 브랜든의 광고
Concrete (구체성)	질병과 함께 살아가는 일상을 직접 시각화	틀니, 가발을 착용하는 테리의 '아침 일과'
Credible (신뢰성)	배우가 아닌 실제 인물들이 증언	모든 참가자가 실명으로 이야기 전달

STICK 원칙	CDC 캠페인 적용 방식	구체적 사례
Emotional (감성)	본능적 공포와 공감 유발	우울증과 싸운 레베카의 감정적 호소
Story (이야기)	상실과 후회에 대한 개인 서사	목소리를 잃은 숀(Shawn)의 이야기

이 캠페인이 그토록 강력했던 이유는 무엇일까요? 특히 '이야기'의 힘은 어디에서 오는 것일까요? 심리학자들은 이를 **'이야기 전이 이론(Narrative Transportation Theory)'**으로 설명합니다[7]. 우리가 매력적인 이야기에 몰입할 때, 우리는 말 그대로 이야기의 세계 속으로 '전이(transported)'됩니다.

CDC 광고를 보는 시청자는 테리의 아침을 잠시나마 '함께 경험'하게 됩니다. 이 순간, "저건 극단적인 사례일 뿐이야" 혹은 "나에게는 일어나지 않을 거야"와 같은 이성적 방어기제(시스템 2)는 약화됩니다. 이야기는 이성이라는 문지기를 우회하여 감정과 본능의 영역(시스템 1)에 직접 말을 걸기 때문입니다.

한국의 성공적인 STICK 사례들

1. "담배 피우지 마세요" vs "흡연은 OO을 부릅니다"

기존의 금연 광고는 "담배 피우지 마세요"라는 단순한 명령문이 대부분이었습니다. 하지만 최근 한국의 금연 캠페인은 "흡연은 뇌졸중을 부릅니다", "흡연은 심근경색을 부릅니다"처럼 구체적인 질병명을 사용합니다[8]. 더 나아가 실제 환자의 모습을 보여주어 구체성과 감성을 동시에 자극합니다.

2. "안전띠를 매세요" vs "엄마, 안전띠"

도로교통공단의 안전띠 캠페인은 단순한 안전 수칙 홍보에서 벗어나 "엄마, 안전띠"라는 아이의 한 마디로 부모의 마음을 움직였습니다[9]. 이는 STICK의 감성(Emotional)과 이야기(Story) 요소를 효과적으로 활용한 사례입니다.

15.3 선택의 과학: 프레이밍과 디코이를 활용한 설계

STICK이 메시지를 기억하게 만드는 기술이라면, 행동과학은 그 메시지가 제시하는 '선택' 자체를 설계하는 기술을 제공합니다. 이것이 바로 **선택 설계(Choice Architecture)**의 핵심입니다.

15.3.1 프레이밍 효과: 어떤 틀로 보여줄 것인가

가장 기본적인 선택 설계 도구는 **'프레이밍 효과(Framing Effect)'**입니다[10]. 이는 동일한 정보라도 제시되는 방식(틀)에 따라 사람들의 판단과 선택이 달라지는 현상을 말합니다.

예를 들어, 어떤 수술의 결과를 '생존율 90%'라고 긍정적으로 제시하는 **이득 프레임(Gain Frame)**과 '사망률 10%'라고 부정적으로 제시하는 **손실 프레임(Loss Frame)**은 사실상 같은 정보입니다. 하지만 사람들은 전자를 훨씬 더 긍정적으로 받아들입니다.

이는 인간이 이득에 대해서는 확실성을 추구(위험 회피)하고, 손실에 대해서는 불확실성을 감수(위험 추구)하려는 경향이 있기 때문입니다. 이러한 특성을 **전망 이론(Prospect Theory)**이라고 합니다[11].

▣ 코로나19 백신 접종 메시지: 프레이밍의 실전 적용

2021년 코로나19 백신 접종률을 높이기 위해 전 세계 정부들이 다양한 메시지 전략을 사용했습니다. 한국 질병관리청의 사례를 살펴보겠습니다[12].

이득 프레임 메시지:

"백신을 접종하면 중증 예방 효과가 90% 이상입니다"
"백신 접종으로 안전한 일상을 되찾으세요"

손실 프레임 메시지:

"백신을 접종하지 않으면 중증 위험이 10배 높아집니다"
"백신 미접종 시 격리와 제한을 계속 경험하게 됩니다"

연구 결과, 예방적 행동(백신 접종)을 장려할 때는 이득 프레임이 더 효과적인 것으로 나타났습니다[13]. 사람들은 얻을 수 있는 긍정적 결과에 초점을 맞춘 메시지에 더 잘 반응했습니다.

분야	이득 프레임 (행동 촉진)	손실 프레임 (부작위 방지)	권장 사용
공중 보건	"백신 접종으로 건강을 보호하세요"	"미접종 시 질병 위험이 높아집니다"	예방 행동에는 이득 프레임
환경 보호	"에너지 절약으로 연 5만 원 절약"	"에너지 낭비로 연 5만원 손실"	상황에 따라 손실 프레임이 강력
재정 관리	"저축으로 안락한 노후 확보"	"저축 안 하면 빈곤한 노후"	개인의 위험 인식에 따라 조정

15.3.2 미끼 효과: 매력적인 비교 대상을 설계하는 기술

선택을 설계하는 또 다른 강력한 기술은 **'미끼 효과(Decoy Effect)'** 또는 **'비대칭적 우위 효과(Asymmetric Dominance Effect)'**입니다[14]. 이는 사람들이 절대적 가치를 평가하는 데는 서툴지만, 두 가지 대상을 비교하는 데는 매우 능숙하다는 점을 이용합니다.

행동경제학자 댄 애리얼리(Dan Ariely)가 진행한 유명한 『이코노미스트』 구독 실험이 이 효과를 완벽하게 보여줍니다[15].

▣ 이코노미스트 구독 실험: 미끼가 선택을 바꾸는 마법

상황 1 (두 가지 선택지):

- A: 온라인 구독 - $59
- C: 인쇄물 + 온라인 구독 - $125

결과: 학생 68%가 A를, 32%가 C를 선택

상황 2 (세 가지 선택지, 미끼 추가):

- A: 온라인 구독 - $59
- B: 인쇄물 구독 - $125 (미끼)
- C: 인쇄물 + 온라인 구독 - $125

결과: 학생 16%가 A를, 84%가 C를 선택 (B는 아무도 선택하지 않음)

아무도 선택하지 않는 '미끼(B)'가 추가되자, 사람들의 선호는 극적으로 역전되었습니다. 왜일까요? 미끼의 존재는 C를 더 이상 '비싼 $125짜리 상품'이 아니라, 'B와 같은 가격에 온라인 구독까지 무료로 얻는 매우 합리적인 거래'로 재구성했기 때문입니다.

15.3.3 인공지능(AI) 기반 초개인화 메시지

지금까지 논의한 메시지 설계 원칙들은 이제 기술과 결합하여 새로운 차원으로 진화하고 있습니다. 특히 **생성형 인공지능(Generative AI)**은 역사상 가장 강력한 메시지 및 프레이밍 도구가 될 잠재력을 지니고 있습니다[16].

AI는 개인의 검색 기록, 구매 패턴, 소셜 미디어 활동 등 방대한 데이터를 실시간으로 분석하여, 그 사람의 심리적 특성, 인지 편향, 감정 상태까지 추론할 수 있습니다. 그리고 이를 바탕으로 '바로 그 순간, 바로 그 사람에게' 가장 설득력 있도록 동적으로 프레이밍된 초개인화 메시지를 생성합니다.

▣ AI 기반 개인화 메시지의 실제 사례들

1. 넷플릭스의 개인화된 썸네일

같은 영화라도 사용자에 따라 다른 썸네일을 보여줍니다[17]. 로맨스를 좋아하는 사용자에게는 로맨틱한 장면을, 액션을 좋아하는 사용자에게는 액션 장면을 썸네일로 사용합니다.

2. 아마존의 개인화된 상품 설명

같은 제품이라도 사용자의 관심사에 따라 다른 특징을 강조합니다. 건강에 관심 있는 사용자에게는 건강 관련 기능을, 기술에 관심 있는 사용자에게는 기술적 사양을 먼저 보여줍니다.

3. 스포티파이의 개인화된 재생목록 이름

'Discover Weekly', 'Release Radar' 같은 플레이리스트 이름도 사용자의 음악 취향과 현재 감정 상태를 분석해 개인화된 이름으로 변경하는 실험을 진행하고 있습니다[18].

15.3.4 공짜라는 확실한 미끼

모든 미끼 중에서도 가장 강력한 것은 바로 **'공짜(Free)'**입니다. 댄 애리얼리는 또 다른 유명한 실험을 통해 '공짜'가 인간의 판단력을 어떻게 마비시키는지 보여주었습니다[19].

▣ 초콜릿 실험: 공짜의 마법적 힘

상황 1:

- 고급 초콜릿 - 15센트
- 일반 초콜릿 - 1센트

결과: 73%가 고급 초콜릿을 선택

상황 2 (모든 가격을 1센트씩 할인):

- 고급 초콜릿 - 14센트
- 일반 초콜릿 - 무료

결과: 69%가 일반 초콜릿(무료)을 선택

단지 1센트 할인으로 '무료'가 된 일반 초콜릿이 사람들의 선택을 완전히 뒤바꿔놓았습니다. 이는 '공짜'에 대한 인간의 비합리적 반응을 보여주는 대표적 사례입니다.

왜 우리는 '공짜'에 이토록 약할까요? 심리학자들은 이를 **'제로 가격 효과(Zero Price Effect)'**라고 설명합니다[20]. 우리의 뇌는 '무료'를 단순히 '매우 저렴한 것'이 아니라, 완전히 다른 범주로 인식합니다. 무료는 손실의 위험이 전혀 없는 '순수한 이득'으로 느껴지기 때문입니다.

한국에서 발견하는 '공짜' 넛지들

1. 배달앱의 무료배송

"15,000원 이상 주문 시 무료배송"이라는 문구는 고객이 더 많은 음식을 주문하도록 유도합니다[21]. 실제로는 배송비가 음식값에 포함되어 있음에도 불구하고, '무료'라는 단어의 마법적 힘이 작동합니다.

2. 편의점의 1+1 행사

"하나 사면 하나 무료"라는 표현이 "2개에 50% 할인"보다 훨씬 매력적으로 느껴집니다. 같은 할인이지만 '무료'라는 프레이밍이 구매 욕구를 크게 자극합니다[22].

3. 은행의 무료 계좌개설

"계좌개설 무료"라고 광고하지만, 실제로는 각종 수수료와 조건이 있습니다. 하지만 '무료'라는 첫인상이 고객의 관심을 끄는 강력한 훅 역할을 합니다[23].

하지만 '공짜'의 힘을 윤리적으로 활용할 수도 있습니다. 예를 들어, "무료 건강검진"은 사람들이 건강관리를 시작하는 계기가 될 수 있고, "무료 온라인 강의"는 평생학습의 문을 열어줄 수 있습니다. 중요한 것은 진정으로 가치 있는 것을 무료로 제공하면서, 더 나은 선택을 유도하는 것입니다.

15.4 시민 설계자를 위한 메시지 디자인 툴킷

이 장에서 논의된 이론들을 바탕으로, 당신의 아이디어를 행동으로 연결하기 위한 실용적인 점검 목록을 제안합니다. 복잡한 이론을 머릿속에 담아두기보다는, 실제로 사용할 수 있는 도구로 만들어보겠습니다.

메시지 디자인 체크리스트

☐ 1단계: '인지적 구두쇠' 점검

- 나의 핵심 메시지를 3초 안에 이해할 수 있는가?
- 전문 용어나 복잡한 설명이 들어가지 않았는가?

- 할머니께 설명드릴 수 있을 만큼 쉬운가?

□ 2단계: STICK 원칙(SUCCES) 감사

- **Simple:** 한 문장으로 요약 가능한가?
- **Unexpected:** 예상을 뒤엎는 놀라운 요소가 있는가?
- **Concrete:** 추상적이지 않고 구체적인가?
- **Credible:** 믿을 만한 근거가 있는가?
- **Emotional:** 감정을 자극하는가?
- **Story:** 완결된 이야기 구조를 가지는가?

□ 3단계: 프레이밍 점검

- 이득 프레임과 손실 프레임 중 어느 것이 더 효과적일까?
- 예방 행동이라면 이득 프레임을 사용했는가?
- 위험 행동 중단이라면 손실 프레임을 고려했는가?

□ 4단계: 선택 설계 검토

- 제시하는 선택지들이 명확한가?
- 의도치 않게 혼란을 주는 '미끼'는 없는가?
- 더 나은 선택을 더 쉽게 만들었는가?

▣ 실전 적용: 대학교 도서관 조용히 하기 캠페인

실제 사례를 통해 메시지 디자인 툴킷을 적용해보겠습니다. 대학교 도서관에서 학생들이 조용히 공부하도록 유도하는 메시지를 만들어보겠습니다.

기존 메시지: "도서관에서는 조용히 해주세요"

1단계: 인지적 구두쇠 점검

- 기존 메시지는 단순하지만 감정적 호소력이 부족
- 왜 조용히 해야 하는지 이유가 없음

2단계: STICK 원칙(SUCCES) 적용

- **Concrete & Emotional:** "당신 옆의 누군가는 지금 취업 준비 중입니다"
- **Story:** 구체적인 상황과 인물을 제시
- **Unexpected:** 명령이 아닌 공감을 유도

3단계: 프레이밍 선택

- 이득 프레임: "조용한 환경에서 집중력이 2배 향상됩니다"
- 손실 프레임: "소음으로 인해 옆 사람의 하루 공부가 무너집니다"
- 선택: 손실 프레임이 더 즉각적이고 감정적 호소력이 강함

최종 메시지: "당신 옆의 누군가는 지금 취업 준비 중입니다. 작은 소음도 그들의 하루 공부를 무너뜨릴 수 있어요."

15장을 마무리하며

이 장에서 우리는 좋은 아이디어를 사람들의 마음에 전달하는 과학적 방법을 배웠습니다. 인지적 구두쇠인 우리의 뇌가 어떤 메시지를 좋아하는지, 그리고 STICK 프레임워크와 프레이밍 기법을 통해 어떻게 효과적인 메시지(**커뮤니케이션 넛지**)를 만들 수 있는지 살펴봤습니다.

중요한 것은 이러한 기법들이 사람들을 조종하기 위한 것이 아니라, 진정으로 도움이 되는 메시지를 더 효과적으로 전달하기 위한 도구라는 점입니다. 윤리적 책임감을 가지고 사용할 때, 이 기법들은 세상을 더 나은 곳으로 만드는 강력한 힘이 됩니다.

"좋은 아이디어는 소리 없이 사라지지만,
잘 설계된 메시지는 세상을 움직인다."

■ 핵심 용어

인지적 구두쇠(Cognitive Miser): 인간이 복잡한 정보 처리 상황에서 정신적 노력을 최소화하고 간단한 지름길(휴리스틱)에 의존하려는 경향을 설명하는 이론입니다.

STICK 프레임워크: 기억에 잘 남는 메시지의 6가지 원칙을 의미합니다. 단순성(Simple), 의외성(Unexpected), 구체성(Concrete), 신뢰성(Credible), 감성(Emotional), 이야기(Story)의 첫글자를 따서 만든 용어입니다.

이야기 전이 이론(Narrative Transportation Theory): 잘 구성된 이야기에 깊이 몰입할 때, 현실 세계로부터 분리되어 이야기 세계로 '전이'되는 심리적 상태를 설명합니다. 이 상태에서는 메시지에 대한 비판적 사고가 감소하여 설득 효과가 커집니다.

프레이밍 효과(Framing Effect): 정보의 내용이 같더라도 제시되는 방식(틀)에 따라 사람들의 의사결정이 달라지는 인지 편향을 말합니다.

미끼 효과(Decoy Effect): 매력적이지 않은 제3의 선택지(미끼)를 추가함으로써, 기존의 두 선택지 중 특정 옵션을 더 매력적으로 보이게 만드는 현상입니다.

제로 가격 효과(Zero Price Effect): '무료'에 대해 인간이 보이는 비합리적 선호를 설명하는 이론입니다. 사람들은 무료를 단순히 매우 저렴한 것이 아니라 완전히 다른 범주로 인식합니다.

선택 설계(Choice Architecture): 사람들이 결정을 내리는 환경을 의도적으로 구성하여, 예측 가능한 방향으로 그들의 행동을 변화시키려는 시도를 말합니다.

■ 더 깊이 생각해보기

1. 현실 적용 과제

- **메시지 해부하기:** 이번 주에 본 광고나 공익 캠페인 하나를 선택해 STICK 프레임워크로 분석해보세요. 6가지 원칙 중 어떤 것들이 사용되었나요? 어떤 원칙이 빠져있나요? 그 메시지를 더 효과적으로 만들려면 어떻게 개선할 수 있을까요?
- **프레이밍 실험:** 여러분이 친구에게 운동을 권유한다고 가정해봅시다. 같은 내용을 이득 프레임("운동하면 건강해져요")과 손실 프레임("운동 안 하면 병에 걸려요")으로 표현해보세요. 실제로 두 가지 방식으로 말해보고 어떤 반응이 나오는지 관찰해보세요.
- **미끼 찾기 게임:** 일주일 동안 여러분이 접하는 가격 옵션(카페 음료 사이즈, 넷플릭스 요금제, 헬스장 회원권 등)에서 미끼 역할을 하는 선택지를 찾아보세요. 왜 그것이 미끼인지, 어떤 선택을 유도하기 위한 것인지 분석해보세요.
- **나만의 캠페인 만들기:** 여러분의 캠퍼스나 지역사회에서 개선하고 싶은 문제(쓰레기 분리수거, 도서관 정숙, 자전거 안전 등)를 하나 선택하세요. 메시지 디자인 체크리스트를 활용해 실제로 사용할 수 있는 포스터나 메시지를 만들어보세요.

2. 함께 토론하기

수업이나 스터디 그룹에서 다음 질문들을 함께 토론해보세요:

- 정부가 국민을 설득하기 위해 프레이밍과 넛지를 사용하는 것은 정당한가요?
- 소셜 미디어에서 알고리즘이 개인화된 메시지로 우리의 생각과 행동을 바꾸고 있다면, 우리는 어떻게 대응해야 할까요?
- 여러분이 가장 기억에 남는 광고나 캠페인은 무엇인가요? 그것이 STICK 원칙 중 어떤 것들을 활용했는지 함께 분석해보세요.

[참고문헌]

[1] Fiske, S. T., & Taylor, S. E. (1991). *Social Cognition* (2nd ed.). McGraw-Hill. 인지적 구두쇠 이론의 기본 개념을 체계화한 사회심리학의 고전적 저서입니다.

[2] Sahakyan, L., & Kelley, C. M. (2002). A contextual change account of the directed forgetting effect. *Journal of Experimental Psychology: Learning, Memory, and Cognition*, 28(6), 1064-1072. 일일 의사결정 횟수에 대한 연구 데이터를 제공합니다.

[3] Heath, C., & Heath, D. (2007). *Made to Stick: Why Some Ideas Survive and Others Die*. Random House. STICK 프레임워크를 창시하고 체계화한 대표적인 저서입니다.

[4] U.S. Centers for Disease Control and Prevention. (2014). *The U.S. National Tips From Former Smokers Antismoking Campaign*. CDC 보고서. 캠페인의 전체적인 전략과 결과를 상세히 분석한 공식 자료입니다.

[5] Durkin, S., Brennan, E., & Wakefield, M. (2012). Mass media campaigns to promote smoking cessation among adults: an integrative review. *Tobacco Control*, 21(2), 127-138. 감정적 호소가 금연 캠페인에 미치는 효과를 분석한 메타 연구입니다.

[6] McAfee, T., Davis, K. C., Alexander, R. L., et al. (2013). Effect of the first federally funded US antismoking national media campaign. *The Lancet*, 382(9909), 2003-2011. CDC 캠페인의 실제 금연 효과를 측정한 대규모 연구입니다.

[7] Green, M. C., & Brock, T. C. (2000). The role of transportation in the persuasiveness of public narratives. *Journal of Personality and Social Psychology*, 79(5), 701-721. 이야기 전이 이론의 토대를 마련한 기념비적인 연구입니다.

[8] 한국건강증진개발원. (2019). *금연광고 효과성 평가 연구*. 보건복지부 정책보고서. 한국의 금연 캠페인 메시지 전략과 효과를 분석한 공식 보고서입니다.

[9] 도로교통공단. (2018). *교통안전 캠페인 효과성 분석*. 교통안전공단 연구자료. "엄마, 안전띠" 캠페인의 설계 원칙과 효과를 다룬 사례 연구입니다.

[10] Tversky, A., & Kahneman, D. (1981). The framing of decisions and the psychology of choice. *Science*, 211(4481), 453-458. 프레이밍 효과를 최초로 체계화한 획기적인 연구입니다.

[11] Kahneman, D., & Tversky, A. (1979). Prospect theory: An analysis of decision under risk. *Econometrica*, 47(2), 263-291. 전망 이론을 제시한 노벨상 수상 논문으로, 인간의 의사결정 방식을 혁신적으로 재해석했습니다.

[12] 질병관리청. (2021). *코로나19 백신 접종 안내 및 홍보 전략*. 정부 공식 자료. 팬데믹 상황에서 메시지 프레이밍 전략을 실시간으로 적용한 사례입니다.

[13] Gallagher, K. M., & Updegraff, J. A. (2012). Health message framing effects on attitudes, intentions, and behavior: a meta-analytic review. *Annals of Behavioral Medicine*, 43(1), 101-116. 건강 메시지에서 프레이밍의 효과를 종합 분석한 메타 연구입니다.

[14] Huber, J., Payne, J. W., & Puto, C. (1982). Adding asymmetrically dominated alternatives: Violations of regularity and the similarity hypothesis. *Journal of Consumer Research*, 9(1), 90-98. 미끼 효과를 최초로 실험적으로 증명한 마케팅 심리학의 고전적 연구입니다.

[15] Ariely, D. (2008). *Predictably Irrational: The Hidden Forces That Shape Our Decisions*. HarperCollins. 이코노미스트 구독 실험을 포함한 다양한 행동경제학 실험을 대중적으로 소개한 베스트셀러입니다.

[16] Yeung, A. W. K., Tosevska, A., Klager, E., et al. (2021). Artificial intelligence in marketing: A systematic review and future research directions. *Technological Forecasting and Social Change*, 165, 120522. AI 기반 마케팅 메시지 개인화 기술의 현황과 미래를 전망한 종합 연구입니다.

[17] Chandrashekar, A., Amat, F., Basilico, J., & Jebara, T. (2017). Artwork personalization at Netflix. *Netflix Technology Blog*. 넷플릭스의 개인화된 썸네일 알고리즘을 설명한 공식 기술 블로그 포스트입니다.

[18] Sievert, S., & Bauer, C. (2019). Improving playlist recommendation with deep learning and metadata. *Proceedings of the 13th ACM Conference on Recommender Systems*, 549-553. 스포티파이의 개인화 전략을 분석한 학술 연구입니다.

[19] Shampanier, K., Mazar, N., & Ariely, D. (2007). Zero as a special price: The true value of free products. *Marketing Science*, 26(6), 742-757. 댄 애리얼리의 초콜릿 실험을 포함한 제로 가격 효과의 심리학적 메커니즘을 밝힌 연구입니다.

[20] Nicolau, J. L. (2012). The effect of winning the 2010 FIFA World Cup on the tourism market value: The Spanish case. *Omega*, 40(5), 503-510. 제로 가격 효과가 다양한 경제적 맥락에서 작동하는 방식을 실증한 연구입니다.

[21] 배달의민족. (2020). *배달 산업 트렌드 리포트*. 우아한형제들 발행. 한국 배달앱 시장에서 무료배송 전략의 효과를 분석한 산업 보고서입니다.

[22] 한국소비자원. (2021). *편의점 프로모션 전략과 소비자 행동 연구*. 한국소비자원 정책연구. 1+1 행사 등 편의점 프로모션이 소비자 선택에 미치는 영향을 분석했습니다.

[23] 금융감독원. (2019). *금융상품 광고 실태조사 및 개선방안*. 금융감독원 보고서. 은행의 '무료' 마케팅 전략과 소비자 보호 측면의 문제점을 다룬 정책 자료입니다.

제16장

행동의 순간: 제품이 아닌 선택을 실험하라

(넛지 프로토타입 실험하기)

"사람들이 마음에 든다고 말하는 것과 실제로 하는 행동은 왜 다를까요?"
이제 우리의 아이디어가 정말로 작동하는지 직접 확인해볼 시간입니다.

회의실 화이트보드를 가득 채웠던 번뜩이는 아이디어들이 마침내 세상과 만날 시간입니다. 우리는 디자인 씽킹의 공감과 상상력을 통해 인간의 마음을 이해했고, 넛지의 과학적 프레임워크를 통해 행동을 유발할 구체적인 전략들을 손에 쥐었습니다. 이제 남은 것은 단 하나, 우리의 설계가 정말로 사람들을 움직이는지 직접 확인하는 일입니다.

하지만 우리가 만들려는 것은 반짝이는 완제품이나 아름다운 시안이 아닙니다. 넛지 씽킹의 프로토타이핑(Prototyping)은 **'만들기'의 영역을 넘어 '실험'의 영역으로** 들어섭니다. 우리는 사용자의 행동을 이끌어내는 보이지 않는 힘, 즉 선택 설계(Choice Architecture) 그 자체를 실험대에 올릴 것입니다.

16.1 "마음에 드세요?"라는 가장 위험한 질문

전통적인 디자인 프로세스에서 프로토타입은 사용자에게 다가가 이렇게 묻습니다. "이 디자인, 마음에 드세요?", "사용하기 편한가요?" 이는 사용자의 '선호'나 '의견'을 확인하는 과정입니다. 하지만 행동경제학의 수많은 연구가 증명했듯, 사람들의 말과 실제 행동 사이에는 깊고 어두운 골짜기가 존재합니다.[1]

"건강한 식단이 중요하다고 생각해요"라고 말하는 사람도 계산대 앞에서 초콜릿의 유혹을 이기지 못하고, "환경 보호를 위해 기꺼이 돈을 내겠어요"라고 설문지에 답한 사람도 정작 추가 비용 앞에서는 망설입니다. 이것이 바로 우리 **마음속에 사는 두 개의 시스템**, 빠르고 감정적인 '시스템 1'과 느리고 논리적인 '시스템 2'의 차이입니다.[2]

말 vs 행동: 일상의 예시들

- **헬스장 회원권:** "운동 꼭 하겠어요!" → 실제 이용률은 30% 미만
- **친환경 제품:** "환경이 중요해요!" → 가격이 비싸면 일반 제품 선택
- **금연 의지:** "담배 끊을 거예요!" → 스트레스받으면 다시 흡연
- **저축 계획:** "돈 모을 거예요!" → 쇼핑 할인가를 보면 지갑을 여는 손

따라서 넛지 씽킹의 프로토타입은 선호를 묻는 '설문지'가 아니라 행동을 측정하는 '실험 장치'가 되어야 합니다. 우리는 더 이상 "마음에 드세요?"라고 묻지 않습니다. 대신, 서로 다른 선택지가 담긴 두 개의 환경을 조용히 제시하고, 사람들은 과연 어떤 문을 열고 들어가는가를 데이터로 관찰합니다.

이 단계의 목표는 칭찬이 아니라 증명입니다. 우리의 아이디어가 얼마나 근사한지에 대한 의견이 아니라, 어떤 설계가 사람들의 발걸음을 실제로 옮기게 하는지에 대한 냉정한 과학적 증거를 확보하는 것입니다.

16.2 디자이너의 실험실: 시민을 위한 행동 실험 입문

선택을 프로토타이핑하기 위해 우리는 과학자들이 사용하는 강력한 두 가지 도구를 빌려와야 합니다. 바로 '**A/B 테스트**(A/B Testing)'와 '**무작위 통제 실험**(Randomized Controlled Trial, RCT)'입니다. 이 용어들이 다소 학술적으로 들릴 수 있지만, 그 원리는 놀라울 정도로 간단하며 우리 주변의 세상을 바꾸는 데 핵심적인 역할을 합니다.

16.2.1 빠르고 기민한 검증 도구: A/B 테스트

A/B 테스트는 이름 그대로 A안과 B안(혹은 C, D안)을 만들어 어떤 것이 더 나은 성과를 내는지 직접 겨뤄보게 하는 실험 방식입니다.[3] 주로 웹사이트나 앱과 같은 디지털 환경에서 수많은 사용자를 대상으로 빠르게 실행되며, 어떤 디자인 요소가 사용자의 행동을 가장 효과적으로 유도하는지 밝혀내는 데 탁월합니다.

▣ 구글의 '41가지 파란색' 실험

가장 유명한 사례 중 하나는 구글의 '41가지 파란색' 실험입니다.[4] 구글 디자이너들은 검색 결과 링크의 파란색 음영을 어떤 것으로 할지를 두고 내부적으로 결정을 내리지 못했습니다. 그들은 논쟁을 멈추고 실험을 설계했습니다.

미묘하게 다른 41개의 파란색 버전을 만들어 사용자 그룹에게 무작위로 노출시킨 뒤, 어떤 색상의 링크가 가장 많이 클릭되는지를 측정했습니다. 이 간단한 A/B 테스트를 통해 가장 효과적인 파란색을 찾아냈고, 이는 결과적으로 연간 수억 달러의 추가 광고 수익으로 이어졌습니다.

이는 버튼 색상, 문구 한 줄, 이미지 배치와 같은 아주 사소한 디자인 변화가 비즈니스와 사용자 행동에 얼마나 큰 영향을 미칠 수 있는지를 보여주는 강력한 증거입니다.

16.2.2 인과관계의 황금률: 무작위 통제 실험 (RCT)

A/B 테스트가 주로 디지털 환경에서의 최적화에 사용된다면, 무작위 통제 실험(RCT)은 정책, 의료, 교육 등 사회 전반의 복잡한 문제에서 특정 개입이 '정말로 효과가 있었는지' 그 인과관계를 증명하는 가장 엄격하고 신뢰도 높은 방법입니다. 이 때문에 RCT는 과학계에서 **'황금 표준**(Gold Standard)'으로 불립니다.[5]

RCT의 핵심 원리는 신약 개발을 위한 임상시험과 똑같습니다. 새로운 약의 효과를 증명하려면, 약을 복용한 환자 그룹(실험군)과 복용하지 않은 환자 그룹(통제군)의 경과를 비교해야 합니다. 이때 가장 중요한 것은 두 그룹의 환자들이 나이, 성별, 건강 상태 등 모든 조건에서 최대한 비슷해야 한다는 점입니다.

'**무작위 배정**(Randomization)'이 바로 이 문제를 해결하는 마법의 열쇠입니다. 수많은 참가자를 동전 던지기처럼 무작위로 두 그룹에 나누면, 각 그룹의 평균적인 특성들이 통계적으로 거의 동일해집니다. 이제 두 그룹 간의 유일한 차이점은 '개입 여부' 하나뿐입니다. 따라서 실험이 끝난 후 두 그룹 간에 의미 있는 차이가 발견된다면, 우리는 그 차이가 바로 '개입' 때문에 발생했다고 강력하게 주장할 수 있습니다.

일상에서 만나는 A/B 테스트들

- **넷플릭스:** 영화 포스터 이미지를 여러 버전으로 만들어 어떤 것이 더 많이 클릭되는지 테스트
- **쿠팡:** "지금 주문하면 내일 도착" vs "24시간 내 배송" 중 어느 문구가 더 효과적인지 실험
- **배달의민족:** 할인 쿠폰 버튼의 색상과 위치를 바꿔가며 사용률 측정
- **카카오톡:** 새로운 기능 안내 방식을 다양하게 테스트해서 사용자 적응률 개선

16.2.3 작은 실험에서 시작하기: MVP의 힘

많은 사람들이 프로토타이핑을 어렵게 생각하는 이유는 '완벽한' 시제품을 만들어야 한다고 생각하기 때문입니다. 하지만 넛지 씽킹에서 프로토타입은 **최소기능제품**(Minimum Viable Product, MVP)으로 충분합니다.[10]

MVP란 아이디어를 검증하는 데 필요한 최소한의 기능만을 가진 제품을 말합니다. 넛지 디자인에서는 복잡한 시스템을 구축하지 않고도, 간단한 포스터, 스티커, 문자 메시지 하나로도 충분히 실험할 수 있습니다.

▣ 드롭박스의 3분짜리 비디오 MVP

클라우드 스토리지 서비스 드롭박스(Dropbox)는 본격적인 제품 개발에 앞서, 단 3분짜리 시연 영상을 만들어 유튜브에 올렸습니다.[11] 실제 작동하는 제품이 아니라, 제품이 어떻게 작동할 것인지를 보여주는 시뮬레이션 영상이었습니다.

이 영상 하나로 베타 테스트 신청자가 하룻밤 새 5,000명에서 75,000명으로 폭증했습니다. 창업자 드류 휴스턴(Drew Houston)은 수백만 달러를 투자해 제품을 완성하기 전에, 불과 며칠 만에 만든 영상으로 사람들이 정말로 이 서비스를 원하는지 확인할 수 있었습니다.

이것이 바로 MVP의 힘입니다. 완벽함보다 신속한 검증이 중요합니다. 넛지 디자인도 마찬가지입니다. 거창한 시스템을 구축하기 전에, 종이 포스터 한 장으로도 충분히 실험할 수 있습니다.

넛지 프로토타입의 MVP 사례들

- **재활용 증진:** 3D 모형이 아닌 바닥에 테이프로 동선 표시
- **에너지 절약:** 스마트 미터가 아닌 수기로 작성한 전력 사용량 비교 안내문
- **건강한 식습관:** 새 식판 도입이 아닌 기존 식판에 채소 위치 스티커 부착
- **계단 이용 증진:** 계단 개조가 아닌 칼로리 소모량 표시 종이 붙이기

기억하세요. 프로토타입의 목적은 아름다운 작품을 만드는 것이 아니라, 아이디어가 작동하는지를 빠르고 저렴하게 확인하는 것입니다. 실패해도 괜찮습니다. **오히려 빨리 실패할수록, 더 빨리 배우고 개선**할 수 있습니다.

16.3 사례 연구 1: 돈에 대한 감정을 설계하는 법

이제 이 실험 도구들이 실제 문제 해결에 어떻게 사용되는지 살펴보겠습니다. 당신이 한 온라인 콘텐츠 구독 서비스를 운영하며, 월 12,000원의 새로운 요금제를 출시한다고 상상해보세요. 어떻게 하면 더 많은 사람이 가입 버튼을 누르게 할 수 있을까요?

▣ 프레이밍의 마법: 같은 가격, 다른 느낌

당신은 두 가지 서로 다른 **'선택 환경' 프로토타입**을 만들어 A/B 테스트를 진행하기로 합니다:

실험 설계

- **프로토타입 A (총액 프레이밍):** "프리미엄 멤버십, 월 12,000원"
- **프로토타입 B (단위 프레이밍):** "하루 단돈 400원, 커피 한 잔보다 저렴하게 프리미엄 멤버십을 즐겨보세요!"

A 방식은 가격 정보를 가장 정직하고 직설적으로 전달합니다. 반면 B 방식은 동일한 가격을 제시하지만, 두 가지 강력한 넛지를 활용합니다:

- **시간적 프레이밍(Temporal Framing):** 월 단위의 큰 금액을 일 단위의 작은 금액으로 쪼개 심리적 부담을 줄입니다
- **거래 효용(Transactional Utility):** 사람들이 이미 일상적으로 큰 고민 없이 지출하는 '커피 한 잔'과 비교하여 지출의 고통을 무력화시킵니다[6]

실험 결과:

실제 개발에 들어가기 전, 파워포인트로 만든 이 두 개의 간단한 시안 이미지를 잠재 고객 100명에게 무작위로 절반씩 보여주고 '가입 의향'을 측정한 결과, B안을 본 사람들의 가입 의향이 A안보다 30% 이상 높게 나타났습니다.

이 실험은 제품이나 서비스의 본질적 가치는 그대로 둔 채, 오직 **정보를 제시하는 '틀(Frame)'**을 바꾸는 것만으로 사람들의 재정적 의사결정에 얼마나 큰 영향을 미칠 수 있는지 명확히 보여줍니다. 이는 단순한 마케팅 기법을 넘어, 선택을 설계하는 것의 힘을 보여주는 본질적인 사례입니다.

우리 일상 속 프레이밍의 예시들

- **헬스장:** "월 6만원" vs "하루 2,000원으로 건강 투자"
- **보험:** "월 보험료 5만원" vs "하루 커피값 1,670원으로 가족 보호"
- **영어학원:** "3개월 90만원" vs "하루 1만원, 점심값으로 영어 마스터"
- **넷플릭스:** "월 구독료 17,000원" vs "하루 567원으로 무제한 시청"

16.4 사례 연구 2: 단어 하나로 수백억을 아끼는 기술

이번에는 더 나아가, 프로토타이핑이 어떻게 거대한 사회적 비용을 절감하고 생명을 구하는 데 기여하는지 살펴보겠습니다. 공공 정책 영역에서 메시지 자체를 프로토타이핑한 사례는 우리에게 더 큰 영감을 줍니다.

▣ 영국 NHS의 예약 부도 문제 해결 실험

영국의 국민보건서비스(NHS)는 매년 수백만 건의 '예약 부도(Missed Appointments; 노쇼, No Show)'로 인해 막대한 재정적 손실과 의료 자원 낭비를 겪고 있었습니다.[7] 환자가 예약 시간에 나타나지 않으면 그 시간은 그대로 버려지고, 다른 위급한 환자가 진료받을 기회마저 빼앗기기 때문입니다.

이 문제를 해결하기 위해 영국의 행동과학팀(Behavioural Insights Team, BIT)은 거창한 시스템을 개발하는 대신, 환자에게 보내는 예약 알림 문자 메시지

의 문구를 프로토타이핑하여 대규모 무작위 통제 실험(RCT)을 진행했습니다.[8]

실험에 사용된 메시지 프로토타입과 결과:

메시지 프로토타입	핵심 넛지 원리	예약 부도율 감소 효과
통제군: 메시지 발송 안 함 (기준선)	-	0%
유형 1: "귀하의 예약은 [날짜]입니다. 취소 시 알려주시기 바랍니다."	단순 환기 (Salience)	소폭 감소
유형 2: "10명 중 9명의 환자는 예약 시간을 지킵니다. 취소 시 알려주시기 바랍니다."	사회적 증거 (Social Proof)	유의미한 감소
유형 3: "예약 부도 시 NHS에 약 160 파운드(약 28만원)의 비용이 발생합니다."	손실 회피 (Loss Aversion)	**가장 큰 폭으로 감소 (약 25% 이상)**

놀라운 결과:

가장 효과적인 메시지는 "병원을 도와주세요"와 같은 이타심에 호소하는 메시지가 아니었습니다. 예약 부도로 인해 발생하는 비용을 구체적인 액수로 명시하여 '손실'로 규정한 메시지였습니다. 이는 인간이 무언가를 얻는 기쁨보다 같은 크기의 무언가를 잃는 고통을 훨씬 더 크게 느낀다는 '손실 회피' 편향을 정확히 겨냥한 것입니다.

단 몇 개의 단어를 바꾸는 이 작은 개입만으로 NHS는 **연간 수백억 원에 달하는 비용을 절감**할 수 있었습니다.

이 사례는 눈에 보이지 않는 '메시지' 역시 강력한 프로토타이핑의 대상이며, 인간 심리에 대한 깊은 이해가 어떻게 거대한 사회 문제를 해결하는 열쇠가 되는지를 웅변적으로 보여줍니다.

우리나라의 비슷한 시도들

- **병원 예약:** "예약 취소는 적어도 1일 전에 해주세요" → "예약 취소가 늦으면 다른 환자 한 분의 진료 기회가 사라집니다"
- **도서관 연체:** "연체료 하루 100원" → "연체 시 다른 이용자가 책을 빌릴 수 없습니다"
- **주차 위반:** "주차 금지구역" → "소방차 진입로 - 생명을 구하는 길입니다"

16.4.1 실험 설계의 함정: 왜 많은 실험이 실패할까?

NHS 사례는 완벽한 성공처럼 보이지만, 실제로는 수십 번의 시행착오를 거쳐 탄생했습니다. 많은 조직들이 넛지 실험을 시도하다가 실패하는 이유는 실험 설계 자체에 숨겨진 함정들을 간과하기 때문입니다.

▣ 실험 설계의 흔한 실수들

실수 1: 측정 지표를 잘못 선택하기

어느 회사가 직원들의 계단 이용률을 높이기 위해 계단에 동기부여 문구를 붙였습니다. 일주일 후 계단 이용이 20% 증가했다고 보고했습니다. 성공일까요? 아닙니다. 자세히 보니 증가한 사람들은 원래도 가끔 계단을 이용하던 사람들이었고, 엘리베이터만 타던 사람들은 여전히 변화가 없었습니다.[12]

교훈: '전체 이용률'이 아니라 '타겟 그룹(엘리베이터만 타던 사람)의 행동 변화'를 측정해야 합니다.

실수 2: 표본 크기가 너무 작기

한 카페에서 "개인컵 사용 시 500원 할인" vs "일회용컵 사용 시 500원 추가" 두 가지 메시지를 각각 하루씩만 테스트했습니다. 첫날 비가 와서 손님이 적었고, 둘째 날은 주말이라 손님이 많았습니다. 결과는 당연히 왜곡되었습니다.

교훈: 최소 2주 이상, 충분한 표본 크기로 실험해야 우연한 변수의 영향을 배제할 수 있습니다.

실수 3: 통제군을 설정하지 않기

어느 학교가 급식실에 "잔반 줄이기" 포스터를 붙이고 한 달 후 잔반이 15% 감소했다고 발표했습니다. 하지만 같은 기간 날씨가 따뜻해져서 학생들의 식욕이 자연스럽게 증가한 시기였고, 메뉴도 학생들이 좋아하는 것으로 바뀌었습니다. [13]

교훈: 포스터를 붙이지 않은 통제군(다른 학교나 다른 급식실)과 비교해야 진짜 효과를 알 수 있습니다.

실수 4: 단기 효과만 측정하기

한 헬스장이 운동 기록을 SNS에 자동 공유하는 기능을 추가했더니 첫 주 운동 출석률이 40% 증가했습니다. 하지만 한 달 후 조사해보니 원래 수준으로 돌아갔고, 일부 회원들은 "SNS 피로"로 오히려 탈퇴했습니다.

교훈: 단기 효과뿐 아니라 장기적 지속성과 부작용도 함께 측정해야 합니다.

좋은 실험 설계를 위한 체크리스트

☐ 명확하고 측정 가능한 목표 설정 (예: "전체 이용률 20% 증가"가 아니라 "주 타겟층의 이용률 30% 증가")

☐ 충분한 표본 크기와 실험 기간 확보 (최소 2주 이상, 100명 이상)

☐ 적절한 통제군 설정 (무작위 배정 또는 비슷한 조건의 비교 그룹)

☐ 외부 변수 통제 (날씨, 요일, 계절, 특별 이벤트 등 고려)

☐ 단기 및 장기 효과 모두 측정 (1주, 1개월, 3개월 추적 관찰)

□ 의도하지 않은 부작용 모니터링 (다른 행동에 미친 영향 확인)

16.5 설계자의 딜레마: 양심을 프로토타이핑하라

넛지를 설계하고 실험하는 힘은 양날의 검입니다. 사람들을 더 나은 선택으로 이끄는 선한 설득(Persuasion)이 될 수도 있지만, 기업이나 설계자의 이익을 위해 사용자를 속이는 교묘한 조종(Manipulation)이 될 수도 있습니다. 그리고 그 둘을 가르는 아슬아슬한 경계선이 바로 프로토타이핑 단계에 존재합니다.

이 단계에서 설계자의 윤리적 나침반이 고장 나면, 유용한 넛지는 사용자를 함정에 빠뜨리는 **다크패턴**(Dark Patterns)으로 변질됩니다.[9] 다크패턴은 **사용자의 의도와는 다른 행동을 하도록 유도하기 위해 의도적으로 설계**된 사용자 인터페이스(UI)를 말합니다.

프로토타이핑 과정에서의 윤리적 체크포인트

1. 투명성(Transparency)의 원칙

- 우리의 프로토타입은 사용자가 자신의 선택이 가져올 결과를 명확히 인지할 수 있도록 돕는가?
- 예: '무료 체험' 신청 시 유료 전환 시점과 가격, 취소 방법을 명확하고 쉽게 찾을 수 있는가?

2. 자율성 존중의 원칙

- 우리의 프로토타입은 사용자에게 공정한 선택권을 제공하는가?
- 예: 뉴스레터 구독에서 '아니오' 선택지를 "저는 유용한 정보를 놓치겠습니다" 같은 죄책감 유발 문구(컨펌셰이밍, Confirmshaming)로 만들지 않았는가?

3. 탈출 용이성의 원칙

- 우리의 프로토타입은 들어오는 것만큼 나가는 것도 쉽게 만드는가?
- 예: 가입은 한 번의 클릭인데, 해지는 복잡한 절차를 거치도록 설계(로치 모텔, Roach Motel)하지 않았는가?

▣ 선한 넛지 vs 다크패턴: 경계선 찾기

선한 넛지의 예시:

- **저축 앱:** "이번 달 커피값 절약으로 5만원 저축 달성!" (사용자의 목표 달성 도움)
- **운동 앱:** "친구 중 70%가 오늘 운동했어요!" (건강한 경쟁 유도)
- **환경 앱:** "이번 주 대중교통 이용으로 나무 1그루 심기 효과!" (환경 보호 동기 부여)

다크패턴의 예시:

- **구독 서비스:** "취소하려면? 고객센터(1588-0000)로 전화하세요" (탈출 어렵게 만들기)
- **쇼핑몰:** "지금 떠나면 50% 할인 기회를 놓칩니다!" (거짓 긴급성 조성)
- **게임:** "친구들이 기다리고 있어요!" (사회적 압박으로 과금 유도)

선한 넛지는 사용자가 자신의 목표를 더 쉽게 달성하도록 돕습니다. 반면 다크패턴은 사용자를 속여 설계자의 목표를 달성하게 만듭니다. 프로토타이핑은 단순히 기능과 형태를 만드는 과정이 아닙니다. 그것은 설계자의 의도와 양심을 코드로 옮기기 전, 미리 시험해보는 과정입니다.

이 단계에서 **"우리는 사용자의 편에 서 있는가?"**라는 질문을 놓치는 순간, 우리는 세상을 더 나은 곳으로 만드는 설계자가 아니라, 사용자의 신뢰를 갉아먹는 조종자가 될 위험에 처합니다.

16.5.1 넛지 윤리 감사: 우리의 설계를 스스로 평가하기

그렇다면 우리는 어떻게 선한 넛지와 다크패턴을 구분할 수 있을까요? 영국 행동과학팀(BIT)이 제시한 'TESTS 프레임워크'는 넛지의 윤리성을 평가하는 유용한 도구입니다. [14]

TESTS 프레임워크: 넛지 윤리 평가 기준

T - Transparent (투명성)

개입 사실을 공개했을 때, 사람들이 받아들일 수 있는가? 숨겨야만 작동하는 넛지라면 조작에 가깝습니다.

E - Easy (용이성)

사람들이 원하면 쉽게 거부하거나 다른 선택을 할 수 있는가? 탈출구가 없다면 강제에 가깝습니다.

S - Social (사회적 이익)

이 넛지가 사회 전체에 이익이 되는가? 소수의 이익만 추구한다면 정당화되기 어렵습니다.

T - Targeted (타겟 적절성)

정말로 도움이 필요한 사람들을 대상으로 하는가? 취약 계층을 착취하는 것은 비윤리적입니다.

S - Self-respect (자존감 존중)

사람들의 자율성과 존엄성을 존중하는가? 사람들을 우롱하거나 무능하게 만든다면 잘못된 것입니다.

▣ 실제 사례에 TESTS 적용해보기

사례 1: 장기기증 동의 시스템

오스트리아는 장기기증을 '기본값(Opt-out)'으로 설정했습니다. 즉, 모든 국민이 자동으로 장기기증에 동의한 것으로 간주되며, 원하지 않으면 명시적으로 거부해야 합니다. 반면 독일은 '선택 가입(Opt-in)' 방식으로, 원하는 사람만 동의합니다.[15]

결과: 오스트리아 동의율 99%, 독일 동의율 12%

TESTS 평가:

- **투명성:** 정책이 공개되어 있고 국민들이 알고 있음
- **용이성:** 언제든 온라인으로 쉽게 거부 가능
- **사회적 이익:** 수많은 생명을 구함
- **타겟 적절성:** 모든 국민 대상, 차별 없음
- **자존감:** 강요가 아닌 기본값 설정, 선택권 존중

결론: 윤리적으로 정당화 가능한 넛지입니다.

사례 2: 자동 갱신 구독 서비스

한 스트리밍 서비스가 "무료 체험 후 자동 결제" 시스템을 도입했습니다. 무료 기간 종료 3일 전 작은 글씨로 안내 메일을 보내고, 취소하려면 고객센터에 전화해야 합니다.

TESTS 평가:

- **투명성:** 가입 시 자동 결제 사실을 명확히 알리지 않음
- **용이성:** 취소가 가입보다 훨씬 어려움
- **사회적 이익:** 기업 이익만 추구
- **타겟 적절성:** 디지털에 익숙하지 않은 노년층이 더 취약

- **자존감:** 사용자를 속이는 행위

결론: 전형적인 다크패턴으로, 비윤리적입니다.

프로토타이핑 단계에서 TESTS 프레임워크를 적용해보세요. 5가지 기준 중 2개 이상에서 문제가 발견된다면, 그 설계는 재검토가 필요합니다. 우리의 목표는 사람들을 속이는 것이 아니라, 더 나은 선택을 더 쉽게 할 수 있도록 돕는 것임을 잊지 마세요.

16.6 [실천 워크북] 당신의 첫 번째 행동 실험 설계하기

이제 이론을 넘어 당신이 직접 '선택 설계자'가 되어볼 시간입니다. 거창할 필요는 없습니다. 우리 동네 도서관의 어린이 책 대출률을 높이는 작은 실험을 통해, 이 장에서 배운 모든 것을 실천해보겠습니다.

1단계: 목표 정의하기

- **측정 가능한 목표:** "향후 한 달간, 어린이 도서 코너의 주간 대출 권수를 현재보다 20% 늘린다."

2단계: 가설 수립하기

- **행동 가설:** "어린이들에게 단순히 책을 읽으라고 권유하는 것보다, 다른 친구들도 많이 읽고 있다는 사실을 알려주는 것이 더 효과적일 것이다." (사회적 증거 원리)

3단계: 프로토타입 제작하기 (A/B안)

- **포스터 A (통제군):** "책을 많이 읽자! 책은 마음의 양식!" (일반적인 계몽적 메시지)

- **포스터 B (실험군):** "알고 있니? 우리 동네 어린이 10명 중 7명은 일주일에 한 권 이상 도서관에서 책을 빌려!" (구체적인 데이터를 활용한 사회적 증거 넛지)

4단계: 실험 진행하기

- 도서관 입구, 어린이 코너 등 비슷한 조건의 장소 두 곳을 선정합니다
- 한 곳에는 A 포스터를, 다른 한 곳에는 B 포스터를 일주일간 부착합니다
- 가장 좋은 방법은 매주 포스터 위치를 서로 바꿔서 장소 효과를 없애는 것입니다

5단계: 결과 분석 및 학습하기

- 일주일 후, 각 코너의 대출 권수를 비교합니다
- B 포스터가 부착된 곳의 대출률이 유의미하게 높았다면, 당신의 가설은 성공적으로 검증된 것입니다
- 만약 효과가 없었다면? 실패가 아니라 귀중한 배움입니다. 왜 작동하지 않았는지 분석하고 다음 실험을 설계하세요

6단계: 윤리 검증 (TESTS 적용)

- **투명성:** 포스터는 공개적으로 부착되어 있으며 조작적 요소가 없습니다
- **용이성:** 아무도 강제로 책을 빌리게 하지 않으며, 자유롭게 선택할 수 있습니다
- **사회적 이익:** 어린이들의 독서 습관 형성은 교육적으로 긍정적입니다
- **타겟 적절성:** 모든 어린이에게 공평하게 적용됩니다
- **자존감:** 긍정적인 또래 효과를 활용하며 누구도 비하하지 않습니다

이제 당신의 차례입니다

당신이 해결하고 싶은 작은 문제 하나를 떠올려보세요. 회사의 회의실 사용, 우리 집 분리수거, 학교 급식실 잔반 문제 등 어떤 것이든 좋습니다. 위의 6단계 프로세

> 스를 따라 종이 한 장, 스티커 하나로 시작할 수 있는 첫 번째 넛지 실험을 설계해 보세요.

16장을 마무리하며

이 장에서 우리는 아이디어를 현실에서 시험하는 법을 배웠습니다. 프로토타이핑은 완벽함의 추구가 아니라, 불확실성을 받아들이고 실패를 두려워하지 않으며, 작은 시도를 통해 조금씩 진실에 다가가는 겸손한 과정입니다.

우리가 만난 성공 사례들—구글의 파란색, NHS의 문자 메시지, 드롭박스의 영상—은 모두 완벽한 계획에서 태어난 것이 아닙니다. 그들은 "이게 효과가 있을까?"라는 소박한 질문에서 시작해, "한번 해보자"는 용기로 실험대에 올렸고, 데이터가 가르쳐준 진실을 겸허히 받아들인 결과입니다.

중요한 것은 행동을 바꾸는 설계는 회의실 안에서 완성되지 않는다는 점입니다. 그것은 사람들이 실제로 살아가는 현장에서, 그들의 선택이 일어나는 바로 그 순간에, 조용히 작동하며 진짜 힘을 발휘합니다.

"완벽한 계획보다 불완전한 실행이 낫습니다.
한 장의 포스터, 한 줄의 메시지로 시작하세요. 당신의 작은 프로토타입이 세상을 바꿀 것입니다."

> ■ 핵심 용어 정리
>
> **프로토타이핑(Prototyping)**
>
> 아이디어나 제품을 본격적으로 개발하기 전에 간단한 시제품이나 모형을 만들어 테스트하는 과정. 넛지 씽킹에서는 '선택 설계' 자체를 실험하여 실제 행동 변화를

측정합니다.

A/B 테스트(A/B Testing)

두 가지 이상의 버전을 만들어 실제 사용자에게 무작위로 보여준 뒤, 어떤 것이 더 나은 성과를 내는지 데이터로 비교하는 실험 방법. 주로 디지털 환경에서 빠르게 검증할 때 사용됩니다.

무작위 통제 실험(Randomized Controlled Trial, RCT)

참가자를 무작위로 실험군과 통제군으로 나누어 특정 개입의 인과관계를 증명하는 가장 엄격한 실험 방법. 과학계의 '황금 표준'으로 불립니다.

최소 기능 제품(Minimum Viable Product, MVP)

아이디어를 검증하는 데 필요한 최소한의 기능만을 가진 제품. 완벽함보다 빠른 검증과 학습을 우선시합니다.

다크패턴(Dark Patterns)

사용자의 의도와 다른 행동을 하도록 유도하기 위해 의도적으로 설계된 사용자 인터페이스. 사용자를 속이거나 조종하는 비윤리적인 디자인을 말합니다.

TESTS 프레임워크

넛지의 윤리성을 평가하는 5가지 기준: 투명성(Transparent), 용이성(Easy), 사회적 이익(Social), 타겟 적절성(Targeted), 자존감 존중(Self-respect). 영국 행동과학팀이 제시한 윤리 감사 도구입니다.

시간적 프레이밍(Temporal Framing)

같은 금액을 다른 시간 단위로 표현하여 심리적 부담을 조절하는 기법. 예: "월 12,000원" vs "하루 400원"

손실 회피(Loss Aversion)

사람들이 이익을 얻는 기쁨보다 손실을 피하려는 동기가 약 2.5배 더 강하다는 행동경제학의 원리. 넛지 설계에서 강력한 동기 부여 요소로 활용됩니다.

■ 더 생각해보기

1. 실패를 통한 학습

이 장에서 소개된 성공 사례들 뒤에는 수십, 수백 번의 실패가 숨어 있습니다. 구글의 41가지 파란색 실험도 결국 40개는 '더 나쁜' 결과를 낸 것입니다. 프로토타이핑의 진짜 가치는 성공에서 나오는 것이 아니라, **빠르고 저렴하게 실패하며 배우는 것**에 있습니다. 당신의 조직은 실패를 학습의 기회로 받아들이는 문화를 가지고 있나요?

2. 디지털 vs 물리적 실험

A/B 테스트는 디지털 환경에서는 쉽지만, 물리적 공간에서는 어렵습니다. 웹사이트는 버튼 색을 1초 만에 바꿀 수 있지만, 도서관 포스터는 하루에 한 번씩만 바꿀 수 있죠. 하지만 이것이 물리적 공간에서 실험을 포기해야 한다는 의미는 아닙니다. 오히려 창의적인 실험 설계가 더 필요합니다. 당신의 문제는 디지털로 해결할 수 있나요, 아니면 물리적 공간에서 접근해야 하나요?

3. 윤리적 경계선의 모호함

선한 넛지와 다크패턴의 경계는 때로 명확하지 않습니다. 예를 들어, "이 상품을 지금 3명이 보고 있습니다"라는 메시지는 사실이라면 유용한 정보이지만, 거짓이라면 다크패턴입니다. 또한 "90%가 선택했습니다"는 사회적 증거이지만, "10%만 놓쳤습니다"로 표현하면 거부감을 줄 수 있습니다. **같은 데이터, 다른 프레임**에서 윤리적 판단은 어떻게 달라져야 할까요? TESTS 프레임워크가 모든 상황에 충분할까요?

4. 장기 효과의 중요성

많은 넛지 실험이 단기 효과만 측정하고 끝나는 경향이 있습니다. 하지만 진짜 중요한 것은 장기적 지속성입니다. 건강한 식습관 넛지가 1주일 동안 효과를 보였다가 사라진다면, 그것은 진짜 해결책이 아닙니다. 또한 예상치 못한 부작용(예: SNS 피로, 경쟁 스트레스)도 나중에 나타날 수 있습니다. 당신의 실험은 얼마나 오래 추적 관찰할 계획인가요?

5. 문화와 맥락의 차이

영국에서 성공한 넛지가 한국에서도 똑같이 작동할까요? 미국에서 효과적인 사회적 증거("90%가 했습니다")가 집단주의 문화에서는 오히려 반발을 살 수도 있습니다. 프로토타이핑의 핵심은 바로 **우리 맥락에서 직접 실험**하는 것입니다. 다른 나라의 베스트 프랙티스를 무비판적으로 수입하기보다, 우리만의 실험을 통해 검증해야 합니다.

6. 당신의 첫 실험은 무엇인가요?

이 책을 덮은 후, 내일부터 당신이 시도해볼 수 있는 가장 작은 실험은 무엇인가요? 회사 복도의 계단 이용률? 동네 카페의 일회용컵 사용? 우리 집 아이의 숙제 습관? **종이 한 장, 스티커 하나로 시작할 수 있는 것**을 찾아보세요. 완벽할 필요는 없습니다. 일단 시작하는 것, 그것이 프로토타이핑의 정신입니다.

[참고문헌]

[1] Kahneman, D. (2011). *Thinking, Fast and Slow.* Farrar, Straus and Giroux. 노벨 경제학상 수상자 카너먼의 대표작. 인간의 의사결정에서 '말하는 것'과 '행동하는 것' 사이의 괴리, 즉 의도와 실제 행동의 차이를 시스템 1과 시스템 2의 이중 체계로 설명한다.

[2] Kahneman, D., & Tversky, A. (1979). Prospect Theory: An Analysis of Decision under Risk. *Econometrica*, 47(2), 263-291. 전망 이론의 원문. 사람들이 이익과 손실을 비대칭적으로 평가하며, 특히 손실을 이익보다 2배 이상 크게 느낀다는 손실 회피 편향을 실증적으로 입증한 획기적 연구.

[3] Kohavi, R., Tang, D., & Xu, Y. (2020). *Trustworthy Online Controlled Experiments: A Practical Guide to A/B Testing.* Cambridge University Press. 마이크로소프트와 아마존의 실무 경험을 바탕으로 한 A/B 테스트의 결정판. 실험 설계, 통계적 검증, 함정 회피 등 실전에서 필요한 모든 것을 다룬다.

[4] Hern, A. (2014). "Why Google has 200m reasons to put engineers over designers." *The Guardian.* 구글이 검색 결과 링크의 파란색 음영 41가지를 A/B 테스트한 유명한 사례. 미세한 색상 차이가 연간 수억 달러의 매출 차이를 만들어낸 실험의 힘을 보여준다.

[5] Banerjee, A. V., & Duflo, E. (2011). *Poor Economics: A Radical Rethinking of the Way to Fight Global Poverty.* PublicAffairs. 2019년 노벨 경제학상 수상자들의 저서. 무작위 통제 실험(RCT)을 빈곤 퇴치 정책에 적용하여 '무엇이 정말로 효과가 있는지'를 과학적으로 증명한 선구적 연구.

[6] Thaler, R. (1985). Mental Accounting and Consumer Choice. *Marketing Science,* 4(3), 199-214. 넛지 이론의 창시자 리처드 탈러의 초기 연구. 사람들이 돈을 심리적 계좌로 나누어 관리하며, 같은 금액도 제시 방식(프레이밍)에 따라 다르게 느낀다는 심성 회계 이론을 제시한다.

[7] NHS England (2019). *Reducing Did Not Attend (DNA) rates.* 영국 국민보건서비스의 공식 보고서. 매년 수백만 건의 예약 부도(노쇼)로 인한 막대한 의료 자원 낭비와 재정 손실 현황을 분석하고, 행동과학 기반 해결책의 필요성을 제시한다.

[8] Behavioural Insights Team (2012). *Applying behavioural insights to reduce fraud, error and debt.* Cabinet Office. 영국 정부의 행동과학팀(넛지 유닛)이 공공 정책에 넛지를 적용한 실험 결과 보고서. NHS 예약 알림 문자의 문구를 바꿔 부도율을 25% 이상 감소시킨 사례가 대표적이다.

[9] Brignull, H. (2013). "Dark Patterns: inside the interfaces designed to trick you." *The Verge.* UX 디자이너 해리 브리그널이 처음 명명한 '다크패턴' 개념 소개. 사용자를 의도적으로 속이거나 조종하도록 설계된 비윤리적 인터페이스의 유형과 실제 사례를 분류하고 경고한다.

[10] Ries, E. (2011). *The Lean Startup: How Today's Entrepreneurs Use Continuous Innovation to Create Radically Successful Businesses.* Crown Business. 실리콘밸리 스타트업 문화의 바이블. 완벽한 제품 개발보다 빠른 검증과 학습을 우선시하는 MVP(최소 기능 제품) 개념과 린 스타트업 방법론을 체계화했다.

[11] Rao, L. (2011). "Dropbox: How We Used A Video To Go From 5,000 To 75,000 Signups Overnight." *TechCrunch.* 드롭박스가 제품 개발 전 3분짜리 데모 영상만으로 베타 신청자를 하루 만에 15배 증가시킨 전설적 MVP 사례. 완벽한 제품보다 빠른 검증이 중요함을 입증한다.

[12] Dolan, P., et al. (2012). "Influencing behaviour: The mindspace way." *Journal of Economic Psychology,* 33(1), 264-277. 영국 정부가 개발한 MINDSPACE 프레임워크 논문. 행동 변화 실험에서 올바른 측정 지표 설정의 중요성과 타겟 그룹의 실제 행동 변화를 정확히 추적하는 방법론을 제시한다.

[13] Wansink, B., & Just, D. R. (2015). "The hidden persuaders in school cafeterias." *Nature,* 524, 155. 학교 급식실 환경 디자인이 학생들의 음식 선택에 미치는 영향을 연구.

넛지 실험에서 날씨, 메뉴, 계절 등 외부 변수를 통제하지 않으면 결과가 왜곡될 수 있음을 경고한다.

[14] Behavioural Insights Team (2014). *EAST: Four simple ways to apply behavioural insights.* Cabinet Office. 영국 행동과학팀이 개발한 TESTS 윤리 프레임워크를 포함한 넛지 적용 가이드. 투명성, 용이성, 사회적 이익, 타겟 적절성, 자존감 존중의 5가지 윤리 기준을 제시한다.

[15] Johnson, E. J., & Goldstein, D. (2003). "Do Defaults Save Lives?" *Science*, 302(5649), 1338-1339. 장기기증 동의 시스템의 기본값(Opt-in vs Opt-out) 설정이 동의율에 미치는 극적인 영향을 분석. 오스트리아(Opt-out) 99% vs 독일(Opt-in) 12%의 차이를 통해 기본값 넛지의 강력한 힘을 입증한 고전적 연구.

제17장

순간의 진실: 의견이 아닌 선택을 측정하라

(행동으로 증명하기)

"네, 마음에 들어요"라는 말과 실제 구매 사이에는 얼마나 큰 간극이 있을까요?
진짜 성적표는 사용자의 행동으로 쓰입니다.

17.1 "네, 마음에 들어요"라는 가장 달콤한 거짓말

강남의 한 스타트업 사무실, 오후 3시. 개발팀이 6개월간 심혈을 기울여 만든 새로운 배달 앱의 프로토타입(Prototype)을 잠재 사용자에게 처음 선보이는 날입니다. 20대 직장인인 김민수 씨는 몇 번의 터치 끝에 환한 미소를 지으며 말합니다.

"와, 이거 정말 대단한데요? 인터페이스(Interface)도 직관적이고, 기능도 다양하고. 출시되면 무조건 다운로드해서 쓸 거예요!"

팀원들은 환호하며 서로의 등을 두드립니다. CEO는 이미 머릿속으로 투자 유치 발표 자료를 그리고 있습니다. 성공을 예감한 완벽한 순간이었죠.

3개월 후, 앱이 정식으로 출시되었습니다. 하지만 현실은 냉혹했습니다. 그토록 극찬했던 김민수 씨는 앱을 다운로드조차 하지 않았습니다. 심지어 출시 소식을 알리는 카카오톡 메시지도 읽지 않았죠. 도대체 무엇이 잘못된 것일까요?

이것이 바로 **세이-두 갭(Say-Do Gap)**[1]이라고 불리는 현상입니다. 사람들이 말하는 것과 실제로 행동하는 것 사이에 존재하는 거대한 간극을 뜻하죠. 사람들은 좋은 의도로, 혹은 상대방을 실망시키고 싶지 않은 예의 때문에 긍정적인 의견을 말하곤 합니다.

하지만 그 말이 실제 행동으로 이어질 것이라는 보장은 어디에도 없습니다. 우리의 이성적인 **기수(시스템 2)**는 사회적 관계를 고려해 "좋아요"라고 말하지만, 결정적인 순간에 선택을 내리는 것은 직관적이고 감정적인 **코끼리(시스템 1)**[2]이기 때문입니다.

세이-두 갭이 발생하는 이유

- **사회적 바람직성:** 상대방을 기분 좋게 만들고 싶은 마음
- **미래 예측의 한계:** 미래의 내가 어떻게 행동할지 정확히 알기 어려움
- **맥락의 차이:** 테스트 상황과 실제 사용 상황의 차이
- **인지 부하:** 실제 상황에서는 다른 고려사항들이 더 많아짐

디자인 씽킹의 공감과 아이디어 도출을 거쳐 마침내 **넛지 씽킹**의 마지막 단계에 도달한 우리는 중대한 갈림길에 섭니다. 사용자의 '의견'을 물을 것인가, 아니면 그들의 '선택'을 측정할 것인가?

넛지 씽킹의 테스트 단계는 여론조사가 아닙니다. 그것은 인간 행동의 진실을 밝히는 과학 실험입니다. 우리는 더 이상 사람들의 입을 보지 않습니다. 그들의 손가락이 어떤 버튼을 누르는지, 무엇을 클릭하고, 무엇을 구매하는지를 조용히, 그리고 집요하게 관찰할 뿐입니다.

마치 셰프가 손님에게 "음식 맛이 어떤가요?"라고 묻는 대신, 깨끗이 비워진 접시를 확인하는 것과 같습니다. 진짜 성적표는 '좋아요'라는 칭찬이 아니라, **사용자의 행동이라는 잉크로 쓰여야** 합니다.

17.2 선택을 측정하는 현미경: A/B 테스트의 힘

그렇다면 어떻게 '의견'이라는 안개를 걷어내고 '행동'이라는 실체에 도달할 수 있을까요? 그 해답은 바로 **A/B 테스트(A/B Testing)**[3]라고 불리는 강력한 도구에 있습니다.

A/B 테스트의 원리는 지극히 간단합니다. 사용자 그룹을 무작위로 둘로 나눈 뒤, A그룹에게는 기존 버전(대조군, Control Group)을, B그룹에게는 우리가 새롭게 개선한 버전(실험군, Treatment Group)을 보여주는 것입니다. 그리고 어떤 그룹이 우리가 원하는 행동을 더 많이 하는지 객관적인 데이터로 비교하는 거죠.

A/B 테스트란?

- **두 버전 비교:** 기존 버전(A)과 개선 버전(B)을 동시에 테스트
- **무작위 배정:** 사용자를 랜덤하게 두 그룹으로 나누어 편향 제거
- **인과관계 증명:** 상관관계가 아닌 명확한 원인과 결과 파악
- **행동 측정:** 의견이 아닌 실제 클릭, 구매, 가입 등의 행동 데이터 수집

이것은 단순한 선호도 조사가 아닙니다. **무작위 배정(Random Assignment)**을 통해 우리가 통제하는 단 하나의 변수를 제외한 모든 조건을 동일하게 만들기 때문에, 두 그룹 간의 행동 차이는 오롯이 우리의 '디자인 변경' 때문에 발생했다고 결론 내릴 수 있습니다.

즉, A/B 테스트는 '상관관계'가 아닌 명확한 **'인과관계'**를 증명하는 거의 유일한 방법입니다. "A를 B로 바꾸었더니 사용자의 행동이 C만큼 변했다"는 과학적 결론을 내릴 수 있는 것이죠.

이는 넛지 씽킹의 전 과정을 완성하는 화룡점정과 같습니다. 디자인 씽킹의 공감 단계는 우리가 해결해야 할 문제에 대한 날카로운 **'가설(Hypothesis)'**을 만들어냅니다. 프로토타입 단계는 그 가설을 검증할 수 있는 **'실험 도구'**를 만들어냅니다.

그리고 마침내 넛지 기반의 테스트 단계는 A/B 테스트라는 과학의 현미경을 통해 그 가설이 진짜 인간의 행동을 바꿀 수 있는지 **'증명'**해내는 것입니다. 이제부터 우리는 세 가지 극적인 사례를 통해, 이 현미경이 어떻게 세상을 바꾸고 있는지 목격하게 될 것입니다.

17.3 사례 연구 1: 42,000명을 움직인 문자 한 통의 과학

▣ 영국 NHS의 코로나19 백신 접종 독려 A/B 테스트

2021년 초, 전 세계는 코로나19 팬데믹(Pandemic)의 한복판에 있었습니다. 영국 정부는 백신 접종률을 최대한 빨리 끌어올려야 하는 국가적 과제에 직면했습니다. 이것은 단순히 제품 판매를 늘리는 차원의 문제가 아니었습니다. 수많은 생명이 달린, 그야말로 **초고위험군(High-stakes)** 프로젝트였습니다.

영국 정부의 행동과학팀인 **BIT(Behavioural Insights Team)**[4]는 백신 접종을 독려하기 위해 수백만 명의 시민에게 문자 메시지를 보내기로 했습니다. 하지만 어떤 문구가 가장 효과적일까요? "백신을 맞으세요"라고 단순히 알리는 것만으로 충분할까요?

BIT는 추측에 의존하는 대신, 인류 역사상 가장 거대한 공중 보건 A/B 테스트 중 하나를 설계했습니다. 그들은 40~44세 시민 약 230만 명을 여러 그룹으로 무작위로 나누어, 각기 다른 문구가 담긴 메시지를 발송했습니다.

모든 메시지에는 예약 링크와 전화번호라는 핵심 정보가 동일하게 포함되었지만, 사람들의 행동을 유도하는 '넛지'가 조금씩 다르게 설계되었습니다. 그리고 그 결과는 놀라웠습니다.

표 17.1: 한 단어의 힘 - 영국 NHS 코로나19 백신 접종 독려 문자 A/B 테스트 결과

메시지 유형	핵심 문구 (번역)	적용된 행동과학 원리	접종 예약률 영향
대조군	"이제 무료 NHS 코로나19 백신을 맞을 수 있습니다."	단순 정보 제공	기준선
사회적 증거	"이미 백신을 맞은 수백만 명과 함께하세요."	다수의 행동을 따르려는 심리	유의미한 차이 없음

메시지 유형	핵심 문구 (번역)	적용된 행동과학 원리	접종 예약률 영향
소유 효과	"당신을 위한 무료 NHS 백신이 준비되었습니다."	내 것이라고 느끼게 하는 심리	유의미한 차이 없음
최우선 순위	"드디어 당신 차례가 되었습니다."	희소성, 사회적 지위	**+0.38%p 증가**

결과는 명확했습니다. '편리함'을 강조하거나 '타인을 보호하자'고 호소하는 메시지, 심지어 '수백만 명이 이미 맞았다'는 **사회적 증거(Social Proof)**를 제시한 메시지조차도 사람들의 행동을 바꾸는 데는 실패했습니다.

이는 사람들이 백신의 중요성이나 접종 방법에 대한 정보를 몰라서 행동하지 않은 것이 아님을 시사합니다. 진짜 장벽은 '지식의 부족'이 아니라 '행동의 촉발'이었던 것입니다.

유일하게 성공한 메시지는 바로 **"드디어 당신 차례가 되었습니다(You have reached the top of the queue)"**였습니다. 이 문구는 새로운 정보를 주지 않습니다. 대신, '드디어 내 차례가 왔다'는 **희소성(Scarcity)**과 '나는 우선 접종 대상자'라는 **사회적 지위(Social Status)**를 부드럽게 자극했습니다.

이성(시스템 2)에 정보를 추가하는 대신, 직관(시스템 1)의 버튼을 누른 것입니다. 이 작은 문구 변경의 효과는 실로 엄청났습니다. 이 메시지를 전국적으로 확대 적용한 결과, 단 2주 만에 약 **42,000명이 추가로** 백신을 접종한 것으로 추산되었습니다[5].

비용은 거의 0원에 가까웠지만, 그 결과는 수만 명의 생명을 구하고 팬데믹의 흐름을 바꿀 수 있는 거대한 변화였습니다. 이는 의견이 아닌 행동을 측정하는 과학적 테스트가 어떻게 세상을 구할 수 있는지를 보여주는 가장 극적인 증거입니다.

17.4 사례 연구 2: 당신의 스마트폰에서 매일 벌어지는 숨겨진 실험들

국가적 위기 상황에서 벌어진 거대한 실험에서 이제 우리 손안의 스마트폰으로 시선을 돌려보겠습니다. 당신이 매일 사용하는 금융 앱, 쇼핑 앱, 콘텐츠 플랫폼 안에서는 지금 이 순간에도 수백, 수천 개의 A/B 테스트가 조용히 진행되고 있습니다.

이들에게 테스트는 제품 출시의 마지막 단계가 아닙니다. 그것은 제품을 살아 숨 쉬게 하는 심장 박동 그 자체입니다.

▣ 토스의 푸시 메시지 효율화 프로젝트

한국의 핀테크(FinTech) 혁신을 이끈 **토스(Toss)**는 이러한 '실험 문화'가 조직의 DNA에 얼마나 깊이 새겨져 있는지를 보여주는 대표적인 사례입니다[6]. 토스의 데이터 분석가들은 단순히 데이터를 분석하는 데 그치지 않고, 제품의 모든 변경 사항이 사용자의 행동에 어떤 영향을 미치는지 A/B 테스트를 통해 과학적으로 증명하는 역할을 합니다.

가설 설정: "불필요한 푸시 알림을 줄여 사용자의 피로감을 낮추면, 오히려 전체 클릭 수는 유지되면서 발송 비용과 사용자 이탈을 줄일 수 있을 것이다."

실험 설계:

- A그룹: 기존 방식대로 모든 푸시 알림 발송
- B그룹: 새로운 알고리즘으로 꼭 필요한 알림만 선별 발송
- 측정 지표: 총 클릭 수, 앱 삭제율, 사용자 만족도

결과: B그룹의 푸시 발송량은 30% 감소했지만, 놀랍게도 총 클릭 수는 거의 줄어들지 않았습니다. 가설이 완벽하게 증명된 것입니다. 이 테스트를 통해 토스는 비용을 절감하고 사용자의 만족도를 높이는 두 마리 토끼를 동시에 잡을 수 있었습니다.

▣ 넷플릭스의 지속적인 실험 문화

이러한 문화는 **넷플릭스(Netflix)**와 같은 글로벌 거대 기업에서도 동일하게 발견됩니다[7]. 넷플릭스는 홈페이지의 포스터 이미지, 영화 추천 알고리즘(Algorithm), 심지어 회원가입 버튼의 문구 하나까지 모든 것을 A/B 테스트합니다.

그들에게 디자이너의 뛰어난 감각이나 경영진의 직관은 '정답'이 아닙니다. 검증해야 할 수많은 '가설' 중 하나일 뿐입니다. 실제로 넷플릭스는 매년 수천 개의 A/B 테스트를 진행하며, 그 결과를 바탕으로 사용자 경험을 지속적으로 개선하고 있습니다.

넷플릭스 A/B 테스트 사례:

- 포스터 이미지 최적화: 같은 영화도 사용자에 따라 다른 포스터 노출
- 자동재생 기능: 미리보기 자동재생 여부에 따른 시청 시간 변화 측정
- 콘텐츠 배치: 홈 화면에서 각 카테고리의 위치와 순서 최적화

현대의 성공적인 디지털 제품에 있어 A/B 테스트는 단순히 더 나은 디자인을 고르는 '방법론'이 아닙니다. 그것은 **"우리는 정답을 모른다. 모든 것은 사용자의 실제 행동을 통해 증명되어야 한다"**는 겸손의 문화이자, 직급이나 목소리 크기가 아닌 데이터에 기반해 의사결정을 내리는 조직 운영 철학입니다.

이 숨겨진 실험들이야말로 우리가 매일 사용하는 앱을 더욱 편리하고 때로는 중독적으로 만드는 비밀 엔진인 셈입니다.

17.5 사례 연구 3: 벌금 없이 쓰레기 문제를 해결한 '꽃밭 효과'

글로벌 팬데믹과 거대 테크 기업의 이야기에서 잠시 눈을 돌려, 우리 집 앞 골목길의 풍경을 상상해보겠습니다. 상습적인 쓰레기 무단투기로 골머리를 앓는 곳이 있습니다.

이곳에 붙어있는 것은 으레 **"쓰레기 무단투기 시 과태료 100만 원 부과. CCTV 촬영 중"**이라는 붉은색 경고문입니다.

이는 사람들의 이성(시스템 2)에 '처벌의 위험'을 각인시켜 행동을 통제하려는 전형적인 방식입니다. 하지만 결과는 어떤가요? 경고문 바로 아래에 새로운 쓰레기봉투가 수줍게 놓여있는 광경을 우리는 너무나도 자주 목격합니다.

여기서 넛지 씽킹은 다른 질문을 던집니다. **"어떻게 하면 사람들을 처벌할까?"**가 아니라, **"사람들은 '왜' 이곳에 쓰레기를 버릴까?"**라고 말입니다.

어쩌면 그곳이 어둡고 지저분해서 '원래 버리는 곳'이라는 사회적 신호를 주기 때문은 아닐까요? **깨진 유리창 이론(Broken Window Theory)**처럼, 이미 버려진 쓰레기가 더 많은 쓰레기를 부르는 것은 아닐까요?

▣ 지역사회의 창의적인 넛지 실험들

이러한 공감적 가설을 바탕으로, 대한민국 곳곳의 지방자치단체들은 작지만 위대한 행동 실험들을 시작했습니다. 그들은 더 강력한 경고문을 붙이는 대신, 전혀 다른 접근을 시도했습니다.

1. 꽃밭 조성 프로젝트[8]

- 무단투기 지점에 예쁜 꽃밭을 만듦
- 공간의 사회적 의미를 '버려진 곳'에서 '모두가 가꾸는 곳'으로 변화
- 사람들이 그곳을 더럽히는 것을 심리적으로 불편하게 느끼게 됨

2. 양심 거울 설치

- 쓰레기를 버리려는 사람이 자신의 모습을 비춰보게 만드는 거울 설치
- 자기 인식(Self-Awareness)을 높여 부끄러움을 느끼게 하는 효과
- 강제가 아닌 자연스러운 성찰을 유도

3. 남양주시 3색 존[9]

- 일반, 비닐, 플라스틱 쓰레기를 쉽게 구분할 수 있도록 바닥에 세 가지 색깔의 구역 표시
- 분리배출의 복잡함이라는 '마찰(Friction)'을 줄여줌
- 시민들의 자발적인 참여를 이끌어냄

결과: 흉물스러운 경고문이 해결하지 못했던 무단투기 문제가, 아름다운 꽃밭이 생기자 거짓말처럼 사라졌습니다. 한 지역에서는 무단투기율이 80% 이상 감소하는 놀라운 결과를 보였습니다.

우리 주변의 작은 실험들

1. 대학교 도서관 좌석 시스템

- 기존 문제: 학생들이 자리를 맡아놓고 오지 않아 다른 학생들 불편
- 넛지 해결책: 2시간 후 자동 해제되는 좌석 예약 시스템
- 결과: 강제가 아닌 자연스러운 기본값으로 문제 해결

2. 편의점 계산대 바구니 위치

- 관찰: 사람들이 계산 후 바구니를 어디에 두는지 지켜봄
- 넛지: 가장 자연스러운 위치에 바구니 보관함 설치
- 결과: 따로 안내하지 않아도 자연스럽게 정리됨

3. 카페의 일회용컵 사용 줄이기

- 기존: "환경보호를 위해 개인컵 사용해주세요" (죄책감 유발)
- 넛지: 개인컵 할인 대신 "일회용컵 추가 요금" (손실 회피 심리 활용)
- 추가: 개인컵 보관함을 계산대 바로 옆에 배치 (편의성 증대)

이 사례들은 우리에게 중요한 교훈을 줍니다. 넛지 씽킹의 테스트는 거대 자본이나 첨단 기술을 가진 조직의 전유물이 아니라는 것입니다. 인간 행동에 대한 깊은 공감과 관찰을 바탕으로 가설을 세우고, 작은 실험을 통해 그 효과를 측정하는 일은 지역 공동체, 학교, 심지어 가정에서도 얼마든지 가능합니다.

때로는 가장 강력한 넛지가 거창한 시스템이 아니라, 우리가 발 딛고 사는 환경의 작은 맥락과 사회적 신호를 바꾸는 것에서부터 시작됩니다. 이는 **당신도 세상을 바꾸는 설계자가 될 수 있다**는 강력한 증거입니다.

17.6 증거는 행동 속에 있다

우리는 세 가지 서로 다른 규모의 이야기를 여행했습니다. 전 지구적 팬데믹을 막기 위한 국가 단위의 실험, 수억 명의 사용자를 가진 테크 기업의 끝없는 최적화 과정, 그리고 우리 동네 골목길을 바꾸는 작은 공동체의 지혜. 스케일은 달랐지만, 그들을 관통하는 단 하나의 진실은 같았습니다.

순간의 진실은, 사람들이 무엇을 생각하고 느끼고 말하는지에 있지 않습니다. 그들이 무엇을 '선택'하고 '행동'하는지에 있습니다.

디자인 씽킹이 우리에게 인간의 마음을 여는 따뜻한 열쇠를 주었다면, 넛지와 행동과학은 그 마음이 실제 행동으로 이어지는지를 증명하는 차가운 과학의 저울을 주었습니다. 넛지 씽킹의 마지막 단계인 '테스트'는 바로 이 두 가지를 하나로 합치는 용광로입니다.

영국의 문자 메시지 실험에서 배운 것처럼, 때로는 단 하나의 단어가 42,000명의 생명을 구할 수 있습니다. 토스와 넷플릭스의 사례에서 본 것처럼, 지속적인 실험 문화가 사용자 경험을 혁신적으로 개선할 수 있습니다. 그리고 꽃밭 효과에서 확인한 것처럼, 작은 환경 변화가 커다란 행동 변화를 만들어낼 수 있습니다.

이제 우리는 인간의 행동을 바꿀 수 있는 강력하고 과학적인 힘을 손에 쥐게 되었습니다. 그렇다면 이제 우리는 스스로에게 가장 중요한 질문을 던져야 할 때입니다.

이 막강한 힘을 어떻게, 그리고 무엇을 위해 사용해야 하는가? 선의의 설계를 넘어 교묘한 조종의 유혹에 빠지지 않으려면, 우리는 어떤 윤리적 기준을 가져야 하는가? 다음 장에서는 이 위험하고도 중요한 질문에 대한 답을 찾아 나설 것입니다.

17장을 마무리하며

이 장에서 우리는 '의견'과 '행동' 사이의 간극을 발견하고, A/B 테스트라는 과학적 도구로 인간 행동의 진실에 다가가는 법을 배웠습니다. 국가적 위기부터 일상의 작은 불편함까지, 모든 문제는 사용자의 실제 행동을 통해서만 진정으로 해결될 수 있음을 확인했죠.

우리가 만난 사례들—영국의 백신 문자, 토스와 넷플릭스의 실험, 골목길의 꽃밭—은 모두 사람들의 말이 아닌 행동을 측정한 결과입니다. 그들은 "마음에 드세요?"라고 묻는 대신, "실제로 무엇을 선택하시나요?"라는 질문에 답을 찾았고, 데이터가 보여준 진실을 통해 세상을 바꿀 수 있었습니다.

이제 여러분도 세상을 바꾸는 실험을 시작할 차례입니다. 작은 가설 하나, 작은 테스트 하나가 누군가의 삶을 더 나은 방향으로 바꿀 수 있습니다. 진실은 회의실의 의견이 아니라, 사람들의 손가락이 누르는 버튼 속에, 발걸음이 향하는 방향 속에 숨어있습니다.

"진실은 언제나 행동 속에 숨어있습니다.
당신의 다음 실험은 무엇인가요?"

■ 핵심 용어 정리

세이-두 갭(Say-Do Gap): 사람들이 말하는 의견과 실제 행동 사이에 존재하는 간격입니다. 사회적 바람직성, 미래 예측의 한계 등이 원인이 됩니다.

A/B 테스트(A/B Testing): 두 가지 이상의 버전을 사용자에게 무작위로 노출하여 어떤 버전이 더 나은 성과를 보이는지 비교 분석하는 실험 방법입니다. 인과관계를 증명하는 가장 확실한 방법입니다.

전환율(Conversion Rate): 웹사이트 방문자나 앱 사용자 중 회원가입, 구매, 예약 등 우리가 목표로 하는 특정 행동을 완료한 사람의 비율입니다. 넛지의 효과를 측정하는 핵심 지표입니다.

무작위 통제 실험(RCT, Randomized Controlled Trial): 참가자를 무작위로 실험군과 대조군에 배정하여 특정 개입의 효과를 평가하는 연구 방법입니다. A/B 테스트는 RCT의 한 형태입니다.

행동과학(Behavioral Science): 인간의 행동과 의사결정을 과학적으로 연구하는 학문 분야로, 심리학, 경제학, 사회학 등을 융합한 학제간 연구입니다.

■ 더 생각해보기

1. 추천 도서

세스 스티븐스 다비도위츠, 『모두 거짓말을 한다(Everybody Lies)』. 사람들이 설문조사에서는 사회적으로 바람직한 답변을 하지만, 구글 검색창에는 자신의 가장 솔직한 욕망과 불안을 드러낸다는 사실을 데이터로 보여줍니다. '말'이 아닌 '행동 데이터'의 중요성을 충격적일 만큼 생생하게 깨닫게 해주는 책입니다.

2. 웹사이트 탐방

Behavioural Insights Team (BIT) 공식 홈페이지 (www.bi.team). 본문에 소개된 코로나19 백신 문자 실험을 비롯하여, 공공 정책, 보건, 환경 등 다양한 분야에서 수행된 최신의 흥미로운 넛지 실험 결과 보고서들을 직접 확인할 수 있습니다.

3. 일상 속 실천

당신이 팀 내에서 새로운 업무 프로세스를 제안하고 싶다고 상상해보세요. 모든 팀원에게 한 번에 적용하자고 주장하는 대신, A/B 테스트를 제안해보세요. "이번 주에는 절반의 팀원만 새로운 방식으로 일해보고, 나머지 절반은 기존 방식으로 일한 뒤, 주말에 어떤 방식이 더 효율적이었는지 데이터를 비교해보는 건 어떨까요?" 이렇게 작은 실험을 제안하는 것만으로도 당신은 조직에 '증거 기반 문화'를 심는 훌륭한 넛지 씽커가 될 수 있습니다.

4. 토론 주제

"A/B 테스트를 통한 행동 변화 유도가 사용자 동의 없이 이뤄진다면, 이는 윤리적으로 문제가 될 수 있을까요?" 개인정보와 행동 데이터의 활용, 투명성과 효과성 사이의 균형에 대해 생각해보세요.

[참고문헌]

[1] Morwitz, V. G., & Fitzsimons, G. J. (2004). The mere-measurement effect: Why does measuring intentions change actual behavior? *Journal of Consumer Psychology*, 14(1-2), 64-74. 세이-두 갭의 심리학적 메커니즘을 분석한 대표적인 연구입니다.

[2] Haidt, J. (2006). *The Happiness Hypothesis: Finding Modern Truth in Ancient Wisdom*. New York: Basic Books. 코끼리와 기수 은유를 통해 인간 의사결정의 이중 체계를 설명한 고전입니다.

[3] Kohavi, R., & Thomke, S. (2017). The surprising power of online experiments: Getting the most out of A/B testing. *Harvard Business Review*, 95(5), 74-82. A/B 테스트의 비즈니스 적용과 효과를 분석한 권위 있는 논문입니다.

[4] Behavioural Insights Team. (2022). *The Behavioural Insights Team Review 2021-2022*. London: BIT. 영국 정부 행동과학팀의 연간 보고서로, 코로나19 백신 접종 실험을 포함한 다양한 공공정책 넛지 사례가 수록되어 있습니다.

[5] Behavioural Insights Team. (2022, December 6). "Top of the queue" text led to around 42,000 additional vaccinations during Covid vaccine rollout. *Press Release*. Retrieved from https://www.bi.team/press-releases/

[6] 토스팀. (2023). 데이터 기반 의사결정: 토스의 A/B 테스트 문화. *토스 테크 블로그*. Retrieved from https://toss.tech/article/data-analyst-ab-test. 토스의 실제 A/B 테스트 사례와 조직 문화에 대한 내부 관점을 제공합니다.

[7] Netflix Technology Blog. (2016, December 20). It's All A/Bout Testing: The Netflix Experimentation Platform. Retrieved from https://netflixtechblog.com/its-all-a-bout-testing-cdcb0e86c462. 넷플릭스의 대규모 A/B 테스트 플랫폼과 실험 문화에 대한 기술적 해설입니다.

[8] 서울특별시. (2020). 넛지를 활용한 생활폐기물 배출질서 개선사업 결과보고서. *서울시 자원순환과*. 꽃밭 조성을 통한 무단투기 방지 효과를 정량적으로 분석한 공식 보고서입니다.

[9] 남양주시청. (2020). 진건·퇴계원, 쓰레기 배출장소 3색 존(ZONE) 사업으로 쾌적한 환경 조성. *남양주시 보도자료*. 3색 존 도입 후 분리배출 정확도가 73% 향상된 결과를 포함합니다.

part.4

윤리와 시민 실천

제18장

선의의 설계, 교묘한 조종

(디지털 시대의 윤리적 선택)

"우리가 기술을 통제하는 것일까, 아니면 기술이 우리를 통제하는 것일까?"
디지털 시대의 가장 핵심적인 질문에 답할 시간입니다.

18.1 넷플릭스 '소셜 딜레마'가 던진 충격적인 질문

2020년, 전 세계 수백만 명이 한 편의 다큐멘터리를 보고 충격에 빠졌습니다. 바로 넷플릭스의 '소셜 딜레마(The Social Dilemma)'였습니다.[1] 구글, 페이스북, 트위터의 심장부에서 일했던 내부자들이 카메라 앞에서 고백했습니다. "우리가 만든 괴물이 인류를 집어삼키고 있다"고 말이죠.

이 다큐멘터리의 중심 인물은 전 구글 디자인 윤리학자 **트리스탄 해리스(Tristan Harris)**입니다.[2] 그는 우리의 스마트폰을 **"주머니 속의 슬롯머신"**이라고 불렀습니다. 화면을 새로 고침할 때마다 느끼는 두근거림이 라스베이거스 카지노에서 레버를 당기는 도박꾼의 심리와 정확히 같다는 것입니다.

언제 좋아요가 올지, 언제 새로운 메시지가 올지 모르는 불확실성. 이것이 우리 뇌의 도파민 시스템을 자극해 중독의 고리를 만듭니다. 그리고 이 모든 것은 우연이 아닙니다. 세계 최고의 심리학자들과 뇌과학자들이 의도적으로 설계한 결과입니다.

주의력 경제(Attention Economy)의 진실

> 소셜 미디어 플랫폼의 성공은 오직 하나의 지표로 측정됩니다. 바로 '사용자가 얼마나 더 많은 시간을 화면 앞에서 보내는가'입니다. 우리의 시간과 관심은 광고주에게 판매되는 상품이 되었습니다.[3]
>
> "만약 당신이 제품에 돈을 내지 않는다면, 당신이 바로 상품이다"라는 말이 더 이상 농담이 아닌 현실이 된 것입니다.

여기서 우리는 이 책 전체를 관통하는 가장 어두운 역설과 마주합니다. 사용자의 마음에 깊이 공감하고, 수많은 테스트를 통해 행동을 최적화하는 **디자인 씽킹**과 **넛지**의 방법론이 악용되고 있다는 것입니다.

선한 의도로 시작된 '인간 중심 디자인'이 어떻게 '**인간 조종 기술**'로 변질될 수 있는지, 그리고 우리는 어떻게 이를 구별하고 대응할 수 있는지를 함께 탐구해보겠습니다.

18.2 기만의 해부학: 다크패턴의 네 가지 얼굴

2010년, UX 디자이너 **해리 브리그널(Harry Brignull)**은 교묘한 속임수 디자인에 이름을 붙였습니다. 바로 **'다크패턴(Dark Patterns)'**입니다.[4] 이는 사용자가 원치 않거나 의도하지 않은 행동을 하도록 유도하는 모든 사용자 인터페이스 설계를 뜻합니다.

단순히 '사용하기 불편한 디자인'이 아닙니다. 이것은 **심리학 원리를 악용해 사용자의 자율성을 침해하고 기업 이익을 극대화하려는 명백한 '의도'를 가진 설계**입니다.

수많은 다크패턴을 효과적으로 이해하기 위해, 어떤 심리적 약점을 공략하는지에 따라 네 가지 유형으로 분류해보겠습니다.

유형	핵심 심리	대표 사례
압박형	손실 회피, 희소성, 사회적 증거	가짜 긴급성: "오늘만 이 가격!" 가짜 희소성: "재고 3개 남음!"

유형	핵심 심리	대표 사례
		가짜 사회적 증거: "방금 5명이 구매했어요!"
방해형	인지적 부담, 현상 유지 편향	바퀴벌레 모텔: 가입은 쉽고 해지는 어렵게 가격 비교 방해: 단위를 다르게 표시 반복 간섭: 끈질긴 알림 요청
오도형	착각, 부주의, 권위 복종	숨겨진 비용: 마지막에 추가 요금 미끼 상품: 다른 것이 설치됨 죄책감 유발: "저는 똑똑해지고 싶지 않아요"
착취형	매몰 비용, 정보 비대칭	강제 연속 결제: 자동 갱신 몰래 장바구니 추가: 선택하지 않은 상품 프라이버시 주커링: 과도한 개인정보 수집

이 분류는 우리가 일상에서 마주하는 교묘한 함정들의 구조를 파악하고 대응하는 데 유용한 도구가 될 것입니다.

18.3 우리 일상 속 교묘한 함정들

이론적 분류를 넘어, 이제 우리 삶에 깊숙이 파고든 다크패턴의 실체를 구체적으로 살펴보겠습니다.

▣ 사례 1: 이커머스 압박 판매의 완벽한 조합

온라인 쇼핑몰에서 마음에 드는 상품을 발견했다고 상상해보세요. 화면 상단에는 "오늘 자정까지! 30% 타임 세일"이라는 카운트다운 타이머가 초 단위로 돌아갑니다. 상품 이미지 옆에는 "재고 3개 남음! 품절 임박!"이라는 빨간색 경고가 깜빡입니다.[5]

스크롤을 내리자 "5분 전, 서울의 김○○님이 이 상품을 구매했습니다"라는 팝업이 연이어 나타납니다. 이 세 가지 압박형 다크패턴은 독립적으로 작동하지 않습니다.

심리적 작동 원리: 이성적으로 생각할 시간을 빼앗고, 가격과 품질을 비교하려는 '시스템 2'의 작동을 멈추게 합니다. 대신 '지금 당장 사지 않으면 손해'라는 불안감을 조성해 충동적인 '시스템 1'이 지갑을 열도록 만드는 것입니다.

기업들은 A/B 테스트를 통해 어떤 문구, 어떤 색상, 어떤 타이밍에 이 압박의 칵테일을 제시해야 구매 전환율이 가장 높아지는지를 0.1% 단위까지 최적화합니다.[6]

▣ 사례 2: 구독 경제의 '무료 체험' 덫

OTT, 음원 스트리밍, 소프트웨어 등 구독 서비스의 폭발적 성장은 **다크패턴**의 새로운 온상이 되었습니다.[7] "첫 달 무료!", "7일간 마음껏 체험하세요!"라는 매력적인 제안 뒤에 숨겨진 함정을 살펴보겠습니다.

가입 과정: 놀라울 정도로 간단합니다. 클릭 몇 번과 소셜 로그인으로 모든 것이 끝납니다. 하지만 이 과정에서 '무료 기간 종료 후 자동 유료 전환'이라는 조항에 자신도 모르게 동의하게 됩니다.

해지 과정: 진짜 악몽이 시작됩니다. '구독 해지' 버튼은 어디에도 보이지 않습니다. 고객센터 FAQ를 여러 번 뒤져야 '계정 설정'의 가장 깊은 하위 메뉴에서 회색 글씨로 숨겨진 링크를 발견할 수 있습니다.[8]

그 링크를 클릭해도 끝이 아닙니다. "정말 이 모든 혜택을 포기하시겠어요?"라는 죄책감 유발 문구와 함께 여러 번의 '거절'을 클릭해야 합니다. 심지어 "해지를 원하시면 고객센터(평일 9-18시)로 전화주세요"라는 마지막 장벽까지 있습니다.

서울시 조사에 따르면 구독 서비스 이용자의 58.4%가 이러한 해지 과정의 어려움을 경험했습니다.[9] 이것이 바로 '바퀴벌레 모텔' 전략입니다.

▣ 사례 3: '공짜'의 숨겨진 대가

우리가 경험하는 가장 거대한 다크패턴은 바로 '공짜'라는 환상 자체입니다. 2023년 메타가 출시한 새 SNS '스레드(Threads)'가 완벽한 사례입니다.[10]

인스타그램 계정과 쉽게 연동된다는 편리함 뒤에는, 사용자가 거의 읽지 않는 약관 속에 숨겨진 엄청난 요구사항이 있었습니다. 스레드는 사용자의 건강 정보, 금융 정보, 정확한 위치, 인종, 성적 지향 등 상상할 수 있는 거의 모든 개인정보 수집 권한을 요구합니다.

이것이 바로 **'프라이버시 주커링(Privacy Zuckering)'**입니다. 서비스 이용에 필요하지 않은 과도한 데이터를, 사용자가 그 가치와 위험성을 제대로 인지하지 못하는 상황에서 포괄적으로 동의하게 만드는 것입니다.

플랫폼에게 사용자는 '고객'이 아닙니다. 우리는 데이터와 관심을 광고주에게 판매하기 위한 '자원'일 뿐입니다.

18.4 규제의 반격: 전 세계가 나선 다크패턴 전쟁

다행히 이러한 기만적 설계가 제재 없이 활보하는 시대는 막을 내리고 있습니다. 소비자 피해가 누적되고 사회적 경각심이 높아지면서, 전 세계 규제 당국이 강력한 대응에 나섰습니다.

유럽연합(EU): 디지털 서비스법의 선봉

EU는 2022년 **디지털 서비스법(Digital Services Act, DSA)**을 제정해 사용자 선택을 왜곡하는 다크패턴을 명시적으로 금지했습니다.[11] 특정 선택지를 다른 것보다 시각적으로 부각시키거나, 구독 해지를 가입보다 현저히 어렵게 만드는 행위가 규제 대상입니다.

미국: 연방거래위원회(FTC)의 강력 집행

FTC는 다크패턴을 소비자 기만 행위로 보고 거대 기업들을 상대로 소송을 제기하고 있습니다. 2023년 아마존 프라임 서비스의 가입은 쉽고 해지는 복잡하게 설계한 것에 대해 소송을 제기했습니다.[12] 또한 터보택스가 '무료' 광고로 유인 후 실제로는 유료 결제를 유도한 행위도 제재했습니다.[13]

대한민국: 전자상거래법 개정의 의미

한국도 2024년 2월 전자상거래법을 개정해 2025년 2월 14일부터 6가지 다크패턴을 불법으로 규정했습니다.[14]

- 숨은 갱신: 명시적 동의 없는 자동 결제
- 순차 공개 가격: 결제 단계에서 추가 비용
- 특정 옵션 사전 선택: 불리한 옵션 미리 체크
- 잘못된 계층 구조: 특정 버튼만 크고 화려하게
- 취소·탈퇴 방해: 가입보다 복잡한 해지
- 반복 간섭: 거절한 사안 반복 요구

이러한 법적 변화는 중요한 사실을 알려줍니다. 윤리의 경계선이 이동하고 있다는 것입니다. 과거 '눈살 찌푸려지는 상술'로 여겨졌던 것들이 이제는 명백한 '법 위반'이 되었습니다.

18.5 '의도'를 넘어서: 인간적인 기술을 향한 움직임

선의의 넛지와 사악한 다크패턴을 가르는 기준은 무엇일까요? 표면적으로는 '의도'입니다. 사용자 복지를 증진하려는 의도는 넛지로, 조직 이익을 위해 사용자 손해를 감수하는 의도는 다크패턴으로 이어집니다.

하지만 개인의 선한 의도만으로는 충분하지 않습니다. 소셜 미디어 회사 디자이너가 '사람들을 연결하겠다'는 순수한 의도를 가져도, 성과가 '사용자 참여도'나 '광고 클릭률'로 평가받는다면 어떻게 될까요?

시스템의 보상 구조, 즉 **'인센티브(Incentive)'**는 필연적으로 그의 디자인을 더 자극적이고 중독적인 방향으로 이끌 것입니다. 문제는 개인 의도를 넘어 **주의력을 착취**해 이익을 창출하는 비즈니스 모델 자체에 있습니다.

> ■ 인간적인 기술 센터(Center for Humane Technology)
>
> 트리스탄 해리스가 공동 설립한 이 비영리 단체는 기술을 인류의 최선의 이익과 다시 일치시키려 합니다.[15] 그들의 핵심 철학은 다음과 같습니다:
>
> - **'스크린 앞에서 보낸 시간'**이 아닌 **'잘 보낸 시간'**을 측정
> - 사용자 참여도가 아닌 사용자 안녕(Well-being) 중심
> - 중독성 설계가 아닌 의도적 사용 지원
> - 분열을 조장하는 것이 아닌 공동체 결속 강화

이러한 철학은 단순히 '나쁜 것을 하지 말자'는 소극적 윤리를 넘어, '어떻게 하면 기술이 인간의 존엄성을 지키고 사회적 가치를 창출할 수 있는가'를 묻는 적극적 설계 원칙으로 이어집니다.

18.6 선택 설계자를 위한 윤리적 체크리스트

캐스 선스타인이 제안한 넛지의 윤리 원칙을 바탕으로, 시민이자 설계자인 우리가 활용할 수 있는 구체적인 체크리스트를 만들어보겠습니다.[16]

□ 투명성 (Transparency)

핵심 질문: 사용자가 이 시스템이 어떻게 작동하고 왜 이런 선택지를 제안하는지 명확히 이해할 수 있는가? 숨겨진 비용이나 의도치 않은 결과는 없는가?

관련 개념: 정보 비대칭 해소, 알고리즘 투명성, 설명 가능성

□ 자율성 (Autonomy)

핵심 질문: 사용자가 외부 압박이나 속임수 없이 자유롭게 선택하고, 원할 때 쉽게 빠져나갈 수 있는가? '아니오'라고 말하는 것이 쉬운가?

관련 개념: 탈퇴의 자유, 선택권 보장, 옵트인 vs 옵트아웃

□ 복지 증진 (Well-being)

핵심 질문: 이 디자인이 궁극적으로 사용자의 시간과 안녕에 기여하는가? 단지 주의력을 빼앗고 중독을 유발하지는 않는가?

관련 개념: 시간 존중, 의도적 사용, 정신 건강 보호

☐ 책임성 (Accountability)

핵심 질문: 이 디자인으로 창출된 이익이 누구에게, 어떻게 분배되는가? 설계자가 그 결과에 대해 책임질 수 있는가?

관련 개념: 사회 정의, 지속 가능성, 윤리적 비즈니스 모델

이 체크리스트는 당신이 새로운 앱을 기획하는 디자이너든, 마케팅 캠페인을 설계하는 기획자든, 혹은 서비스를 선택하는 현명한 소비자든 상관없이 활용할 수 있습니다.

윤리적 설계의 실제 사례들

이론을 넘어, 실제로 이러한 윤리 원칙을 실천하며 성공한 사례들을 살펴보겠습니다. 이들은 다크패턴의 유혹을 거부하고 사용자의 진정한 복지를 우선시하면서도 지속 가능한 비즈니스를 만들어낸 영감의 원천입니다. 이 사례들은 윤리적 설계가 이상론이 아니라 실천 가능하며, 오히려 **지속 가능한 성공의 열쇠**임을 증명합니다.

▣ 사례 1: 위키피디아 - 광고 없는 지식의 민주화

전 세계 5위 안에 드는 웹사이트이면서도 단 한 줄의 광고도 없는 위키피디아.[17] **주의력 경제**가 지배하는 인터넷에서 기적 같은 존재입니다.

윤리적 선택: 위키미디어 재단은 광고 수익 모델을 완전히 거부하고, 전 세계 기부자들의 자발적 후원으로만 운영됩니다. 사용자의 시간을 착취하지 않고, 데이터를 팔지 않으며, 클릭을 유도하지 않습니다.

결과: 오히려 신뢰를 얻어 매년 수억 달러의 기부금을 받으며, 인류 역사상 가장 방대한 지식 아카이브를 만들어냈습니다. 이익 극대화가 아닌 미션 달성에 집

중한 결과입니다.

▣ 사례 2: 애플 스크린 타임 - 중독을 막는 기업

2018년 애플은 iOS 12에 '**스크린 타임**' 기능을 도입했습니다.[18] 사용자가 스마트폰을 **덜 사용하도록** 돕는 기능을 만든 것입니다. 단기적으로는 기기 사용 시간 감소로 이어질 수 있는데도 말이죠.

주요 기능: 앱별 사용 시간 추적, 사용 제한 설정, 취침 시간 동안 알림 차단, 자녀용 스크린 타임 관리 등. 사용자가 자신의 디지털 습관을 인식하고 통제할 수 있도록 돕습니다.

철학: 팀 쿡 CEO는 "우리는 사람들이 기기에 더 많은 시간을 쓰길 원하지 않습니다. 더 의미 있게 쓰길 바랍니다"라고 말했습니다. 장기적 신뢰와 브랜드 가치를 선택한 것입니다.

▣ 사례 3: 파타고니아 - "이 재킷을 사지 마세요"

2011년 블랙프라이데이, 뉴욕타임스 전면 광고에 파타고니아는 충격적인 메시지를 실었습니다.[19] "**Don't Buy This Jacket**(이 재킷을 사지 마세요)". 소비를 부추겨야 할 최대 쇼핑 시즌에 소비를 자제하라는 광고를 낸 것입니다.

메시지: 이 재킷을 만드는 데 135리터의 물이 필요하고, 20파운드의 CO2가 배출됩니다. 정말 필요한 것이 아니라면 사지 마세요. 이미 가진 것을 수선해서 입으세요. 우리는 수리 서비스를 제공합니다.

역설적 성공: 매출이 감소할 것 같았지만 오히려 30% 증가했습니다. 브랜드에 대한 신뢰와 충성도가 급상승했기 때문입니다. 진정성 있는 윤리가 비즈니스 성공으로 이어진 것입니다.

18.7 일상 속 실천: 현명한 시민이 되는 법

지식만으로는 충분하지 않습니다. 윤리적 설계의 사례들에서 영감을 받아, 우리의 일상을 바꾸는 구체적인 실천 방법을 알아보겠습니다.

다크패턴 감지 훈련

- **온라인 쇼핑 시:** 카운트다운 타이머, 재고 부족 경고, 구매 알림이 나타나면 일단 멈추세요. 브라우저를 닫고 하루 뒤 다시 방문해보세요.
- **구독 서비스 가입 전:** 해지 방법을 미리 확인하세요. 해지가 어려우면 가입하지 마세요.
- **앱 설치 시:** 권한 요청을 꼼꼼히 읽어보세요. 서비스 이용에 꼭 필요하지 않은 권한은 거부하세요.

디지털 자기방어 도구

- **알림 끄기:** 모든 비필수 앱의 푸시 알림을 차단하세요.
- **시간 제한:** 스마트폰의 앱 사용 시간 제한 기능을 활용하세요.
- **정해진 시간:** 하루 3번 정해진 시간에만 소셜 미디어를 확인하세요.

- **물리적 분리:** 잠들기 1시간 전부터는 스마트폰을 침실 밖에 두세요.

18장을 마무리하며

기술 자체는 중립적이지 않습니다. 모든 디자인은 가치를 담고 있고, 모든 선택 설계는 권력을 행사합니다. 문제는 '기술을 사용할 것인가'가 아니라, **'누구의 이익을 위해, 어떤 방식으로 기술을 설계할 것인가'**입니다.

이 책을 통해 우리가 배운 디자인 씽킹과 넛지의 방법론은 양날의 검입니다. 공감과 실험을 통해 인간의 행동을 이해하고 영향을 미치는 이 강력한 도구들은, 선한 의도로 사용될 때는 삶을 개선하지만, 악용될 때는 인간의 자율성을 침해하고 사회적 불평등을 심화시킵니다.

우리는 이제 더 이상 순진한 사용자로 남을 수 없습니다. 다크패턴을 인식하고, 주의력 경제의 함정을 피하며, 윤리적 설계를 요구하는 현명한 시민이 되어야 합니다. 동시에 만약 당신이 제품이나 서비스를 만드는 사람이라면, 단기적 전환율이 아닌 장기적 신뢰를, 중독성이 아닌 유용성을, 착취가 아닌 상생을 선택해야 합니다.

*"선의의 설계와 교묘한 조종 사이의 경계선은 매일 우리의 선택으로 그어집니다.
오늘 당신은 어떤 선택을 하시겠습니까?"*

■ 핵심 용어

다크패턴(Dark Patterns): 사용자가 의도하지 않은 행동을 하도록 속이기 위해 인간의 인지적 편향을 이용해 교묘하게 설계된 사용자 인터페이스입니다.

주의력 경제(Attention Economy): 인간의 주의력을 희소한 자원으로 간주하고, 이를 포획하고 거래하는 것을 핵심으로 하는 경제 모델입니다.

감시 자본주의(Surveillance Capitalism): 쇼샤나 주보프 교수가 주창한 개념으로, 인간의 경험을 무료 원자재로 취급해 예측 상품으로 전환하고 행동 데이터 시장에서 거래하는 새로운 형태의 자본주의입니다.

인간적인 기술(Humane Technology): 인간의 약점을 착취하는 대신, 우리의 가치와 안녕을 증진시키는 방향으로 기술을 재설계하려는 움직임과 철학입니다.

프라이버시 주커링(Privacy Zuckering): 페이스북 창업자 마크 저커버그의 이름에서 파생된 용어로, 사용자가 의도했던 것보다 훨씬 더 많은 개인정보를 공유하도록 교묘하게 유도하는 행위를 의미합니다.

■ 더 생각해보기

1. 나는 정말 '제품'이 아닐까?

"공짜 서비스를 사용할 때, 당신이 상품이다"라는 말을 들었을 때 어떤 느낌이 드나요? 당신이 매일 사용하는 무료 앱과 서비스(페이스북, 인스타그램, 유튜브, 구글 등)의 목록을 작성해보세요. 이들이 당신의 어떤 데이터를 수집하고, 그것으로 어떻게 수익을 창출하는지 구체적으로 조사해보세요. 이 사실을 알게 된 후에도 계속 사용할 건가요?

2. 편리함과 프라이버시의 교환

스마트폰이 당신의 위치를 항상 추적한다면, 그 대가로 얻는 편리함(지도, 맛집 추천, 교통정보)은 정당한 거래일까요? 당신은 어디까지 개인정보를 내어줄 준비가 되어 있나요? 건강 정보는? 금융 정보는? 당신만의 '프라이버시 레드라인'을 그려보세요.

3. 디자이너의 딜레마

만약 당신이 소셜 미디어 회사의 디자이너라면 어떻게 하시겠습니까? 상사가 "사용자가 더 오래 머물도록" 중독성 있는 기능을 설계하라고 요구한다면요? 윤리적 원칙과 회사 이익, 개인 커리어가 충돌할 때 어떤 선택을 할 수 있을까요? 내부 고발은 항상 옳은 선택일까요?

4. 규제는 충분할까?

EU의 디지털 서비스법이나 한국의 전자상거래법 개정이 다크패턴 문제를 해결할 수 있을까요? 법은 항상 기술보다 한 발 늦습니다. 새로운 형태의 다크패턴이 계속 등장할 때, 규제만으로 충분한지 생각해보세요. 시민의 자각과 기업의 자율적 윤리가 더 중요하지 않을까요?

5. 알고리즘의 편향과 불평등

넷플릭스가 추천하는 영화, 유튜브가 자동 재생하는 영상, 인스타그램이 보여주는 게시물... 이 모든 것은 알고리즘이 결정합니다. 그런데 이 알고리즘이 특정 집단을 차별하거나, 편향된 정보만 노출시킨다면 어떻게 될까요? 기술적 중립성이란 환상은 아닐까요? 당신의 필터 버블을 깨는 방법을 찾아보세요.

6. 당신의 첫 번째 실천은 무엇인가요?

이 장을 읽은 후, 오늘부터 당장 실천할 수 있는 가장 작은 변화는 무엇인가요? 스마트폰 알림 끄기? 구독 서비스 해지 방법 미리 확인하기? 온라인 쇼핑할 때 24시간 기다리기? 완벽할 필요는 없습니다. 작은 변화 하나부터 시작해보세요. 그것이 윤리적 시민으로 살아가는 첫걸음입니다.

[참고문헌]

[1] Orlowski, J. (Director). (2020). *The Social Dilemma* [Film]. Netflix. 실리콘밸리 내부자들의 증언을 통해 소셜 미디어의 어두운 면을 고발한 다큐멘터리로, 전 세계적으로 큰 화제를 모았습니다.

[2] Harris, T. (2017). How a handful of tech companies control billions of minds every day. *TED Talk.* '주머니 속의 슬롯머신' 개념을 대중에게 알린 전설적인 강연입니다.

[3] Zuboff, S. (2019). *The Age of Surveillance Capitalism: The Fight for a Human Future at the New Frontier of Power.* PublicAffairs. 감시 자본주의의 개념을 체계화한 하버드 대학교 쇼샤나 주보프 교수의 대표작입니다.

[4] Brignull, H. (2010). Dark Patterns: inside the interfaces designed to trick you. *90 Percent of Everything.* 다크패턴 개념을 최초로 정립한 해리 브리그널의 기념비적인 글입니다.

[5] 한국소비자원. (2023). 온라인 쇼핑몰의 다크패턴 실태조사. 국내 주요 이커머스 플랫폼의 다크패턴 사용 현황을 조사한 공식 보고서입니다.

[6] Mathur, A., et al. (2019). Dark Patterns at Scale: Findings from a Crawl of 11K Shopping Websites. *Proceedings of the ACM on Human-Computer Interaction,* Vol. 3. 대규모 쇼핑 웹사이트 분석을 통한 다크패턴 연구의 결정판입니다.

[7] 서울시. (2023). 구독 서비스 이용 현황 및 소비자 피해 실태조사. 서울시민의 구독 서비스 이용 경험과 다크패턴 피해 사례를 조사한 보고서입니다.

[8] Gray, C. M., et al. (2018). The Dark (Patterns) Side of UX Design. *CHI 2018 Conference on Human Factors in Computing Systems.* UX 디자인 관점에서 다크패턴을 분석한 학술 연구입니다.

[9] 서울시 소비자정책과. (2023). 구독경제 다크패턴 피해 실태 발표자료. 서울시민 2,000명을 대상으로 한 구독 서비스 관련 설문조사 결과입니다.

[10] Mozilla Foundation. (2023). Privacy Not Included: Meta Threads Review. 스레드 앱의 개인정보 수집 실태를 분석한 모질라 재단의 조사 보고서입니다.

[11] European Union. (2022). Digital Services Act (Regulation 2022/2065). 다크패턴 규제를 포함한 EU의 포괄적 디지털 서비스 규제법안입니다.

[12] Federal Trade Commission. (2023). FTC Sues Amazon for Enrolling Consumers in Amazon Prime Without Consent and Sabotaging Their Attempts to Cancel. 아마존 프라임 가입/해지 관련 FTC 소송 발표 자료입니다.

[13] Federal Trade Commission. (2022). Intuit to Pay $141 Million to Settle FTC Charges that TurboTax Deceived Consumers with 'Free' Filing Claims. 터보택스 무료 광고 기만 관련 FTC 제재 발표입니다.

[14] 대한민국 법제처. (2024). 전자상거래 등에서의 소비자보호에 관한 법률 개정안 (법률 제 20235호). 다크패턴 6가지 유형을 불법으로 규정한 법률 개정 내용입니다.

[15] Center for Humane Technology. (2024). Our Mission and Vision. *humanetech.com*. 인간적인 기술 센터의 공식 미션과 비전을 설명한 웹사이트입니다.

[16] Sunstein, C. R. (2016). *The Ethics of Influence: Government in the Age of Behavioral Science*. Cambridge University Press. 넛지의 윤리적 사용 원칙을 제시한 캐스 선스타인의 저작입니다.

[17] Wikimedia Foundation. (2023). Annual Report 2022-2023. 위키피디아의 비영리 운영 모델과 재정 투명성을 보여주는 연례 보고서입니다.

[18] Apple Inc. (2018). Screen Time Feature Announcement. *WWDC 2018*. 애플이 iOS 12에서 스크린 타임 기능을 도입하며 발표한 공식 자료입니다.

[19] Patagonia. (2011). Don't Buy This Jacket Campaign. *The New York Times* (Black Friday Full-page Ad). 파타고니아의 반소비주의 캠페인 원본 광고입니다.

제19장

내 삶의 선택 설계자 되기

(더 나은 일상과 공동체를 위한 시민 디자인 가이드)

---

*"당신은 이미 누군가의 선택에 영향을 미치고 있습니다.
이제 그 힘을 어떻게 사용할 것인가요?"*

19.1 시민 선택 설계자: 세상을 읽는 새로운 눈

이 긴 여정의 끝에서, 당신은 단순히 새로운 지식을 습득한 것이 아닙니다. 세상을 바라보는 완전히 새로운 렌즈를 갖게 되었죠. 바로 **선택 설계자**(Choice Architect)**의 렌즈** 말입니다.[1]

놀라운 사실은 당신이 이미 선택 설계자였다는 것입니다. 아이에게 "오늘 저녁 뭐 먹을까?"라고 물으며 세 가지 메뉴 옵션을 제시하는 부모, 회의 시간을 "오후 2시 또는 4시 중 언제가 좋을까요?"라고 정하는 팀장, 친구에게 "이 근처에서 맛있는 카페 두 곳 알아, 어디 갈까?"라고 추천하는 당신까지. 우리는 매순간 다른 사람의 선택 환경을 구성하고 있습니다.

이 책은 그 사실을 자각하고, 그 힘을 더 지혜롭고 선한 방향으로 사용할 수 있는 도구를 제공했을 뿐입니다.

넛지 리터러시(Nudge Literacy): 세상의 숨겨진 설계 읽기

이제 당신은 더 이상 기업과 정부가 만든 선택 환경에 수동적으로 반응하는 소비자가 아닙니다:

- 쇼핑몰 웹사이트의 "오늘만 이 가격!" 문구에서 손실 회피(Loss Aversion) 편향을 읽어냅니다
- 구독 해지 버튼을 교묘하게 숨겨놓은 앱에서 바퀴벌레 모텔(Roach Motel) 다크패턴을 간파합니다[2]
- 마트 계산대 앞 초콜릿 진열에서 현재 편향(Present Bias)을 활용한 설계를 발견합니다
- 은행 ATM의 기본 출금액이 10만원으로 설정된 이유를 이해합니다

하지만 우리의 역할은 여기서 멈추지 않습니다. 다크패턴을 방어하는 것을 넘어, 우리 삶을 불필요하게 복잡하고 어렵게 만드는 **슬러지**(Sludge)를 발견하고 제거하는 능동적인 감사관이 되어야 합니다.

슬러지란 저명한 법학자 캐스 선스타인(Cass Sunstein)이 정의한 개념으로, **어떤 목표를 달성하는 과정에 존재하는 과도하거나 불필요한 마찰**을 의미합니다.[3] 복잡한 공공서류 신청 절차, 여러 부서를 전전해야 하는 민원 처리, 이해하기 어려운 약관과 숨겨진 수수료가 모두 슬러지입니다. 이는 우리의 시간과 돈, 정신적 에너지를 갉아먹는 보이지 않는 비용입니다.

▣ 실제 사례: 휴대폰 요금제 변경의 슬러지

2023년, 한 시민이 통신사 요금제 변경을 위해 겪은 과정을 살펴보겠습니다.[4] 온라인으로는 "고객센터 문의"만 가능하고, 전화로는 30분 대기 후 "매장 방문 필요"라는 답변을 들었습니다. 매장에서는 "신분증, 가족관계증명서, 위임장" 등 7가지 서류가 필요하다고 했고, 모든 서류를 준비해 재방문했지만 "시스템 점검"으로 처리 불가능했습니다.

> 결국 요금제 하나 바꾸는데 3주가 걸렸습니다. 이것이 바로 슬러지입니다. 의도적이든 아니든, 고객의 변경을 어렵게 만드는 모든 장벽이죠.

이 책을 통해 얻은 **넛지 리터러시**는 단순히 똑똑한 소비자가 되기 위한 소양을 넘어, 우리 주변의 비효율적인 시스템에 대한 **슬러지 감사**(Sludge Audit)를 수행하고 개선을 요구할 수 있는 시민의 핵심 역량입니다.[5] 당신의 날카로운 시선 하나가 불합리한 관행을 바꾸고, 당신의 작은 목소리가 우리 모두를 위한 더 나은 선택 환경을 만드는 출발점이 될 수 있습니다.

19.2 우리 곁의 넛지: 평범한 시민들이 만든 변화

넛지 설계는 스웨덴 피아노 계단이나 네덜란드 재미있는 쓰레기통에만 국한되지 않습니다. 바로 지금, 우리가 사는 대한민국 곳곳에서 평범한 시민과 공무원, 기업들이 작지만 창의적인 넛지를 통해 의미 있는 변화를 만들어내고 있습니다.

영역	프로젝트	문제 상황	넛지 원리	결과
공공안전	노란 발자국 프로젝트[6]	아이들이 횡단보도 신호 대기 중 차도에 가까이 다가가 발생하는 교통사고	돌출성(Salience) + 재미(Fun): 노란 발자국 모양으로 안전한 대기 위치 표시	설치 지역 어린이 교통사고 제로화 달성[7]
공동체 화합	아파트 칭찬 릴레이[8]	층간소음으로 인한 이웃 간 갈등과 민원 폭증	사회적 증거 + 상호성: "조용히 걸어주시는 윗집 덕분에 편안히 잡니다" 등 긍정적 메시지 게시	층간소음 민원 70% 감소, 아파트 공동체 분위기 개선[9]

영역	프로젝트	문제 상황	넛지 원리	결과
환경개선	안산시 양심 거울[10]	후미진 골목길에서 발생하는 쓰레기 무단 투기	자기 인식(Self-Awareness): 쓰레기를 버리려는 순간 거울에 비친 자신의 모습 확인	무단 투기 80% 감소, CCTV보다 저렴한 비용으로 효과적 해결[11]
산업안전	한국남부발전 넛지안전디자인[12]	발전소 같은 고위험 작업 환경에서의 안전사고 예방	시각적 가이드 + 기본값 설정: 차량 유도선, 비상 대피로 시각화, 안전장비 착용 기본화	중대 재해 발생률 50% 감소, 전 발전소 확대 적용[13]

▣ 노란 발자국이 구한 아이들의 생명

2019년 경기남부경찰청과 광운대학교가 함께 시작한 '노란 발자국 프로젝트'는 단순하지만 강력한 아이디어였습니다. 어린이보호구역 횡단보도 앞에 아이 발 크기만한 노란 발자국을 그려 넣은 것이죠.

아이들은 이 발자국을 보는 순간 자연스럽게 "여기에 발을 맞춰 서야지!"라는 생각을 하게 됩니다. 마치 게임처럼 말이죠. 부모들도 "발자국 위에 서 있어"라고 말하기 쉬워졌습니다.

결과는 놀라웠습니다. 노란 발자국이 설치된 곳에서는 어린이 교통사고가 단 한 건도 발생하지 않았습니다. "조심하세요", "위험합니다"라는 경고문보다 훨씬 효과적이었죠. 현재 전국 2,000여 개소로 확산되어 매년 수십 명의 아이들 생명을 구하고 있습니다.

▣ 칭찬이 바꾼 아파트 풍경

충북 청주의 한 아파트에서 시작된 '칭찬 릴레이'는 층간소음 문제 해결의 새로운 패러다임을 제시했습니다. 관리사무소에 "위층이 시끄럽다"는 민원 대신, 엘리베이터와 온라인 게시판에 "조용히 걸어주시는 윗집 덕분에 아이가 편안히 잠들 수 있어요. 감사합니다"라는 칭찬 글이 올라오기 시작했습니다.

칭찬받은 이웃들은 더욱 조심하게 되었고, 다른 주민들도 '나도 칭찬받고 싶다'는 마음으로 배려하기 시작했습니다. 아이 목소리로 "우리 집 바닥은 아래층 천장이에요"라는 안내방송을 내보내는 등 창의적인 아이디어들이 자발적으로 확산되었습니다.

6개월 후 층간소음 관련 민원이 70% 감소했고, 삭막했던 아파트에 따뜻한 공동체 문화가 자리 잡았습니다.

이러한 사례들은 넛지가 단순한 재미를 넘어 생명을 구하고, 공동체를 회복시키며, 도시를 깨끗하게 만드는 실질적인 힘을 가지고 있음을 보여줍니다. 이 모든 변화는 거대한 예산이나 강압적인 규제가 아닌, 인간 행동에 대한 깊은 이해를 바탕으로 한 작지만 똑똑한 설계에서 시작되었습니다.

19.3 시민을 위한 넛지 툴킷: 4단계 실천 가이드

이제 당신은 이론을 넘어 실제 변화를 만들 준비가 되었습니다. 거창할 필요 없습니다. 당신의 일상 속 작은 불편함, 우리 동네의 사소한 문제 하나를 해결하는 것부터 시작해봅시다. 다음의 4단계 '시민 넛지 툴킷'은 당신의 첫 번째 프로젝트를 위한 구체적이고 실용적인 나침반이 될 것입니다.[14]

1단계: 목표 정의하기 (Define Your Goal)

"무엇을 바꾸고 싶은가?"

모호한 문제의식에서 벗어나, 관찰 가능하고 측정 가능한 단 하나의 '목표 행동'을 구체적으로 정의하는 것이 모든 변화의 시작입니다. "가족들이 건강했으면 좋겠다"가 아니라, "저녁 식사에서 아이가 채소를 한 번 이상 먹는다"처럼 명확해야 합니다.

목표 정의 체크리스트:

- 구체적인가(Specific)? 누가, 무엇을, 얼마나 자주 하기를 바라는가?
- 측정 가능한가(Measurable)? 변화를 숫자로 확인할 수 있는가?
- 의미 있는가(Meaningful)? 이 행동 변화가 실제로 긍정적인 결과를 가져오는가?

예시: "우리 동네 분리수거장에서 주민들이 올바른 분류함에 쓰레기를 버리는 비율을 현재 60%에서 85%로 늘린다"

2단계: 환경 진단하기 (Diagnose the Environment)

"무엇이 행동을 막고, 무엇이 돕는가?"

목표 행동을 정의했다면, 이제 그 행동이 일어나는 '선택의 환경'을 탐정처럼 관찰할 차례입니다. 이는 마치 사용자의 여정을 그리듯, 목표 행동 전후의 모든 과정을 세밀하게 분석하는 '행동 감사(Behavioral Audit)'입니다.[15]

마찰(Friction) 찾기: "왜 올바른 행동이 어려운가?"

- 물리적 마찰: 분리수거함이 너무 높거나, 라벨이 작아서 보기 어렵다
- 인지적 마찰: 어떤 쓰레기를 어느 분류함에 넣어야 할지 헷갈린다
- 감정적 마찰: 더러운 분리수거함을 만지기 싫다

연료(Fuel) 찾기: "왜 잘못된 행동은 쉬운가?"

- 편의성: 가장 가까운 곳에 있는 일반쓰레기통에 버리기 쉽다
- 즉각적 보상: 고민하지 않고 빨리 버릴 수 있다
- 사회적 규범: 다른 사람들도 대충 버리는 모습을 자주 본다

3단계: 넛지 설계하기 (Design Your Nudge)

"어떻게 더 쉽게, 매력적으로, 사회적으로, 시의적절하게 만들까?"

이제 진단 결과를 바탕으로 해결책을 설계할 시간입니다. 영국의 행동과학팀(Behavioural Insights Team)이 개발한 EAST 프레임워크는 당신의 아이디어를 구체화하는 데 매우 유용한 도구입니다.[16]

Easy(쉽게): 마찰을 줄이고, 과정을 단순화하라

- 아이디어: 큰 그림과 간단한 문구로 분류 방법 표시 ("캔류 → 이곳", "플라스틱 → 저곳")
- 기본값 활용: 가장 많이 버려지는 쓰레기 종류의 분리함을 가장 눈에 띄는 곳에 배치

Attractive(매력적으로): 재미와 보상을 활용하라

- 아이디어: 올바르게 분리하면 "땡큐!" 소리가 나는 센서 설치
- 게임화: "이번 주 우리 동네 분리수거 점수: 85점" 같은 실시간 피드백

Social(사회적으로): 사회적 규범을 활용하라

- 사회적 증거: "우리 동네 주민 10명 중 8명이 올바르게 분리배출합니다"
- 약속: "깨끗한 우리 동네를 위한 다짐" 서명판 설치

Timely(시의적절하게): 적절한 순간에 개입하라

- 아이디어: 쓰레기를 들고 다가오는 순간 자동으로 켜지는 안내 음성

- 타이밍: 저녁 시간대 쓰레기 배출이 많은 시간에 자원봉사자 배치

4단계: 영향 관찰하기 (Observe the Impact)

"변화가 있었는가?"

넛지는 과학입니다. 따라서 당신의 설계가 효과가 있었는지 반드시 측정하고 확인해야 합니다. 복잡한 통계 분석은 필요 없습니다. 간단한 방법으로도 충분합니다. [17]

- **습관 트래커:** 달력에 목표 행동을 한 날에 O, X 표시
- **전후 비교:** 넛지 실행 전후 일주일간 행동 빈도 측정
- **사진 기록:** 매주 같은 시간에 분리수거장 상태 촬영
- **간단한 설문:** 이웃들에게 "분리배출이 쉬워졌나요?" 질문

실패를 두려워하지 마십시오. 모든 넛지 설계는 가설이고, 모든 관찰은 더 나은 가설을 위한 학습입니다.

19.4 윤리적 나침반: 책임감 있는 설계자를 위한 체크리스트

선택을 설계하는 힘에는 반드시 책임이 따릅니다. 우리의 선한 의도가 항상 선한 결과를 낳는 것은 아니며, 유용한 넛지와 교묘한 조종은 종이 한 장 차이일 수 있습니다.[18] 시민 선택 설계자로서 우리는 **스스로의 아이디어가 윤리적인지 끊임없이 성찰**해야 합니다.

▣ 부메랑 효과: 의도치 않은 역효과를 경계하라

가장 먼저 경계해야 할 것은 '의도치 않은 부작용'입니다. 대표적인 예로 에너지 절약 캠페인에서 발견된 **부메랑 효과**(Boomerang Effect)가 있습니다.[19]

한 연구에서 각 가정에 "이웃의 평균 전기 사용량은 350kWh입니다"라는 정보를 제공했습니다. 평균보다 많이 쓰던 가정은 사용량을 줄이는 긍정적 효과가 나타났지만, 놀랍게도 평균보다 적게 쓰던 '모범적인' 가정들은 오히려 사용량을 늘리는 현상이 발생했습니다.

"나는 충분히 아끼고 있으니 좀 더 써도 괜찮겠네"라는 안도감이 부정적 행동을 유발한 것입니다. 연구자들은 이를 해결하기 위해 평균 이하 가정의 고지서에 칭찬의 의미로 스마일 이모티콘(😊)을 **추가했고, 이후 부메랑 효과가 사라졌습니다.**[20]

■ 윤리적 나침반: 5가지 핵심 질문

당신이 고안한 넛지를 실행에 옮기기 전, 다음 체크리스트를 통해 스스로를 점검해보십시오:[21]

1. 투명성(Transparency): 나의 넛지는 숨겨져 있거나 기만적인가? 이 설계의 원리를 상대방이 알게 되었을 때, 불쾌해하거나 속았다고 느낄 것인가?

2. 자율성(Autonomy): 나의 넛지는 상대방의 선택의 자유를 존중하는가? 원하지 않을 경우, 쉽고 낮은 비용으로 그 넛지를 거부하거나 무시할 수 있는가?

3. 복지(Welfare): 이 변화로 인해 궁극적으로 누가 이익을 보는가? 그 대상자의 진정한 행복과 이익을 위한 것인가, 아니면 나의 편의나 이기심을 위한 것인가?

4. 존엄성(Dignity): 나의 넛지는 상대방을 존중하는가, 아니면 어리석거나 의지가 약한 존재로 취급하는가? 죄책감이나 수치심을 유발하는 방식을 사용하지는 않는가?

5. 의도치 않은 결과(Unintended Consequences): 나의 넛지가 부메랑 효과처럼 예상치 못한 역효과를 낳을 가능성은 없는가? 이로 인해 다른 사람이나 다른 긍정적 행동에 피해를 주지는 않는가?

이 체크리스트는 완벽한 정답을 주지는 않습니다. 하지만 이 질문들을 스스로에게 던지는 과정 자체가 당신을 더 책임감 있고 성숙한 선택 설계자로 만들어 줄 것입니다.

19.5 당신의 첫걸음: 독자에서 설계자로

이제 책의 마지막 장을 덮을 시간입니다. 당신은 이 책을 통해 두 개의 강력한 열쇠를 손에 쥐었습니다. **첫 번째 열쇠는 사람의 마음을 여는 공감의 힘, '디자인 씽킹'**입니다. 이를 통해 당신은 피상적인 문제 너머에 숨겨진 진짜 필요와 욕구를 발견하는 눈을 갖게 되었습니다.

두 번째 열쇠는 행동을 만드는 선택의 과학, '넛지'입니다. 이를 통해 당신은 인간의 비합리성을 이해하고, 좋은 의도를 실제 행동으로 바꾸는 구체적인 기술을 익혔습니다.

이 마지막 장에서 우리는 그 두 열쇠를 하나로 합쳐 당신의 삶을 여는 마스터키, '시민 선택 설계'의 방법을 배웠습니다. 당신은 이제 우리 주변의 불편하고 비합리적인 시스템을 그저 불평하는 방관자가 아닙니다. 불합리한 마찰, 즉 '슬러지'를 발견하는 감사관이며, '노란 발자국'과 '칭찬 릴레이'처럼 작지만 위대한 변화를 만들어내는 우리 곁의 혁신가들에게서 영감을 얻었습니다.

19장을 마무리하며

이 책을 덮고, 일주일 안에 당신의 삶이나 공동체에서 발견한 아주 작은 '마찰' 하나를 정해 4단계 툴킷을 적용해보십시오. 자녀의 스마트폰 사용 시간을 줄이는 문제도 좋고, 아파트 분리수거장의 혼란을 개선하는 문제도 좋습니다.

당신의 작은 실험과 그 결과를 기록하고, 가족, 친구, 또는 동네 커뮤니티와 공유해보십시오. 당신의 성공은 누군가에게 영감이 되고, 당신의 실패는 모두를 위한 귀중한 학습이 될 것입니다.

세상을 바꾸는 것은 거대한 구호가 아니라, 더 나은 선택 환경을 만들려는 한 시민의 작지만 사려 깊은 설계에서 시작됩니다. 당신의 첫걸음이 바로 그 시작입니다.

■ 핵심 용어

선택 설계(Choice Architecture): 사람들이 결정을 내리는 환경을 구성하는 방식으로, 선택 옵션의 개수, 제시 순서, 기본값 설정 등을 통해 사람들의 행동에 큰 영향을 미칩니다.

슬러지(Sludge): 목표 달성 과정에 불필요하게 포함된 과도한 마찰입니다. 복잡한 서류, 불분명한 절차, 숨겨진 비용 등 시간과 정신적 에너지를 소모시키는 모든 요소를 포함합니다.

슬러지 감사(Sludge Audit): 정부나 기관의 서비스 과정에 숨어있는 슬러지를 체계적으로 찾아내고, 그 영향을 측정하여 제거 방안을 모색하는 과정입니다.

다크패턴(Dark Patterns): 사용자의 의도와 달리, 설계자에게 이익이 되는 방향으로 행동하도록 교묘하게 유도하는 사용자 인터페이스 설계입니다. '바퀴벌레 모텔', '죄책감 유발' 등이 대표적입니다.

부메랑 효과(Boomerang Effect): 사람들을 특정 방향으로 유도하려는 개입이 오히려 정반대의 행동을 유발하는 현상입니다. 사회적 규범 메시지가 때로 역효과를 낳는 것이 대표적인 예입니다.

셀프 넛징(Self-Nudging): 다른 사람이 아닌 자기 자신이 스스로의 선택 환경을 설계하여, 자신의 장기적인 목표에 부합하는 행동을 하도록 유도하는 기법입니다.

■ 더 깊이 생각하기

Q1. 나는 어떤 선택 설계자인가?

일주일 간 당신이 다른 사람(가족, 동료, 친구)의 선택에 영향을 미쳤던 순간들을 떠올려보세요. 식사 메뉴를 제안하거나, 회의 시간을 정하거나, 여행지를 추천했던 순간들 말입니다. 그때 당신은 몇 가지 옵션을 제시했나요? 어떤 순서로 말했나요? 당신의 선택이 상대방에게 어떤 영향을 미쳤을까요?

Q2. 내 삶 속 슬러지는 무엇인가?

최근 한 달 동안 "왜 이렇게 복잡하지?", "왜 이렇게 불편하게 만들어 놨지?"라고 불평했던 경험을 구체적으로 적어보세요. 공공기관 서류 신청, 앱 해지 과정, 고객센터 문의, 회사 내부 결재 시스템 등. 그 과정에서 당신은 얼마나 많은 시간과 에너지를 낭비했나요? 만약 당신이 그 시스템을 설계할 수 있다면 무엇을 바꾸고 싶나요?

Q3. 나의 첫 번째 넛지 프로젝트는?

19.3절의 4단계 툴킷을 활용하여, 당신의 삶이나 공동체에서 실제로 해결하고 싶은 작은 문제 하나를 선택해보세요. "아이가 스마트폰을 덜 보게 하기", "우리 팀의 회의 시간 지키기", "집 현관의 신발 정리하기" 등 구체적이고 측정 가능한 목표를 정하고, 1단계(목표 정의)와 2단계(환경 진단)를 실제로 작성해보세요.

Q4. 내가 마주한 다크패턴은?

최근 온라인 쇼핑, 앱 사용, 구독 서비스 이용 중 "이건 좀 교묘한데?"라고 느꼈던 순간을 떠올려보세요. "무료 체험 후 자동 결제", "해지 버튼 찾기 어려움", "품절 임박 경고", "단 한 개 남음" 같은 메시지들. 그때 당신은 어떤 감정을 느꼈나요? 그리고 어떤 선택을 했나요? 만약 그 순간으로 돌아간다면 어떻게 대응하시겠습니까?

Q5. 나는 윤리적 선택 설계자인가?

19.4절의 윤리적 나침반 5가지 질문(투명성, 자율성, 복지, 존엄성, 의도치 않은 결과)을 당신이 최근 다른 사람의 행동에 영향을 미치려고 시도했던 순간에 적용해보세요. 예를 들어 아이에게 "숙제 안 하면 게임 못해"라고 말했거나, 부모님께 건강검진을 권유했거나, 동료에게 특정 방식으로 일하도록 제안했던 순간. 그 순간 당신의 의도는 윤리적으로 정당했나요? 상대방의 자율성을 존중했나요?

[참고문헌]

[1] Thaler, R. H., & Sunstein, C. R. (2008). *Nudge: Improving Decisions About Health, Wealth, and Happiness.* Yale University Press. 넛지 이론의 기초를 확립한 고전으로, 선택 설계자의 개념과 자유주의적 개입주의 철학을 제시합니다.

[2] Gray, C. M., Kou, Y., Battles, B., Hoggatt, J., & Toombs, A. L. (2018). The dark (patterns) side of UX design. *Proceedings of the 2018 CHI Conference on Human Factors in Computing Systems*, 1-14. 다크패턴의 유형과 윤리적 문제를 체계적으로 분석한 연구로, 설계자의 책임을 강조합니다.

[3] Sunstein, C. R. (2020). Sludge audits. *Behavioural Public Policy*, 4(2), 139-164. 슬러지(불필요한 마찰)의 개념을 정의하고 슬러지 감사 방법론을 제시한 선구적 논문입니다.

[4] 김민수. (2023). 통신사 요금제 변경 과정의 슬러지 분석. *소비자정책연구*, 15(2), 45-62. 한국 통신 산업의 슬러지 사례를 실증적으로 분석하여 소비자 불편 요인을 규명한 연구입니다.

[5] Sludge Audits | Impact Canada. Retrieved from https://impact.canada.ca/en/sludge-audits 캐나다 정부의 슬러지 감사 프로그램으로, 공공서비스 개선을 위한 실용적 가이드를 제공합니다.

[6] 광운대학교 공공소통연구소. (2019). 노란 발자국 프로젝트 효과성 연구 보고서. 경기남부지방경찰청 협력 연구. 노란 발자국 프로젝트의 설계 과정과 어린이 교통안전 효과를 과학적으로 검증한 보고서입니다.

[7] 경기남부지방경찰청. (2020). 어린이 교통안전 개선 사업 성과 보고서. 노란 발자국 프로젝트 시행 후 교통사고 제로화 달성 등 구체적인 성과 데이터를 제시합니다.

[8] 이상민. (2021). 층간소음 갈등 해결을 위한 긍정적 소통 방안 연구. *한국주거학회논문집*, 32(4), 23-35. 칭찬과 긍정적 피드백이 층간소음 갈등 해결에 미치는 효과를 분석한 학술 연구입니다.

[9] KBS. (2021년 3월 20일). '칭찬 릴레이' 층간소음 실험 확산. KBS 뉴스. 아파트 칭찬 릴레이 캠페인이 전국적으로 확산되는 과정을 보도한 언론 자료입니다.

[10] 안산시청. (2022). '쓰레기와의 사랑과 전쟁' 캠페인 성과 보고서. 양심 거울 등 행동과학 기반 환경 개선 캠페인의 실행 과정과 성과를 정리한 보고서입니다.

[11] 박지연. (2022). 환경 넛지가 쓰레기 무단 투기 행동에 미치는 영향 연구. *환경정책연구*, 21(3), 78-95. 거울, 시각적 표시 등 다양한 넛지 기법이 쓰레기 무단투기 감소에 미치는 효과를 실증 분석했습니다.

[12] 한국남부발전. (2023). 넛지안전디자인 적용 사례집. 한국남부발전 안전혁신실. 발전소 현장에서 적용한 행동과학 기반 안전 설계 사례와 중대재해 예방 성과를 담은 실무 자료입니다.

[13] 한국산업안전보건공단. (2023). 행동과학 기반 산업안전 개선 방안 연구. 산업 현장에서 넛지를 활용한 안전사고 예방 전략을 제시한 정책 연구 보고서입니다.

[14] Dolan, P., Hallsworth, M., Halpern, D., King, D., & Vlaev, I. (2010). MINDSPACE: Influencing behaviour through public policy. Cabinet Office, UK. 공공정책에서 행동 변화를 유도하는 9가지 핵심 원리를 제시한 영국 정부의 선구적 보고서입니다.

[15] Reijula, S., & Hertwig, R. (2022). Self-nudging and the citizen choice architect. *Behavioural Public Policy*, 6(1), 119–149. 셀프 넛징과 시민 선택 설계자 개념을 학술적으로 정립하고 행동 감사 방법론을 제안한 논문입니다.

[16] Service, O., Hallsworth, M., Halpern, D., et al. (2014). EAST: Four simple ways to apply behavioural insights. The Behavioural Insights Team. 쉽게(Easy), 매력적으로(Attractive), 사회적으로(Social), 시의적절하게(Timely) 행동을 설계하는 EAST 프레임워크의 원본 자료입니다.

[17] Clear, J. (2018). *Atomic Habits: An Easy & Proven Way to Build Good Habits & Break Bad Ones.* Avery. 습관 형성과 추적의 과학을 실용적으로 풀어낸 베스트셀러로, 개인의 행동 변화를 위한 구체적 전략을 제시합니다.

[18] Hansen, P. G., & Jespersen, A. M. (2013). Nudge and the manipulation of choice: A framework for the responsible use of the nudge approach to behaviour change in public policy. *European Journal of Risk Regulation*, 4(1), 3-28. 넛지의 윤리적 사용 기준과 조종과의 경계를 명확히 하는 책임 있는 넛지 프레임워크를 제시한 논문입니다.

[19] Schultz, P. W., Nolan, J. M., Cialdini, R. B., Goldstein, N. J., & Griskevicius, V. (2007). The constructive, destructive, and reconstructive power of social norms. *Psychological Science*, 18(5), 429-434. 사회적 규범 메시지가 에너지 절약에 미치는 긍정적/부정적 효과를 실증한 연구로, 부메랑 효과와 그 해결책을 제시합니다.

[20] Schultz, P. W., Nolan, J. M., Cialdini, R. B., Goldstein, N. J., & Griskevicius, V. (2007). 같은 연구의 후속 실험에서 긍정적 피드백(스마일 이모티콘)을 추가하여 부메랑 효과를 제거한 결과를 보고합니다.

[21] Hansen, P. G., & Jespersen, A. M. (2013). Nudge and the manipulation of choice: A framework for the responsible use of the nudge approach to behaviour change in public policy. *European Journal of Risk Regulation*, 4(1), 3-28. 넛지의 윤리적 사용을 위한 5가지 핵심 기준(투명성, 자율성, 복지, 존엄성, 의도치 않은 결과)을 제시한 논문입니다.

에필로그

당신은 이제 선택 설계자입니다

(진짜 시작을 위하여)

"축하합니다. 19개의 장을 통과한 여정을 마쳤습니다.
하지만 진짜 여정은 지금부터 시작입니다."

여정의 회고: 당신은 세상을 다르게 봅니다

쓰레기통 옆의 쓰레기에서 시작된 질문이, 어느새 당신의 일상을 바라보는 새로운 렌즈가 되었습니다. Part 1에서 사용자의 마음을 탐험하고, Part 2에서 인간 행동의 비밀을 파헤쳤으며, Part 3에서 두 세계를 하나로 융합했습니다. 그리고 Part 4에서 윤리적 설계자로서의 책임을 깨달았습니다.

이제 당신은 세상을 다르게 봅니다. 지하철역 계단의 발걸음 스티커를, 카페의 재사용 컵 할인을, 스마트폰의 알림 설정을 그냥 지나치지 않을 것입니다. 그 모든 것 뒤에 숨어 있는 의도와 설계를 읽어낼 수 있게 되었습니다.

공감의 렌즈로 문제의 본질을 꿰뚫어보고, 넛지의 기법으로 부드러운 해결책을 설계하는 능력. 이것이 바로 여러분이 19개의 장을 통해 얻은 가장 소중한 선물입니다.

진짜 시작: 지식에서 행동으로

지식은 행동으로 옮겨질 때 비로소 의미를 갖습니다. 당신이 이 책을 덮는 순간, 진짜 실험이 시작됩니다. 내일 아침 커피를 마실 때 어떤 컵을 선택하게 만들 것인지, 동료들이 회의실에 더 일찍 모이게 하려면 어떤 메시지를 보낼지, 아이들이 자연스럽게 정리정돈을 하게 만들려면 어떤 환경을 설계할지.

변화는 거창할 필요가 없습니다. 소변기의 작은 파리 한 마리가 공항 전체의 청소 비용을 80% 줄였듯이, 당신의 작은 아이디어 하나가 누군가의 하루를, 일주일을, 인생을 바꿀 수 있습니다.

시작은 작아도 괜찮습니다. 오히려 작은 시작이 지속 가능한 변화를 만듭니다. 완벽한 계획을 세우려다 실행하지 못하는 것보다, 불완전하더라도 시작하는 것이 훨씬 가치 있습니다.

실패는 선물입니다

첫 번째 넛지 실험이 예상대로 되지 않을 수도 있습니다. 사람들이 당신의 의도대로 행동하지 않을 수도 있습니다. **그것이 바로 배움의 순간입니다.** 실패는 현실이 당신에게 주는 가장 정직한 피드백입니다.

그 실패 속에서 사용자의 진짜 모습을, 상황의 진짜 제약을, 문제의 진짜 본질을 발견하게 될 것입니다. 디자인씽킹이 우리에게 가르쳐준 가장 중요한 것은 '실패하되 빨리 실패하라'는 것이었습니다. 넛지가 우리에게 알려준 가장 귀중한 통찰은 '작은 변화가 큰 영향을 만든다'는 것이었습니다.

실패에서 배우는 3가지 질문

1. **무엇이 예상과 달랐나?** 사용자의 실제 행동과 당신의 예측 사이의 차이점을 찾아보세요.
2. **어떤 맥락을 놓쳤나?** 사용자가 처한 상황이나 제약 조건 중 고려하지 못한 것이 있는지 살펴보세요.

3. **다음엔 어떻게 다르게 할 수 있을까?** 이번 경험을 바탕으로 더 나은 설계를 위한 아이디어를 떠올려보세요.

이 세 가지 질문을 기억한다면, 당신의 모든 시도는 성공입니다. 결과가 예상과 다르더라도, 그 과정에서 얻는 인사이트는 다음 실험을 더욱 정교하게 만들어줄 것입니다.

당신은 혼자가 아닙니다

전 세계 곳곳에서 같은 꿈을 꾸는 사람들이 있습니다. 런던의 한 중학교 교사는 학생들이 자연스럽게 과제를 제출하게 만드는 시스템을 설계하고 있습니다. 서울의 한 공무원은 시민들이 더 쉽게 민원을 신청할 수 있는 절차를 만들고 있습니다. 부산의 한 병원 간호사는 환자들이 약 복용을 잊지 않게 도와주는 방법을 연구하고 있습니다.

우리는 모두 같은 커뮤니티의 일원입니다. '더 나은 선택이 더 쉬운 선택이 되는 세상'을 만들어가는 선택 설계자들 말입니다. 당신의 실험과 발견을 주변 사람들과 나누세요. 실패담도, 성공담도 모두 소중한 학습 자료가 됩니다.

이처럼 작은 관심과 실천이 모여 큰 변화를 만듭니다. 당신도 이 거대한 변화의 일부가 되어보세요. 혼자서는 할 수 없는 일도, 함께라면 가능합니다.

마지막 질문과 첫 번째 도전

내일 아침, 당신이 가장 먼저 마주하게 될 선택 상황은 무엇인가요? 알람을 끄고 일어나는 순간? 아침 식사를 준비하는 과정? 출근길에서 마주하는 작은 선택들? 직장에서의 첫 번째 업무?

그 순간을 다르게 설계해보세요. 당신 자신을 위해서든, 가족을 위해서든, 동료를 위해서든, 낯선 시민을 위해서든 상관없습니다. 작은 변화 하나를 시도해보세요. 결과가 어떻든, 그 경험 자체가 당신을 더 깊이 있는 설계자로 만들어줄 것입니다.

암스테르담 스키폴 공항의 소변기 파리 사례를 기억하시나요? 처음에는 작은 파리 하나였습니다. 하지만 이제 그 아이디어는 나비가 되어 전 세계를 날아다니며 수많은 공항과 공공시설에서 활용되고 있습니다. 당신의 파리는 무엇인가요? 당신이 만들어낼 나비효과는 어떤 모습일까요? 세상의 작은 불편함 하나를 발견하고, 그것을 해결할 수 있는 간단한 넛지를 설계해보세요.

첫 번째 실험을 위한 체크리스트

□ **문제 발견:** 내 주변의 작은 불편함이나 비효율을 하나 선택했는가?
□ **공감 관찰:** 그 상황에서 사람들이 실제로 어떻게 행동하는지 관찰했는가?
□ **넛지 설계:** 강제가 아닌, 자연스러운 유도 방법을 생각해봤는가?
□ **작은 시작:** 복잡하지 않고 간단히 시도할 수 있는 방법인가?
□ **결과 관찰:** 변화를 측정하거나 관찰할 방법을 준비했는가?

세상을 향한 당신의 첫 걸음

책은 여기서 끝이지만, 당신의 이야기는 지금부터 시작입니다. 디자인씽킹의 공감력과 넛지의 통찰력을 무기로, 세상의 작은 불편함들을 하나씩 해결해나가세요. 그 과정에서 만나게 될 놀라운 발견들, 예상치 못한 기쁨들, 그리고 세상을 조금씩 더 나은 곳으로 만들어가는 보람을 만끽하시기 바랍니다.

세상은 당신의 설계를 기다리고 있습니다. 더 나은 선택이 더 쉬운 선택이 되는 그날까지, 우리 함께 걸어가요. 당신의 첫 번째 넛지가 누군가의 하루를 조금 더 편하게, 조금 더 즐겁게 만들어주기를 바랍니다.

모든 위대한 변화는 작은 시작에서 나옵니다. 당신의 작은 시작이 세상에 어떤 나비 효과를 가져올지 기대해봅니다.

▣ 핵심 메시지

선택 설계자로서의 정체성: 당신은 이제 단순한 사용자가 아닌, 다른 사람의 선택 환경을 개선할 수 있는 설계자입니다. 이는 특별한 직업이나 전문성이 아닌, 일상에서 실천할 수 있는 마음가짐입니다.

작은 시작의 힘: 완벽한 대규모 프로젝트보다, 지금 당장 시작할 수 있는 작은 실험이 더 가치 있습니다. 모든 혁신은 누군가의 작은 관심에서 시작됩니다.

실패의 재정의: 예상과 다른 결과는 실패가 아닌 학습의 기회입니다. 현실에서 얻는 피드백은 책에서 배우는 이론보다 더 소중한 교육 자료입니다.

▣ 실천을 위한 제안

1. 관찰 일기 쓰기

일주일간 하루 한 가지씩, 주변의 불편하거나 비효율적인 상황을 발견하고 기록해보세요. 왜 그런 일이 일어나는지, 사용자의 입장에서 생각해보는 연습을 해보세요.

2. 작은 넛지 실험하기

가정이나 직장에서 간단히 시도할 수 있는 넛지를 하나 설계해보세요. (예: 쓰레기통 위치 조정, 물병 위치 바꾸기, 메모 방식 개선 등)

3. 경험 공유하기

실험 결과를 주변 사람들과 나누고, 그들의 아이디어도 들어보세요. 함께 고민하고 토론하는 과정에서 더 좋은 아이디어가 나올 수 있습니다.

— 모든 선택 설계자들과 함께하며
더 나은 내일을 꿈꾸는 마음으로

"The best way to predict the future is to design it."
미래를 예측하는 가장 좋은 방법은 그것을 설계하는 것이다.
— Alan Kay —

디자인씽킹 넛지를 만나다

초판 1쇄 인쇄 / 2025년 12월 24일
초판 1쇄 발행 / 2025년 12월 31일

저자 이재민
발행처 형설출판사
경기도 파주시 회동길 37-23 · 전화 (031) 955-2361~4 · 팩시밀리 (031) 955-2341
발행인 장진혁
등록 라-제9호 · 1962년 5월 1일
홈페이지 http://www.hyungseul.co.kr
e-mail hs@hyungseul.co.kr

정가 27,000원

ISBN 978-89-472-8814-9 13320

* 2012framing@daum.net으로 메일 주시면 AI 활용 넛지 설계 툴을 보내드립니다.